高等院校智慧物流与供应链系列教材

商业智能原理、技术及应用

戴小廷　王雪艳　央　吉　等编著

机械工业出版社

本书全面、系统地介绍了商业智能的理论、核心技术知识以及应用。全书分 3 篇，共 13 章。第 1～4 章为理论篇、第 5～9 章为应用篇、第 10～13 章为案例篇。理论篇内容包括数据与商业决策支持、商业智能概述、商业智能原理、商业智能的敏捷实现；应用篇内容包括商业智能开发工具使用入门、构建数据仓库、开展 OLAP 分析、建立多维交互式分析报表与发布、共享报表与数据刷新；案例篇内容包括商业智能在物流货源数据管理、库存管理、零售管理、医药销售管理等领域中的典型应用。

本书内容结合具体业务数据，强调通过技术解决问题的能力训练，读者通过实际项目操作演练、案例讲解、实践，可以快速掌握利用商业智能技术开展业务数据集成、智能数据分析与移动端 KPI 指标掌控等技能，提升管理工作中的智能决策支持能力。

本书适用于物流管理、物流工程、电子商务、工商管理、信息管理与信息系统、国际商务、国际贸易、市场营销等管理类相关专业本科生，也可作为数据分析师、商务管理工作者等进行数据分析业务培训的教材，还可供相关学者、科技人员参考使用。

本书在中国大学 MOOC（https://www.icourse163.org/course/FJGCXY-1003739004）提供与教材内容对应的线上视频讲解课程和相关资料。同时配有授课电子课件、教学大纲、授课计划、课后练习等教学资源，有需要的教师可登录 www.cmpedu.com 免费注册，审核通过后下载，或联系编辑索取（微信：15910938545，电话：010-88379739）。

图书在版编目（CIP）数据

商业智能原理、技术及应用 / 戴小廷等编著. —北京：机械工业出版社，2022.4（2025.2 重印）

高等院校智慧物流与供应链系列教材

ISBN 978-7-111-70290-0

Ⅰ. ①商⋯　Ⅱ. ①戴⋯　Ⅲ. ①可视化软件-应用-商业信息-数据处理-高等学校-教材　Ⅳ. ①F713.51-39

中国版本图书馆 CIP 数据核字（2022）第 037383 号

机械工业出版社（北京市百万庄大街 22 号　邮政编码 100037）
策划编辑：王　斌　　责任编辑：王　斌　陈崇昱
责任校对：张艳霞　　责任印制：单爱军

北京虎彩文化传播有限公司印刷

2025 年 2 月第 1 版·第 7 次印刷
184mm×260mm·15.5 印张·379 千字
标准书号：ISBN 978-7-111-70290-0
定价：69.00 元

电话服务　　　　　　　　　　　　网络服务

客服电话：010-88361066　　　　机　工　官　网：www.cmpbook.com
　　　　　010-88379833　　　　机　工　官　博：weibo.com/cmp1952
　　　　　010-68326294　　　　金　书　网：www.golden-book.com
封底无防伪标均为盗版　　　机工教育服务网：www.cmpedu.com

前　言

人工智能时代，机器智能化，管理也要智能化。数据蕴含商机，分析与挖掘决胜千里。

在当前大数据时代，数据已成为企业的重要资产。如何提升数据的分析与利用效率，挖掘其中潜在的、隐含的知识，满足企业各部门管理决策智能化的需求等，已成为企业在激烈竞争的市场环境下面临并亟待解决的问题。这些问题的求解，离不开近年来迅速发展的商业智能（或称商务智能）技术的支持。通过收集、存储、加工、使用企业所产生的各种各样的数据，开展智能数据的分析，了解客户、企业的现状以及企业运营管理中的问题，并找到解决问题的办法，改善业务流程，已成为企业管理中科学决策、节约成本、提升管理效能的重要技术手段。商业智能技术越来越受到企业青睐，市场对掌握商业智能技术的数据分析人才需求旺盛。熟悉与运用商业智能技术，开展自助式敏捷商务数据分析与建模、移动共享等早已成为数据分析、IT 工作者、商务管理工作者的必备技能。

越来越多的高校在管理类专业中开设商业智能相关课程，推动学生学习商业智能的基本思想、了解商业智能的原理与应用、掌握常用商业智能数据处理分析工具、训练规划与运作企业商业智能系统的能力，为日后从事实际管理工作或决策科学研究奠定必要的理论与实践基础。本书正是为了满足这一需求而编写的。本书聚焦企业对人才的智能决策支持能力需求，凸显多学科交叉融合的课程特色，充分考虑应用技术型大学文科专业学生的特点，内容结合具体业务数据，强调通过技术解决问题的能力训练。读者通过实际项目操作演练、案例讲解、实践，可以快速掌握利用商业智能技术开展业务数据集成、智能数据分析与移动端 KPI 指标掌控等，提升管理工作中的智能决策支持能力。

本书全面、系统地介绍了商业智能的理论、核心技术知识以及应用。全书分 3 篇，共 13 章。第 1~4 章为理论篇、第 5~9 章为应用篇、第 10~13 章为案例篇。理论篇内容包括数据与商业决策支持、商业智能概述、商业智能原理、商业智能的敏捷实现；应用篇内容包括商业智能开发工具使用入门、构建数据仓库、开展 OLAP 分析、建立多维交互式分析报表与发布、共享报表与数据刷新；案例篇内容包括商业智能在物流货源数据管理、库存管理、零售管理、医药销售管理等行业中的典型应用。同时，本书巧妙运用当前国内外流行的两款商业智能系统平台 Microsoft Power BI 和 FineBI 开展具体的应用和案例讲解，便于读者总结不同商业智能系统平台的共性，在实践工作中能够举一反三，触类旁通。

本书由福建工程学院戴小廷、肖冰和牡丹江医学院王雪艳、青海民族大学央吉联合编著。具体分工如下：戴小廷编著第 1、5、6、7、8、9、10、11、12 章，王雪艳编著第 3 章、第 13 章，央吉编著第 2 章，肖冰编著第 4 章。全书由戴小廷审校统稿。本书在编写过程中从大纲拟定、初稿完成和定稿无不凝聚着机械工业出版社王斌编辑的鼓励和支持；在编写过程中参考了 Microsoft Power BI、FineBI 官网资料以及业内众多专家的成果，在此向其作者表示衷心的感谢！同时，特别感谢教育部产学合作、协同育人项目合作企业帆软软件有限公司的大力支持，感谢帆软软件有限公司为本书编写提供的丰富案例、视频和图片资料以及帆软软件有限公司王佳倩对本书出版付出的努力。由于编者水平有限，加上商业智能技术发展迅速，相关技术和应用不断更新，书中难免有疏漏和不足之处，恳请读者批评指正！

本书适用于物流管理、物流工程、电子商务、工商管理、信息管理与信息系统、国际商务、国际贸易、市场营销等管理类相关专业本科生，也可作为数据分析师、商务管理工作者等进行数据分析业务培训的教材，还可供相关学者、科技人员参考使用。

本书在中国大学 MOOC（https://www.icourse163.org/course/FJGCXY-1003739004）提供与教材内容对应的线上视频讲解课程和相关资料。同时配有授课电子课件、教学大纲、授课计划、课后练习等教学资源，有需要的教师可登录 www.cmpedu.com 免费注册，审核通过后下载，或联系编辑索取（微信：15910938545，电话：010-88379739）。

编　者

目　　录

V

应 用 篇

案 例 篇

理论篇

第1章　数据与商业决策支持

随着企业信息化的普及，企业业务过程数据化，海量的业务数据不断积累，同时电子商务、社交网络、移动互联网等的发展，也推动了数据资源的快速增长。数据可以帮助企业把握未来市场的发展方向，支持企业决策已成为共识。如何对这些数据进行有效的分析与挖掘产生有价值的知识，已被越来越多的企业管理者所重视。本章将介绍数据、大数据、数据管理、决策与商业决策等基本概念，介绍数据分析步骤与常用方法、计算机决策支持方法与技术及其发展，为开展商业智能技术的应用奠定基础。

学习目标

● 了解数据、大数据与数据管理，掌握数据分析基本方法；
● 理解企业为何需要数据管理；
● 熟悉商业决策支持及其技术的发展。

1.1　数据与数据管理

1.1.1　数据

生活、学习、工作中人们一直在与数据打交道，比如生活中商品价格与数量、数学计算题中处理的数字就是传统意义上的数据，它们主要是一些数字符号。伴随着人类使用计算机来辅助处理数据，数据处理领域的数据范围得到了很大的扩展，它包括了声音、图像、文本、表单等传统手段无法处理的数据类型。

数据是指对客观世界的事物进行定性、定量描述的原始资料，包括数字、文字、符号、图形、图像以及声音等形式。客观世界的事物身上会有些什么样的数据呢？比如"人"这个客观事物，描述他（她）时有个属性称为"姓名"，可以取值为张三或李四，这就是数据。管理"人"这个对象时，企业就需要处理姓名这个属性，登记每个人的"姓名"取值。类似还有"出生年月"，描述什么时间出生的，以及性别、职业、婚姻状态、家庭住址等。描述人的主要属性如图 1-1 所示。

要注意的是，人身上会有很多如图 1-1 所示的描述属性，每个属性的属性值不同。描述一个人可以用这众多的属性值来加以描述，当然还包括他（她）的爱好、体重、喜欢吃什么食物等。实际管理工作中，并不是说人身上有什么属性都收集过来，而是要有所选择。只有那些在管理工

图 1-1　描述人的主要属性

作中有用的属性，才被选择收集处理。比如企业管理工作中每个员工喜欢吃什么零食在管理过程中用不到，那就可以不选择这样的属性。

同样道理，其他的客观事物也一样具有多种从不同角度描述的属性，这些属性具有不同的取值。

2

1. 数据与信息

数据和信息是紧密相关的两个概念，但它们又有一定的区别，主要表现在如下几个方面。

（1）信息是加工后的数据

信息是一种经过选择、分析、综合的数据，它使用户可以更清楚地了解正在发生什么事。所以，数据是原材料，信息是产品，信息是数据的含义。

（2）数据和信息是相对的

一些数据对某些人来说是信息，而对另外一些人而言则可能只是数据。例如，在运输管理中，运输单对驾驶人来说是信息，这是因为驾驶人可以从该运输单上知道什么时候要为哪个客户运输什么物品。而对负责经营的管理者来说，运输单只是数据，因为从单张运输单中，他无法知道本月经营情况，他并不能掌握现有可用的驾驶人、运输工具等。

（3）信息是观念上的

因为信息是加工了的数据，所以采用什么模型（或公式）、花多长的信息间隔时间来加工数据以获得信息，这些都受人对客观事物变化规律的认识制约，是由人确定的。因此，信息的作用是揭示数据内在的含义，是观念上的。

医生测量某人的体温，体温计上表示的是数据。只有当医生根据这一数据判断此人已经发烧需要治疗时，体温计上的数据才成为信息。

2. 信息与知识

知识来源于信息，是对信息加工后获得的产品。知识是信息的一部分，是人类的第二资源，具有指导与推动人们开发和利用第一资源（物质资源）的作用。

3. 数据、信息与知识的联系与区别

Ilkka Tuomi（1999）对知识、信息和数据的层次结构进行了再思考，并提出了相反的层次结构，指出当知识被语法、语义等结构描述后成为新信息，新信息被详细定义的数据结构规范后成为新知识。数据、信息、知识之间的转换过程大致如下：数据→信息→知识→新数据→新信息→新知识。

（1）数据、信息、知识三者的联系

数据、信息、知识三者都是对事实的描述，被统一到了对事实的认识过程中。首先，由于人们认识能力的有限性或者所采用的工具的低级性，导致了数据只是对事实的初步认识，甚至存在错误；然后，借助人的思维或者信息技术对上述数据进行处理，经过处理，人们进一步揭示了事实中事物之间的关系，形成信息；最后，在实践中，经过不断处理和反复验证，事实中事物之间的关系被正确揭示，形成知识。

数据、信息和知识之间不存在绝对的界限，从数据到信息再到知识的过程，是一个数据不断变得有序、不断得到验证，并最终揭示事实之中所存在固有逻辑规律的过程。

（2）数据、信息、知识三者的区别

数据与信息、知识的区别主要在于：数据是原始的、彼此分散孤立的、未被加工处理过的记录，它不能回答特定的问题。知识与信息的区别主要在于它们回答的是不同层次的问题，信息可以由计算机处理而获取，知识不是由计算机创造出来的，而是人在实践中获得的经验。

从数据到信息再到知识，是一个从低级到高级的认识过程，随着层次增高，外延、深度、含义、概念化和价值不断增加。在数据、信息、知识中，低层次是高层次的基础和前提，没有低层次就不可能有高层次，数据是信息的源泉，信息是知识的"子集或基石"。信息是数据与知识的桥梁。知识反映信息的本质。

1.1.2 大数据

随着数据处理技术的发展日新月异，现实世界积累的数据也越来越多，于是出现了大数据的概念。大数据及大数据的处理分析应用已经深入到生活、工作的每一个角落。可以毫不夸张地说，只要有人、有设备存在的地方，数据就在不断积累。这些数据包括网络的发展带来的各种社交网络、搜索网、电商平台等产生的数据，也包括移动互联网、通信网产生的流量数据，还有各种传感器、视频监控设备、车联网、全球定位系统（Global Positioning System，GPS）、地理信息系统（Geographic Information System，GIS）等各种实时数据，以及看病诊断的数据等生活数据，每天不断疯狂地产生数据。海量数据的产生，已经超越了传统的常规数据处理工具捕捉、处理和管理的能力，于是出现了相应的大数据的处理分析工具 Hadoop、Spark、Storm 等。

图 1-2　大数据的特征

1．大数据的特点

大数据具有四大特征，即大量化、多样化、快速化、价值密度低，如图 1-2 所示。

（1）大量化

从数据存储设备的容量变化就可领略到这些年数据量的迅猛变化。过去所说的一般数据量都是用"MB（兆字节）"来计量的，早期的软盘容量只有 1.44MB。后来随着数据量存储需求的不断增长，出现了以"GB"为单位的存储设备，1GB 等于 1024MB。有了"GB"之后，又出现了以"TB"为单位的存储设备，当前度量硬盘容量多是使用"TB"。随着移动互联网、物联网的发展，数据越来越多样化，各种社交网络不断产生数据，各种传感器源源不断收集数据，数据体量越来越大，需要用"PB"或"EB"等更大的度量单位进行度量。

（2）多样化

大数据的数据来源广泛，因此它的数据格式也多。除了传统的结构化数据，还有 Web 文本、XML、HTML、图像视频等非结构化的数据。

（3）快速化

快速化是指大数据产生的速度快、影响也快。社会环境里能够快速产生海量的多样化的各式数据，比如遍布城市各个角落的视频监控设备，每时每秒都在产生数据，快速地累积海量数据。

（4）价值密度低

随着很多数据的快速产生，其数据量是很大的，整体而言这些数据的利用价值密度并不高。例如前面提到的视频监控数据，特别是用来做楼宇安全监控的设备，由此产生的海量数据，正常状态下这些数据并没有太大价值，只有在非正常状态下的数据才提供有用的信息，发挥作用，所以说大数据具有价值密度低的显著特点。

2．大数据分析

大数据分析是指对规模巨大的数据进行分析，即在研究海量数据的过程中寻找模式、相关性和其他有用的信息，帮助企业更好地适应变化，并做出更明智的决策。随着大数据时代的来临，大数据的处理、分析与利用就成为时代发展的要求。数据蕴含知识，挖掘利用决胜千里。比如在物流领域，随着智能物流的发展，射频识别（Radio Frequency Identification，RFID）、温度传感器、GPS、GIS 等可以随时随地产生物流过程中的温度、地理位置等各式运作数据，这些数据能准确反映物流全程有没有冷链物流，帮助实施全过程的冷链监控管理。再如物流的汽车运输数据，包括每次汽车加油的数量、油质、油耗等各类数据，通过采集器采集、深度分析，利用这些海量的业务运作数据，可以为物流企业如何合理调度车辆、加油决策等提供很好的辅助。而车辆上摄像头的数据在了解整个物流过程中的动态、智能检测驾驶人疲劳度、提高安全性等方面也具有很大价值。

所以，收集类似这样的大数据并加以处理，成为当前各行各业发展中需要挖掘的金矿。充分利用大数据，能帮助企业改善业务过程、优化成本结构、提升运作效率。特别是在激烈竞争的市场环境下，如何洞察商机，先行一步，大数据的分析挖掘必不可少。

大数据的处理分析与传统的数据处理有较大差异，常用的大数据分析处理工具包括Hadoop、Apache Spark、Storm 等开源工具，以及 Cognos、BO、Microsoft Power BI、Oracle、QlikView、Tableau、RapidMiner、FineBI 等商业智能大数据分析处理工具，可以提供查询与报告、联机分析处理、数据挖掘、数据可视化等功能。以下简单介绍前几款开源工具，商业智能大数据分析处理工具将在后续章节介绍。

（1）Hadoop

Hadoop 是一个能够让用户轻松架构和使用的分布式计算平台。用户可以轻松地在 Hadoop上开发和运行处理海量数据的应用程序。它具有高可靠性、高扩展性、高效性、高容错性。Hadoop 带有用 Java 语言编写的框架，能够很好地运行在 Linux 生产平台上。Hadoop 上的应用程序也可以使用 C++等其他语言编写。

（2）Apache Spark

Apache Spark 是专为大规模数据处理而设计的快速、通用的计算引擎，现在已经成为一个高速发展且应用广泛的生态系统。Spark 是加州大学伯克利分校的 AMP 实验室（UC Berkeley AMP lab）所开源的类 Hadoop MapReduce 的通用并行框架，Spark 拥有 Hadoop MapReduce 所具有的优点，但不同于 MapReduce 的是，Spark 能更好地适用于数据挖掘与机器学习等需要迭代的 MapReduce 的算法。

（3）Storm

Storm 是自由的开源软件，是一个分布式的、容错的实时计算系统。Storm 可以非常可靠地处理庞大的数据流，用于处理 Hadoop 的批量数据。Storm 很简单，支持许多种编程语言。Storm可以应用于实时分析、在线机器学习、分布式远程过程调用（Remote Procedure Call，RPC），以及数据抽取、转换和加载（Extraction-Transformation-Loading，ETL）等。

1.1.3 数据管理与分析

从现实世界的客观事物身上，抽取出描述它们的属性，就转变为数据世界的数据。企业业务工作中对这些人和事物进行管理的时候，就需要收集、整理、计算、存储、传递这些数据。

比如在人力资源管理工作中，需要确定员工什么时候退出工作岗位，即做员工退休决策，决策前需要收集每位员工的出生日期这类数据。假设当前时间是 2020 年 12 月，作为人力资源管理工作者，收集到所有员工出生日期数据，通过对数据进行简单的计算，看哪些员工满足"2021-出生年=60"，就会产生相关的 2021 年人员退休信息。这个数据可以支持他的管理决策，一是要通知这些人 2021 年特定月份办理退休手续；二是这些退休人员空缺的岗位需要招聘新的员工顶替，以上信息有助于制订下一年的招聘计划。这就是数据经过加工，得到了支持管理工作的信息。

举一反三，员工的性别、岗位、职务、入职时间等数据在工作中都需要进行收集、加工处理。在数据世界里建立如表 1-1 所示的二维关系数据模型。

表 1-1　员工二维关系数据模型

雇员 ID	姓名	性别	出生年月	岗位	职务	入职时间
0201	马力	男	1985-02-06	采购主管		2007-03-03
0202	刘丽	女	1978-05-05	采购员		2000-08-08

雇员 ID	姓名	性别	出生年月	岗位	职务	入职时间
0301	王芳	女	1983-06-07	销售员		2005-09-12
0302	张军	男	1990-08-09	销售员		2013-08-01
0303	张俊丽	女	1968-12-24	销售经理	经理	1990-07-08
...						

将现实世界里面对客观事物的描述转换到数据世界里面，就是建立数据表，得到各种各样的数据表。因此，管理工作与数据密不可分，数据的管理在信息社会中越来越重要。

1. 数据管理与数据分析的定义

数据管理是指利用计算机技术对数据进行的收集、组织、存储、加工、传输、使用等过程。目的是便于从数据中快速经过加工处理得到所需要的信息，利用信息支持行动和决策。实现数据有效管理的关键是数据组织，20 世纪 70 年代后，人们借助计算机数据库管理技术，实现了以往人工数据管理阶段和文件管理阶段无法做到的复杂、大量的数据处理，大大提升了数据处理与检索利用的效率，实现了数据管理技术的质的飞跃。

数据分析是指采取有效的统计、分析方法对收集来的大量数据进行分析，将它们加以汇总和理解并消化，以求最大化地开发数据的功能，发挥数据的作用。数据分析是为了提取有用信息和形成结论而对数据加以详细研究和概括总结的过程。

2. 企业开展数据管理与分析的必要性

首先，通过数据管理，数据加工整理并被转变为信息的过程，可以及时了解到企业正在发生什么。比如企业这个月销售收入是多少，通过简单的数据分析就可以得到。当收入急剧下降时，也可以通过深入的数据分析找到问题发生的原因。

其次，通过数据管理，产生决策所需信息，支持业务决策。比如通过对比分析，把某个部门跟另外一个部门的业绩进行比较，然后找到产生这个差异的原因是什么。或者某一个区域之间，不同产品销售数据的差异，洞悉为什么会有这种差异，从而影响企业的业务决策。

第三，通过数据分析的预测功能，企业能更好地了解或预测未来会发生什么。在历史数据的基础上，开展对销售收入的预测，预测下一个月收入会是多少。也可以是对销售数量的预测，从而获知原材料应该采购多少，科学地开展采购的决策。

第四，通过数据分析，能够发现业务中存在的问题，找出问题在哪里。用数据来说话，企业能够知道各方面如何去做、如何做得更好。

所以说，科学的数据管理与分析对企业来说非常重要。企业可以通过收集、存储、加工、使用自身所产生的各种各样的数据，开展数据的分析，了解客户、了解自身的现状、管理中的问题，并找到解决问题的办法，以改善业务流程，从而使企业管理决策更科学，成本更节约，效率更高。

1.2 数据分析步骤与方法

1.2.1 数据分析步骤

完整的数据分析流程主要包括以下六个环节：明确主题、数据收集、数据处理、数据分析、数据展现、结论与建议，如图 1-3 所示。

图 1-3　数据分析主要流程

1）明确主题。在进行数据分析之前首先要明确为什么要做数据分析，是要对某个主题发起专项探索，比如销售业绩完成情况分析、营收分析等；还是要开展某项异常数据分析，比如用户流失分析、毛利率异常分析等；或是类似月报、季报的对整体或某项活动的效果分析，比如某项营销方案的最终成效分析、某个主题活动日的经营效果分析等。

2）数据收集。根据分析主题获取所需要的数据，数据获取可以通过连接业务数据库获取业务数据，也可以通过一些基于前端页面的数据采集工具获取，如"八爪鱼"等可视化的数据采集工具；还可以通过编写程序的方式从特定来源获取数据。

3）数据处理。数据处理阶段是数据分析的重要步骤，主要做的工作是数据清洗、数据转换、数据提取、数据计算。数据清洗是指检查数据一致性，处理无效值和缺失值等，利用有关技术（如数理统计、数据挖掘或预定义的清理规则）将脏数据转化为满足数据质量要求的数据，发现并纠正数据文件中可识别的错误。处理数据缺失值的一种方式是根据数据前后的关联关系填充平均值，另一种则是直接选择丢弃该条记录不用于数据分析，两种方式各有优劣，操作中应结合具体问题具体分析。在实际操作中，数据清洗通常会占据分析过程的 50%～80%的时间。数据转换是将数据从一种表示形式变为另一种表现形式的过程，比如对数转换、平方根转换、倒数转换等。

4）数据分析。数据分析是指为了获取有用的信息，选择合适的统计分析方法对数据加以汇总、概括、总结的过程，比如选择对比分析、分组分析、结构分析、平均分析、交叉分析、异常分析、关联分析、综合评价分析、杜邦分析、漏斗分析、矩阵关联分析法等具体方法进行分析。

5）数据展现。数据展现也可以称作数据可视化，其展现方式一般有图表、表格和文本。好的可视化设计一定是集易读、突出数据价值、易于分析、美观为一体的，最终让数据变得更加简单，方便交流，反之，不仅让数据变得更复杂，而且还会带来错误诱导。图 1-4 为房地产销售数据展现的优秀效果。

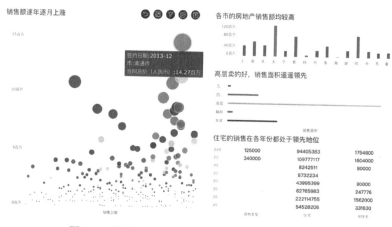

图 1-4　数据展现样例（资料来源：FineBI 官网）

6）结论与建议。在企业实际数据分析工作中，如果需要将分析结果共享给同事，则需要形成数据分析报告。数据分析报告作为整个数据分析过程的一个总结与呈现，在报告中不仅要有结论更要有建议，通过结论与建议为决策者提供科学、严谨的决策依据，以降低企业运营风险，提高企业核心竞争力。

1.2.2　数据分析常用方法

常用的数据分析方法有对比分析法、分组分析法、结构分析法、平均分析法、交叉分析法等，如表1-2所示。

表1-2　常用数据分析方法

方法	说明
对比分析法	与目标对比；不同时期对比；同级部门、单位、地区对比；行业内对比；活动效果对比
分组分析法	分组的目的在于便于对比，分组法必须与对比法结合起来
结构分析法	某部分数值占总体的比率，如市场占有率
平均分析法	算术平均、调和平均、几何平均、众数与中位数
交叉分析法	常见的二维交叉表

1．对比分析法

对比分析法也称比较分析法，是最常见的数据分析方法之一。是将两个或两个以上相互联系的指标数据进行比较，分析其变化情况，了解事物的本质特征和发展规律。具体开展对比分析时又可以从时间、空间、标准等方面对比。

- 时间对比法：通过时间周期的数据对比，了解目前数据水平的高低。可以是某个周期的时段与上一个周期的相同时段做同比比较，也可以是某个时段与其上一个时长相等的时段做环比比较。
- 空间对比法：在相同时间范围内与不同空间指标数据进行对比。比如将公司当月的不同地区、不同销售部门等的销售数据进行对比分析，可以了解不同地区、不同部门的业绩情况，从而找到不足、重点突破，提升业绩。
- 标准对比法：将数据与拟定的目标数据或标杆企业同指标数据进行对比，发现差距，了解完成情况等。

2．分组分析法

分组分析法是根据目标数据的性质、特征，按照一定指标，将数据总体划分成几个部分，分析其内部结构和相互关系，从而了解事物的发展规律。分组的目的就是为了便于对比，把总体中具有不同性质的对象区分开，把性质相同的对象合并在一起，保持各组内对象属性的一致性、组与组之间属性的差异性，以便进一步运用各种数据分析方法来揭示内在的数量关系，因此分组法必须与对比法结合运用。

根据指标所代表的数据能不能进行运算，分组分析法分为属性指标分组和数量指标分组。

- 属性指标分组分析法：属性指标所代表的数据不能进行运算，只是说明事物的性质、特征。比如根据性别属性指标值将企业的员工分为男、女两组，进行分组分析。
- 数量指标分组分析法：选择数量指标作为分组依据，将数据总体划分为若干个性质不同的部分，分析数据的分布特征和内部联系。比如根据年龄指标将员工分为35岁以下、35～45岁、45～60岁3组，通过数量上的变化来区分各组的不同类型和性质。

3．结构分析法

结构分析法是反映某个体占总体比重的一种分析方法。结构分析法又称比重分析法，是在分组分析法的基础上，计算总体内各组成部分占总体的比重，进而分析总体数据的内部特征。比如分析不同客户占总体的比重，了解客户结构，分析不同商品占总体比重，了解商品陈列结构。类似的方法，还有矩阵分析法、趋势分析法、漏斗分析法。

4．平均分析法

平均分析法是指运用计算平均数的方法来反映总体在一定时间、地点条件下某一数量特征的一般水平的分析方法。它是通过特征数据的平均指标，反映事物目前所处的位置和发展水平。再对不同时期、不同类型单位的平均指标进行对比，说明事物的发展趋势和变化规律。

在数据集合中，所有数据都参与计算得到的平均数称为数值平均数，包括算术平均数、几何平均数等；按照数据的大小顺序或出现的频率，选出一个代表值，称为位置平均数，包括中位数和众数等。

- 算术平均数：是利用平均数指标反映特征数据的一般水平，它分为简单算术平均数和加权算术平均数。简单算术平均数是将数据集合中所有数据之和除以数据个数。加权算术平均数是计算具有不同权重的数据的算术平均数。
- 几何平均数：将数据集合中的 n 个数据乘积的 n 次方根称为几何平均数。
- 中位数：将数据集合中所有数据按大小顺序进行排序，如果数据个数为奇数，最中间位置的数据称为该数据集合的中位数，如果数据个数为偶数，那么中间两个数据的算术平均数称为该数据集合的中位数。中位数主要反映的是一组数据的集中趋势。例如：数据集合{2，3，6，8，9，11，13}的中位数为 8；数据集合{8，9，12，15，16，18，20，22}的中位数为(15+16)/2 = 15.5。
- 众数：数据集合中出现次数最多的数据称为该数据集合的众数。众数也就是数据中的一种代表数，它反映的是数据的一种集中程度。如果有多个数值出现次数相同且最多，那么这几个数据都是该数据集合的众数。如果数据集合中所有数据出现次数相等，那么这个数据集合没有众数。例如：数据集合{3，5，6，7，8，8}的众数是 8。数据集合{5，5，6，8，9，10，10}的众数是 5 和 10。

5．交叉分析法

交叉分析法又称立体分析法，是在纵向分析法和横向分析法的基础上，从交叉、立体的角度出发，由浅入深、由低级到高级的一种分析方法，也可以称为细分分析。这种方法虽然复杂，但它弥补了"各自为政"分析方法所带来的偏差。

交叉分析的主要作用是细分来自多个维度的数据，并发现最相关的维度，以探索数据更改的原因。把统计分析数据制作成二维交叉表格，将具有一定联系的变量分别设置为行变量和列变量，两个变量在表格中的交叉节点即为变量值，通过表格体现变量之间的关系。比如使用交叉分析分析不同性别职工的收入水平是否有差异。

实际使用中通常把这个概念推广到行变量和列变量之间的关系，这样行变量可能由多个变量组成，列变量也可能由多个变量组成。

1.3 商业决策与计算机决策支持

1.3.1 决策与商业决策

1．决策的概念

决策是决策者为达到某种预定目标，运用科学的理论、方法和手段，从若干备选方案中选择或综合成一个满意合理的方案，并付诸实施的过程。决策的简单定义就是从两个以上的备选方案中选择一个的过程。对于企业的决策过程而言，不管是哪一类问题的决策，一定离不开数据，数据支持决策。

在确定决策问题的时候，首先就需要知道收集什么样的基础数据，来具体细分决策问题，从而了解现状、找出问题。这是开展科学决策的第一步，要尽量避免拍脑袋决策。接下来才是研究运用什么样的数据分析方法，比如对比分析、目标分析，分析现状离目标有多远，然后找到解决问题的办法。

2. 商业决策

商业决策是对企业在经营过程中所做出的决策过程的总称，是企业长远发展的根本所在。作为企业经营管理人员，为了改进组织绩效，需要不断做出战略层面、战术层面或是运营层面的决策。战略决策考虑企业总体发展方向和高层次问题，一般由公司高管来做。战术决策是为完成战略目标而由中层管理人员做出。运营决策主要涉及具体企业基层运作事项，由基层管理人员做出。

长期以来，企业的商业决策往往依赖于个人智慧、直觉和经验。管理上的直觉和经验对于实践来说非常重要，是管理艺术。但随着数字时代的到来，思考和决策过程也愈加数字化，科学决策技术与艺术思维的融合不断加速。首先是销售管理系统等电子商务数据日积月累、互联网社交数据爆炸式增长、移动网络数据的快速收集等，产生了难以置信的商务分析基础数据，企业当然希望能够有效利用这些数据改进运营效率、提升利润，以便更好地了解客户，合理定价，改善合作伙伴的关系，提升企业产品市场占有率。其次，计算机技术飞速发展，带来了存储能力、计算能力的迅猛进步，特别是大数据处理技术、云计算、5G 等技术的出现，让企业能够解决以前数据处理领域的瓶颈问题。再者，先进的高效处理数据和探索海量数据的优化算法、仿真算法、数据可视化技术的快速进步，导致科学决策技术在商业决策过程中的作用越来越大。因此，计算机决策支持方法与技术不断发展，能够有效服务于企业商业决策。

1.3.2 计算机决策支持方法与技术

计算机是当代发展最为迅速的科学技术之一。计算机最早是用于数值计算，20 世纪 60 年代人们用它来进行数据处理，兴起了电子数据处理系统（Electronic Data Processing System，EDPS）的热潮。电子数据处理系统提高了工作效率，把人们从烦琐的事务处理中解脱出来。但其仅局限于具体信息处理，数据没有共享，不考虑整体或部门情况。于是，通过整体分析、系统设计，支持信息共享、部门协调的管理信息系统（Management Information System，MIS）产生了。但 MIS 难以适应多变的内外部管理环境，对管理人员决策的帮助十分有限。20 世纪 80 年代，在管理信息系统的基础上，管理科学与运筹学结合，计算机决策支持迅速发展起来，于是就出现了基于数据仓库（Data Warehouse，DW）、联机分析（Online Analytical Processing，OLAP）、数据挖掘技术（Data Mining，DM）的商业智能决策支持。

伴随着计算机的诞生和应用，企业决策支持一直朝着计算机支持的方向快速发展，具体开展决策支持的方法与技术可以归为三大类，如图 1-5 所示。

图 1-5 决策支持方法与技术

一类是传统的数据分析方法，应用适当的统计学相关分析方法对收集的数据进行加工，从手工的数据处理到借助计算机应用类似 Excel、SPSS 等数据处理工具处理分析数据，获取有用信息形成一些结论，实现决策支持。这种传统数据分析方法的数据处理分析效率较低，对分析者有较高的技术层面的要求。

第二类是基于 MIS 的数据处理与分析。借助于开发好的数据处理与运作系统，使用者能快速地实现数据查询、数据管理，提供规范的数据报告，高效地支持管理行动。这种方式对分析使用者要求不高，但这种数据处理分析技术受限于固化的模式，不够灵活，难以适应变化的数据分析与处理需求。

第三类就是当前迅速发展的大数据处理分析和商业智能技术，这是适应大数据环境，不断发展壮大的新兴数据处理与分析技术。它主要包括三大技术，即 DW、OLAP、DM 技术。数据仓库技术是针对日渐庞大的大数据而出现的新技术，支持企业异构数据源的快速集成。数据仓库集成的数据可以来自多种系统，不管是来自文本文件，还是数据库系统，都能很好地通过构建数据仓库的模型来实现。在数据仓库的基础上就可以实现及时、准确、多维的数据观察，深入、灵活、随心所欲地洞察数据，快速得到数据分析的结果。更进一步在海量数据基础上开展数据挖掘，找到隐藏在数据里面的、潜在的、有价值的知识。通过数据挖掘的过程找到的知识，比如数据之间的关联关系，在实际工作中就可以用来支持行动的改变、支持决策。如超市里面，将有关联的商品摆放在一起来促进商品销售；在仓储中，根据挖掘到的可能一起出库的关联商品关系，改进储位的安排，提高出库效率；在营销过程中，把有关联关系的两种商品捆绑起来，改进营销策略，修订营销方案等。这种新的数据处理与分析方法越来越受到企业青睐，发挥更加重要的决策支持作用。

1.3.3　计算机决策支持技术的发展

在数据的基础上，计算机决策支持技术是通过一定的方法、手段，借助计算机技术来快速、高效地产生信息的过程，是商业决策支持的重要发展方向。作为管理者，应该熟悉和了解这些方法，并利用计算机技术提升数据管理的能力，才可能更好地实现科学的管理。

商业计算机决策支持技术的发展大概经历了五个阶段，如图 1-6 所示。

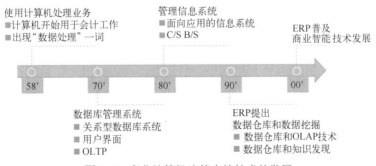

图 1-6　商业计算机决策支持技术的发展

第一阶段：开始使用计算机处理业务阶段。 1946 年第一台计算机出现之后，人们最开始应用它来处理会计业务数据，对大量数据进行加工处理、快速的计算，帮助业务高效地完成。没有计算机，难以想象上万人的工资计算得耗费多少时间精力。

第二阶段：数据库管理系统阶段。 随着计算机技术的发展，出现了规范、成熟的数据库系统来装载数据，随着人机界面技术的发展，普通用户也能很好地操作处理数据，至 20 世纪 70 年代，数据库技术逐渐广泛应用。

第三阶段：管理信息系统阶段。 到 20 世纪 80 年代，管理信息系统已经开始普及。在这个过程中，出现了各种业务应用的管理信息系统，包括管理工作的各个环节，企业里面的库存管理、财务管理、采购管理、销售管理、生产管理等工作，都有专门的管理信息系统来实现决策的支持。

第四阶段：ERP 发展阶段。 到 20 世纪 90 年代，原有的业务分散的管理信息系统在运作过程中出现了数据不一致、信息孤岛等问题，于是出现了企业资源计划（Enterprise Resource Planning，ERP）系统，以便达到统一调配、整合企业各种资源的目的。

第五阶段：商业智能技术发展阶段。 为了解决现有系统信息孤岛问题，20 世纪 90 年代出现了一种新的数据集成技术，即数据仓库技术。数据仓库技术解决了多种异构数据源的集成问题，同时又有了 OLAP 技术，商业智能技术于是在企业逐步得到应用推广。在 21 世纪初，商用化的商业智能系统工具（像 Microsoft Power BI、Tableau、FineBI 等）开始出现并逐步发展。这些商业智能工具能够提供快速、敏捷地实现数据仓库构建、商业数据理解与分析、移动端互访等整套方案。它已不单单是一套软件，还涵盖了科学决策的管理思想，成为决策支持领域研究与应用的热点。

纵观商业决策支持技术的发展历程，并不是说一种技术完全取代另外一种技术，数据库技术、管理信息系统等也是在同步不断发展、不断完善，在不同的领域发挥各自的作用。通过这些技术，助力实现决策的科学化。科学决策要求从传统的定性决策向定量决策或者定量与定性相结合发展，商业计算机决策支持技术也就越来越重要。科学决策同时也在向多目标决策发展，比如企业的项目投资决策在注重发展经济效益的同时，也需要承担更多的社会责任，要考虑整体社会效益、环境保护，开展多目标决策。在决策的科学化过程中，需要更科学地快速收集数据、灵活整理数据、多维加以分析、实时可视化，这些正是商业智能技术能够发挥作用的地方。

本章小结

本章主要介绍了什么是数据、信息、知识及三者之间的关系，大数据及大数据分析，企业为什么需要数据管理，数据分析的步骤与常用的数据分析方法，决策与商业决策的概念，计算机决策支持方法与技术及其发展。

本章练习

一、思考题

1．什么是数据，数据与信息之间有什么关系？

2．为何说数据是企业的重要资源？

3．企业为什么需要数据管理？

4．多种数据分析方法在实际分析过程中应如何选取？

5．商业决策支持技术呈现一个什么样的发展态势？

二、讨论题

1．选择具体企业进行调查，了解企业数据管理工作中有哪些难点？

2．如何理解大数据及其商业价值？

三、实训题

有如下某仓储的入库数据表和出库数据表，表中每种物流数据的物料编号是唯一的。要求在 Excel 中利用函数统计每种材料的现有库存数量。

入库数据表

入库单号	物料编号	物料名称	规格型号	单位	入库时间	入库数量	单价
00001	00001	螺钉	10mm	个	2021/11/1	12	7
00001	00002	鼠标	无线光电	个	2021/11/1	10	56
00002	00001	螺钉	10mm	个	2021/11/15	33	7
00002	00002	鼠标	无线光电	个	2021/11/15	13	56
00003	00003	鼠标	无线光电	个	2021/11/16	6	88
00004	00001	螺钉	10mm	个	2021/11/17	10	7

出库数据表

出库单号	客户编号	物料编号	物料名称	规格型号	单位	出库时间	出库数量
00001	00001	00001	螺钉	10mm	个	2021/11/20	7
00001	00001	00002	鼠标	无线光电	个	2021/11/20	5
00002	00001	00001	螺钉	10mm	个	2021/11/2	1

提示：SUMIF 函数的语法是 SUMIF（range，criteria，sum_range）。

SUMIF 函数的参数如下。第一个参数：range 为条件区域，用于条件判断的单元格区域。第二个参数：criteria 是求和条件，由数字、逻辑表达式等组成的判定条件。第三个参数：sum_range 为实际求和区域，需要求和的单元格、区域或引用。

VLOOKUP 函数的语法是 VLOOKUP（lookup_value,table_array,col_index_num,range_lookup）。

VLOOKUP 函数的参数如下。lookup_value：要查找的值，数值、引用或文本字符串；table_array：要查找的区域，数据表区域；col_index_num，返回数据在查找区域的所在列数，正整数；range_lookup：精确匹配/近似匹配，FALSE（或 0）/TRUE（或 1 或不填）。

四、案例分析

市场副总裁的一次决策过程及其决策支持手段

一位负责公司市场的副总裁运用数据分析对预算和实际销售进行对比后发现一个地区的销售额最近下降了。他试图从具体的数据中寻找确切的原因，但一无所获。他觉得应当彻底搞清这件事，因此发送了一封电子邮件给该地区的销售经理询问下降的具体原因。地区销售经理给他回了电话和电子邮件，说他同样也找不出明显的原因。该副总裁准备深入下去，弄清楚到底是怎么回事。这位副总裁调查了如下可能的原因。

（1）经济状况

通过网络，他查询了银行、经济新闻等，包括目前商业经济方面的公开出版物以及公司关于该地区的内部报告。这些资料表明，该地区并没有出现大的经济衰退。

（2）竞争分析

运用同样的资源，他调查了竞争者是否引入了新产品，或是开展了有效广告攻势，以及是否有新的竞争者进入了该地区市场。

（3）书面销售报告

该副总裁随后浏览了销售代表的报告，以发掘其中的问题。一个基于概念的数据检索系统使他能够快速地查找特定的主题，例如产品质量差、功能不够、产品过时等。

（4）数据挖掘分析

他要求员工对销售数据进行数据分析，以挖掘用户数据库和相关统计数据之间任何未知的关系。

这位副总裁接着访问了市场营销决策支持系统，该系统包含了一系列的模型，可以用来分析各类销售模式，包括产品销售模式、销售代表销售模式和主要客户销售模式。但是同样没有发现问题所在。

因此，他决定召开一个地区销售经理以及主要销售人员的会，通过这次会议，他们检查了之前所有运用信息技术的分析结果，以确认可能的解决方案。

由于并没有一个明显的原因可以解释这次销售额的下降，他们觉得最佳的应对方法就是开展一场新渠道的销售活动。在这场活动中，各个销售代表可以通过他们的笔记本计算机向消费者展示其产品。这位副总裁然后运用财务计划模型对这次销售计划进行了一次重新评估，将这次新的促销计划纳入计划，并将其具体分配给地区销售人员。

他通过视频销售会议布置了这次新的活动，并对销售员工进行了多媒体展示运用的培训。

根据以上案例，分析：

1. 案例中决策制定何时开始？何时结束？哪些是关键的决策？

2. 案例中应用了哪些支持决策者的信息技术？它们在改进决策制定过程中的效果和效率如何？为更好地解决商业中的问题发挥了哪些作用？

第2章 商业智能概述

商业智能已经成为现代化企业业务运行的必备技术。商业智能不但能够帮助企业合理地整合数据，而且能够将数据提炼成对企业有用的信息，针对企业的不同管理问题，分析背后的机理，得出规律，提高企业的管理决策能力。本章将介绍商业智能的起源与基本概念、分析商业智能的价值与作用，介绍商业智能系统的结构、常见商业智能产品与典型行业应用领域，并探讨新技术对商业智能的影响及商业智能在未来的发展趋势。

学习目标

- 了解商业智能的起源与发展，掌握智能、智能化企业与商业智能的概念，了解商业智能的特点、价值与作用；
- 能够从信息系统、数据分析、知识发现、战略分析等不同角度正确理解商业智能；
- 熟悉商业智能的体系结构，掌握商业智能系统应具备的基本功能；
- 了解常见的商业智能产品，熟悉商业智能在不同行业的典型应用。

2.1 商业智能的起源与基本概念

2.1.1 商业智能的起源与发展

商业智能，这个 21 世纪的时代宠儿随着信息化的发展风靡全球。追溯起源，它却不是如孙悟空般从石头里蹦出来那样横空出世的。学界已公认，赫伯特·西蒙对决策支持系统的研究，是现代商业智能概念最早的源头和起点。1978 年，他因为对"商务决策过程"的出色研究而荣获了诺贝尔经济学奖。

1970 年，IBM 公司的研究员埃德加·科德（Edgar Codd）发明了关系型数据库，解决了此前网络型数据库结构复杂多变、不易开发的困难，使软件开发人员获得了前所未有的自由。此后，大型信息系统的应用一日千里、遍地开花。

20 世纪 70 年代，麻省理工学院的研究人员第一次提出，决策支持系统和运营系统截然不同，必须分开，这意味着决策支持系统要采用单独的数据存储结构和设计方法。1983 年，Teradata 公司利用并行处理技术为美国富国银行（Wells Fargo Bank）建立了第一个决策支持系统。

1988 年，为解决企业集成问题，IBM 公司的研究员 Barry Devlin 和 Paul Murphy 创造性地提出了一个新的术语：数据仓库（Data Warehouse）。1992 年，比尔·恩门（Bill Inmon）出版了《如何构建数据仓库》一书，第一次给出了数据仓库的清晰定义和操作性极强的指导意见，真正拉开了数据仓库得以大规模应用的序幕。

数据仓库出现以后，活跃在前沿的科学家一下子找到了自己的专属"阵地"，商业智能的下一个产业链——联机分析，也迅速形成。数据仓库开始散发真正的魅力。

1989 年，数据挖掘技术兴起。这一年，图灵奖的主办单位计算机协会（ACM，Association for Computing Machinery）下属的知识发现和数据挖掘小组（SIGKDD）举办了第一届学术年会、出版了专门期刊。此后，数据挖掘被一直追捧，成为非常热门的话题，甚至成为一门独立的学科进入了大学课堂，不少大学还先后设立了专门的数据挖掘硕士学位。

还是在 1989 年，著名的 IT 咨询公司高德纳（Gartner Group）为业界提出了商业智能的概念和定义。商业智能指的是一系列以数据为支持、辅助商业决策的技术和方法。商业智能在这个时候完全破茧而出，不是历史的巧合，因为正是数据挖掘这种新技术的出现，商业智能才真正有了"智能"内涵，这也标志着其完整产业链的形成。

进入 21 世纪以来，新的技术浪潮——信息可视化，又使商业智能的产业链条向前延伸了一大步。可视化技术的出现，使商业智能分析的产业链形成了一个包括数据整合、数据分析、数据挖掘、数据展示的完整闭环。商业智能的这四个产业链，独立性都很强，具体到特定的商业智能产品，随着数据量的增大，每一环节都可能变得相当复杂。

商业智能的历史，是一个渐进的、复杂的演进过程，它的内涵和外延，至今还处于动态的发展之中。它的各个产业环节，都有不断丰富扩大的趋势。特别是作为其"智能灵魂"的数据挖掘技术，潜力非常巨大。可以预见，商业智能将对人类社会的发展产生深远的影响。

到 2010 年底，35% 的企业使用商业智能，而 67% 的"一流"公司都有某种形式的自助服务商业智能。从 2010 年至今，商业智能成为从跨国企业到中小企业中众多业务人员的标配工具。目前商业智能已经可以跨多个设备，并可以完成可交互式的分析推理。自助服务产品更加强调易于使用和导向型操作，因为商业智能可以成为适合所有人的工具，所以无论是在会议室还是在工厂车间，可视化和智能化的形式都会让更多的人依赖商业智能工具。

如德鲁克所说，21 世纪的竞争，是知识生产力的竞争。以知识发现为使命的商业智能，必将成为知识时代的竞争利器。

2.1.2 智能、智能化企业与商业智能

1. 智能的概念

智能（Intelligence）是生物体获取知识、利用知识的能力，其中知识是一切智能行为的基础，而智力是获取知识并运用知识求解问题的能力，是头脑中思维活动的具体体现。

智能是指个体对客观事物进行合理分析、判断及有目的地行动和有效地处理周围环境事务的综合能力。智能是把信息提高到一个更高的层次上。数据和信息是无生命的东西，而智能是有机的，它源于信息。对一个有机体来说，它还可以是集体智能。智能产生在对信息、对过去的行为和未来可能发生的行为进行完整评价的基础上。一旦被播种，智能就会在这个有机体中生根发芽。对业务的深入分析和见地被更多人分享后，就会成为一股非常强大的力量。

2. 智能化企业

企业要想在激烈竞争的商业生态环境中生存和发展，就必须学会如何获得有关商业环境、供应商和顾客的知识。不管企业规模的大小，都需要对瞬息万变的市场做出及时、高效的反应，而这些反应建立在全面、准确和及时的信息以及决策所需要的充分知识的基础上。

从仿生学的角度而言，智能化企业，也称为"随需应变"的企业，是指以智能资产作为关键因素的企业，它拥有反应迅速、适应顾客变化的需要和采取正确的顾客解决方案等特点。

身处复杂经营环境中的企业必须与时俱进，才能在市场上生存和繁荣下去。而与时俱进的特征和任务之一就是成为智能化的企业。1999 年，比尔·盖茨在《数字化神经系统》（即《未来时速》）一书中就提出过"智能化企业"的概念。

对于企业智能来说，并不只是指简单地雇用一些高智商的员工，而是指创造一个实时的知识环境，使企业的各个职能和各个员工都能够有效地应对企业所面临的挑战。智能化行为的特征

包括以下几个方面。
- 快速吸收新想法的能力。
- 适应新情况的能力。
- 有效解决问题的能力。
- 动员适当资源的能力。
- 有效积累经验和知识的能力。

依照智能化行为的特征，智能化企业在已创造的实时知识环境中，能够对不断变化的情况迅速做出反应，成功地解决以前未曾遇到的问题和挑战，能够根据新的情况改变自我。具有智能化特征的企业才能在新的市场环境下满足甚至超过客户的期望，才能将投资回报最大化。

"智能化企业"的理念得到了许多企业的响应和共鸣。尽管这一理念还没有得到一个统一的定义，但对于信息资源的充分利用、知识管理的实施、基于决策支持的企业战略制定等内容已经被广泛认同。

企业智能化是信息化的更高层次，只有具备一定的管理信息化基础，企业才会有智能化建设的需求。只有在企业具备一定规模的数据积累之后，才会想到如何更高效地利用这些信息资源，进而要求对企业的战略发展和市场预测给予更多的数据支持。

3. 商业智能的概念

商业智能又称商务智能（Business Intelligence，BI）。商业智能的概念最早是由高德纳公司的分析师 Howard Dresner 于 1996 年提出，他认为商业智能描述了一系列的概念和方法，通过应用基于事实的支持系统可以辅助商业决策的制定。商业智能技术提供使企业迅速分析数据的技术和方法，包括收集、管理和分析数据，将这些数据转化为有用的信息，然后分发到企业各处。

自高德纳公司首次提出商业智能这个名词起，企业界和学术界对商业智能的概念提出了许多种说法，但迄今为止对商业智能的定义尚未有统一的定论。目前，关于 BI 的定义主要可以分为企业界和学术界两类定义，这里分别列举几个比较全面的定义。

（1）IBM 的定义（企业界）

商业智能是一系列在技术支持下的简化信息收集和分析的策略集合。通过利用企业的数据资产可以制定更好的商务决策。企业的决策人员以数据仓库为基础，经过各种查询分析工具、联机分析处理或者是数据挖掘加上决策人员的行业知识，从数据仓库中获得有利的信息进而帮助企业提高利润，增加生产力和竞争力。

（2）Business Objects（SAP 旗下）的定义（企业界）

商业智能是一种基于大量信息基础上的提炼和重新整合的过程，这个过程与知识共享和知识创造密切结合，完成了从信息到知识的转变，最终为商家提供了网络时代的竞争优势和实实在在的利润。

（3）商业智能专家伯纳德·奥托德（学术界）

商业智能是指将存储于各种商业信息系统中的数据转换成有用信息的技术。它允许用户查询和分析数据库，可以得出影响商业活动的关键因素，最终帮助用户做出更好、更合理的决策。

（4）我国商业智能专家王茁（学术界）

商业智能是指企业利用现代信息技术收集、管理和分析结构化和非结构化的商务数据和信息，创造和积累商务知识和见解，改善商务决策水平，采取有效的商务行动，完善各种商务流程，提升各方面商务绩效，增强综合竞争力的智慧和能力。

由此可见，企业界和学术界关于商业智能的定义众说纷纭。商业智能通常被理解为将企业中现有的数据转化为知识，帮助企业做出明智的业务经营决策的工具。这里所涉及的数据包括来自企业业务系统的订单、库存、交易账目、客户和供应商等来自企业所处行业和竞争对手的数据，以及来自企业所处的其他外部环境中的各种数据。而商业智能能够辅助的业务经营智能决策，既可以是操作层的，也可以是战术层和战略层的决策。

2.1.3　正确理解商业智能

正确理解商业智能分为以下四个方面。

（1）信息系统角度

商业智能对企业的内外部数据进行分析，帮助企业进行规划，支持企业战略管理。商业智能实际上是帮助企业提高决策能力和运营能力的概念、方法、过程以及软件的集合，其主要目标是将企业所掌握的信息转换成竞争优势，提高企业决策能力、决策效率和决策准确性。可以把它看成是继决策支持系统（DSS）、经理信息系统（EIS）后发展起来的又一个决策支持信息领域。商业智能系统不仅仅局限于为企业管理者提供决策支持服务，它更具有 DSS、EIS 所不具备的强大的数据管理、数据分析与知识发现能力。

（2）数据分析角度

BI 具备多种数据分析的能力、终端信息查询的能力、数据挖掘和分析功能。各商业智能厂商非常注重这方面的研究，提供了各种功能强大的分析挖掘工具。如：Cognos 公司开发的 OLAP 工具 Powerplay，Oracle 公司基于数据仓库开发的数据挖掘工具 Oracle Darwin、Oracle Express 产品系列和 Oracle Discoverer 都具有探索数据和 OLAP 功能，可以帮助企业从数据中分析出有价值的信息。

（3）知识发现角度

BI 具有从大型数据库中提取人们感兴趣的知识的能力，这些知识一般是隐含的、事先未知的或潜在有用的信息，提取的知识表示为概念、规则、规律和模型等形式。

（4）战略分析角度

运营能力分析包括运营指标分析、运营业绩分析和财务分析。

- 运营指标分析是指对企业不同的业务流程和业务环节的指标进行分析；
- 运营业绩是指对各部门的营业额、销售量等进行统计，并在此基础上进行同期比较分析、应收分析、盈亏分析和各种商品的风险分析等；
- 财务分析是指对利润、费用支出、资金占用以及其他经济指标进行分析，及时掌握企业在资金使用方面的实际情况，调整和降低企业成本。

BI 的战略决策支持是根据公司各战略业务单元的经营业绩和定位，选择一种合理的投资组合战略。由于商业智能系统集成了外部数据，各个战略单元可据此制定自身的竞争战略。此外，企业还可以利用业务运营的数据，通过营销、生产、财务和人力资源等方式来实现决策支持。

总之，商业智能是融合了先进信息技术与创新管理理念的结合体，集成企业内外数据，进行加工并从中提取能够创造商业价值的知识，面向企业战略并服务于管理层、业务层，指导企业经营决策，提升企业竞争力。

因此，把商业智能看成是一种解决方案应该比较恰当。商业智能的关键是从许多来自不同的企业运作系统的数据中提取出有用的数据并进行清理，以保证数据的正确性，然后经过抽取（Extraction）、转换（Transformation）和装载（Load），即 ETL 过程，合并到一个企业级的数据仓库里，从而得到企业数据的一个全局视图，在此基础上利用合适的查询和分析工具、数据挖掘工具、OLAP 工具等对其进行分析和处理（这时信息变为辅助决策的知识），最后将知识呈现给管理者，为管理者的决策过程提供支持。

2.1.4 商业智能的特性

商业智能的特性分为以下几个方面。

（1）商业智能用户的多样性

商业智能服务于各类企业决策者。传统应用中的商业智能主要支持中高层管理人员决策。目前，商业智能平台的用户包括一线的业务人员、各级管理者，甚至外部的顾客和商业伙伴。这是因为业务经营决策的范围发生了扩展，包括操作层、战术层和战略层的决策。

（2）商业智能数据处理的层次性

商业智能根据业务需要收集数据，并进行提炼和加工，最终产生对企业有价值的知识，提高企业的绩效。商业智能需要整合企业的业务系统数据，从而保证足够的"原料补给"。商业智能对 ERP、CRM（顾客关系管理）和 SCM（供应链管理）等业务系统中生成的运营数据进行分析，并给出报告，帮助管理者认识企业和市场的现状，预测发展趋势，做出正确的决策。

（3）商业智能的技术的多样性

随着信息化的发展，商业智能已成为企业充分利用数据资产的重要方法，它从不同的数据源中提取有用的数据，通过数据仓库、在线分析处理和数据挖掘等技术，实现企业的决策、考核、分析的有机结合和量化，以达到为企业提供经营管理、决策支持的目的。最新的商业智能还涉及其他一些新技术，例如内存中的分析处理、面向服务的软件架构（Service Oriented Architecture，SOA）、文本挖掘和元数据存储等。商业智能在这些技术的支持下，可以发现数据背后隐藏的商机或威胁，获得洞察力，了解企业和市场的现状，把握趋势，识别异常情况，理解企业业务的推动力量，认清正在对企业的业务产生影响的行为及影响程度。

2.2 商业智能的价值与作用

2.2.1 商业智能的价值

商业智能的价值具体体现在以下几个方面。

（1）更好理解业务

商业智能可以用来对各项业务进行准确的评估，帮助理解业务的驱动因素，识别对业务产生影响的关键因素，积极推动业务发展，培养良好发展态势，规避潜在的风险。具有前瞻性的商业智能将帮助企业有效解决所面临的各种问题和挑战。

利用商业智能技术，更好地理解业务、构建商业模型、确定合适的营销策略。美国的某家知名零售企业在 20 世纪 90 年代曾经面临倒闭的危险，后来该企业引入了商业智能系统，把业务系统的数据整合到数据仓库后，通过挖掘得到不同家庭的消费习惯，从而精确地投放具有针对性的广告策略和促销计划（精准营销），在竞争中击败对手获得了成功。麦当劳风靡全球，然而顾客众多使得其经营策略的制定出现了困难。在麦当劳的顾客中，不同的顾客有不同的选择，商业智能系统能分析顾客的偏爱，对不同顾客选择的产品数据进行收集和分析，发现相当多的顾客在购买汉堡包的时候都会点上一杯可乐，而且一定比例的顾客在购买薯条的同时会配上一份鸡翅。根据这些顾客的消费习惯，麦当劳推出了相应的套餐，并给这些套餐特价的优惠。事实证明，套餐举措是成功的尝试，既吸引了顾客的注意力，又节省了交易成本。电信企业利用商业智能也可以进行用户发展分析、优惠策略预测、套餐分析、促销分析等，对市场营销的成本和收益进行评估。

（2）科学衡量绩效

商业智能能够从企业各种应用系统中提取各种基础绩效指标与关键绩效指标（KPI），对员工的工作绩效进行追踪、衡量和评价，也可以进行其他各种绩效（财务的和非财务的、前台的和后台的、企业内的和供应链内的、组织的和个人的）的跟踪和管理，充分分析现有系统的执行力，从而完成业务流程的调整和优化。以商业智能为基础的企业绩效管理已成为欧美企业目前最关注的管理和信息技术课题之一。

应用商业智能企业的绩效管理功能，可以简便、快捷地制定各种成本收益报表，对不同的业务活动进行成本核算，深入分析偏差和改进方法，从而降低成本，提高收入。例如，汽车零件中一个小小的螺帽，其价格微不足道，但如果年产 100 万辆汽车那么每个螺帽 0.1 美元的价格偏差就将导致至少几十万美元的成本支出。某生产汽车的企业在引入商业智能解决方案后立刻意识到了这个问题，并及时地与螺帽供应商洽谈，从而降低了生产成本，增加了利润。

（3）改善客户关系

商业智能可以提供有关业务状况的有用信息、提高企业知名度、改善整个信息链的效率。商业智能也有助于充分掌握顾客的信息，便于提升客户忠诚度。商业智能还有利于企业维持各种良好的关系，在问题变成危机之前及时采取措施。

顾客智能是商业智能在顾客关系管理（CRM）中的应用。企业正在逐渐由以产品为中心转化为以顾客为中心，应用商业智能中的在线分析处理和数据挖掘等技术，处理大量的交易记录和相关顾客资料，对顾客进行分类，然后针对不同类型的顾客制定相应的服务策略。例如，电信企业利用分析型 CRM 进行顾客分类、顾客信用度评估、大客户管理、通话分析、欠费与欺诈分析、顾客流失分析、网络性能分析、未接通呼叫分析和顾客投诉分析等，提高顾客的满意度和忠诚度，最大化顾客价值。

（4）提高风险管理能力

通过构建基于信息分析的能力是当前许多企业成功进行转型升级的关键，也是企业寻找机遇、创新发展的关键。

在银行、保险和电信等领域，商业智能可以识别潜在的危险，给出存在欺诈行为的用户特征。例如，对于银行的贷款业务，应用数据挖掘技术可以对顾客进行信用分析，发现其中的欺诈行为特征，作为有效的预防机制，为企业减少损失。电信企业也可以对重点事务的动态进行跟踪和监控，及时发现业务收入下降的原因，避免造成更大的损失。

2.2.2 商业智能在具体业务领域的作用

商业智能可以在企业各个层面和职能中发挥作用，如营销管理、销售管理、客户关系管理、财务分析、供应链管理、人力资源管理等，都能够利用商业智能来提高决策水平和改善业务绩效，并进一步增强企业核心能力。商业智能在具体业务领域的作用如下。

（1）在供应链管理领域

商业智能可以进行流程分析、供应商评价、分销商管理和物流成本分析等，既可以满足对物流、供应和销售相关情况的基本层次的查询，也可以辅助对深层次的问题的决策，如进行库存调整及优化，以保证有效、合理的周转等。

（2）在销售管理领域

商业智能的作用可以体现在产品销售情况分析和服务信息反馈、新产品开发预算和销售预测等方面，基于销售、库存、财务和人事等多种基础数据进行多角度分析，给出销售情况分析和趋势预测等辅助决策信息。

（3）在客户关系管理领域

商业智能可以根据消费记录及客户档案资料进行客户群分析，以及对他们的消费能力、消费习惯、消费周期、忠诚度、赢利能力、促销情况等进行分析，从而帮助企业更准确地理解客户的行为和趋势、挖掘潜在客户、制定相应的促销和服务策略、争取和保持客户。

（4）在营销领域

商业智能可以使用分类和预测等技术，分析长短期需求、市场机会和企业利益增长点，分析和预测市场容量、占有率、细分情况和风险程度，策划和评价市场营销策略等，据此调整和优化其市场营销策略，以获得最大的成功。

（5）在财务分析领域

商业智能可以基于数据仓库技术满足企业管理者对费用支出情况的查询、应收账款和应付账款的分析等多方面的财务分析，有助于提高在现金流量、资产负债和资金回收率等方面决策的科学化水平。此外，根据公众/用户生成内容（PGC/UGC）数据（如关键词搜索轨迹、事件评论热度和话题内容演化走向等）可以进行财务状况关联分析和股价走势预测，为管理决策提供支持。

（6）在人力资源管理领域

商业智能可以基于翔实的数据进行多视角的人力资源统计分析，并基于现有人力资源使用情况分析超时和工作量，预测劳动满员和紧缺，计算某段时间内的劳动收益率等。商业智能的人力规划分析也可以实现不同角度的员工工资查询和分析，结合完成的工作量，提高员工利益分配的科学性。

2.3 商业智能系统的结构与功能

2.3.1 商业智能系统的体系结构

所谓体系结构（Architecture）是指一整套的规则和结构，它能够为一个系统或产品的整体设计提供主框架。体系结构包括一组部件以及部件之间的联系。

商业智能系统是在运用数据仓库、数据集市、联机分析处理以及数据挖掘等技术的基础上，对企业和非企业数据进行收集、抽取、整理、分析展示等处理，最终获得支持决策的数据系统平台。商业智能体系结构体现的是整个数据从基本数据一直到最后能够为决策提供便利的有用数据，它经历了一个由数据处理体系构成的技术集合。它的工作流程是基于一系列技术基础上的操作，而技术的更新直接推动商业智能的升级。

商业智能体系结构一般分为：源数据层、数据转换层、数据仓库（数据集市）层、数据分析层、数据应用展现层，如图 2-1 所示。

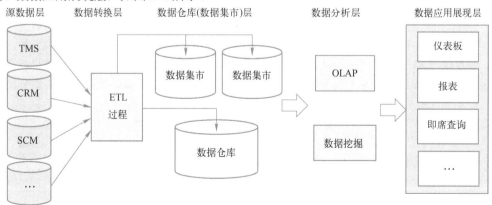

图 2-1　商业智能体系结构

在商业智能系统体系结构中，数据仓库是存储数据的地方，是商业智能的根本所在，也是商业智能的基础部分，它存储了系统里符合要求的业务系统数据以及相关历史信息等。而联机分析处理和数据挖掘正是在数据仓库的基础上进行分析和挖掘，最终提供有用的信息给决策者或者客户，最后一个环节就是数据的展示。

（1）源数据层

源数据⊖是商业智能系统的基础，通常包括企业各种应用系统、办公自动化系统等产生的业务数据、文档等内部数据和企业外部数据（来自市场研究公司或 Internet 等）。外部数据包括有关市场、竞争对手的数据以及各类外部统计数据等。这些数据可能是结构化的，如关系表和电子表格（spreadsheet）等，也可能是非结构化的，如平面文件、图像等多媒体数据。

（2）数据转换层

源数据需要借助企业信息集成（Enterprise Information Integration，EII）的技术整合才能用于业务的全面分析。业务数据需要经过数据评价、数据筛选以及数据抽取（Extraction）、转换（Transformation）和装载（Load），即经过 ETL 后才可存储在数据仓库中，为数据的分析奠定基础。

（3）数据仓库（数据集市）层

数据仓库的数据包括元数据和经过 ETL 的业务数据。元数据是关于数据的数据，主要包括数据源的描述、数据的抽取规则、数据的转换规则、数据加载频率、数据仓库模型等数据源中的数据，它们按照元数据库的规则，经过抽取、清理、转换、集成后，按照决策主题重新组织、存储。也可以面向部门建立数据集市（data mart），数据集市是数据仓库的一个子集，但含有特定的主题，一般只在某个部门或局部范围内使用。

随着企业数量的急剧增加，为应对业务的迅速变化，及时了解业务的情况，最近几年内存计算技术逐渐投入使用，极大增加了大数据量的业务分析速度。内存计算技术与传统的数据存储和处理方法不同，这种技术把大量的业务数据直接导入内存，并以列存储方式存储，分析也直接在内存中进行。

数据仓库是商业智能的基础，它集合了大量的企业数据，可以更好地支持企业或组织的决策分析处理，具有面向主题、集成、相对稳定、随时间不断更新变化四个特点。数据仓库有机存储数据，为商业智能的数据源奠定了基础。

（4）数据分析层

- **OLAP**：自 20 世纪 80 年代开始，许多企业利用关系型数据库来存储和管理业务数据，并建立相应的应用系统来支持日常的业务运作。这种应用以支持业务处理为主要目的，被称为联机事务处理，它所存储的数据被称为操作数据或者业务数据。随着数据库技术的广泛应用，企业信息系统产生了大量的业务数据，如何从这些海量的业务数据中提取出对企业决策分析有用的信息，成为企业决策管理人员面临的重要难题。1993 年，Codd 认为联机事务处理已经不能满足用户对数据库查询分析的要求，用户的决策分析需要对关系数据库进行大量的计算才能得到。因此，Codd 提出了多维数据库和多维分析的概念，即 OLAP。

OLAP 是一种软件技术，它使分析人员能够迅速、一致、交互地从各个方面观察信息，以达到深入理解数据的目的。它具有共享多维信息的快速分析（Fast Analysis of Shared Multidimensional Information，FASMI）特征。F（fast）是快速性，指系统能在数秒内对用户的多数数据分析要求做出反应；A（analysis）是可分析性，指用户无须编程就可以定义新的专门计算，将

⊖ 源数据：原始的、未经加工的数据。还有一个容易混淆的概念是元数据，是指描述其他数据的数据，可以为数据说明其元素或属性（名称、大小、数据类型等），或其结构（长度、字段、数据列），或其相关数据（位于何处、如何联系、拥有者）。

其作为分析的一部分，并以用户所希望的方式给出报告；M（multi-dimensional）指提供对数据分析的多维视图和分析；I（information）指能及时获得信息，并且管理大容量信息。

OLAP 的一个主要特点是数据的多维分析。多维分析是指对以多维形式组织起来的数据采取切片、切块、钻取、旋转等各种分析动作，以获得剖析数据，使用户能多角度、多侧面地观察数据库中的数据，从而深入理解包含在数据中的信息。数据仓库侧重于存储和管理面向决策主题的数据；而 OLAP 侧重于数据仓库的数据分析，并将其转换成辅助决策信息。这与数据仓库的多维数据组织正好形成相互结合、相互补充的关系。为此，利用 OLAP 与数据仓库的结合可以很好地解决企业商业智能系统既要存储大量数据进行统计计算，又要对数据进行分析辅助决策的问题。OLAP 是商业智能的核心技术之一。

- 数据挖掘：数据挖掘的目的是，从海量数据中提取隐含在其中的有用信息和知识。数据挖掘的数据有多种来源，包括数据仓库、数据库或者其他数据源。所有的原始数据根据具体任务需要进行目的性选择和挖掘。挖掘的结果需要进行评价后方可成为有用的信息。

数据挖掘是一种决策支持过程，它主要基于人工智能（AI）、机器学习、统计学等技术，高度自动化地分析企业原有的数据，做出归纳性的推理，寻找规律、联系、趋势、隐藏特征等，从中挖掘出潜在的模式，预测客户的行为，帮助企业的决策者做出正确的决策。数据挖掘的目的是通过计算机对大量数据进行分析，找出数据之间潜藏的规律和知识，并以可理解的方式展现给用户。数据挖掘是商业智能的最高级应用，因为它能代替部分人脑功能。数据挖掘的主要方法包括神经网络、决策树、关联规则、模糊聚类、遗传算法、网络挖掘等。数据源是数据挖掘工作的基点。

（5）数据应用展现层

传统的商业智能主要通过数据报表来展现，随着技术的逐步发展，数据展现形式也是日趋多样化。例如，后来的基于 Web 的展示方式、动态报表、仪表板、基于云平台和移动互联网的即席查询访问等。

报表是通过报表工具，利用表格、二维、三维图形（仪表盘、柱状图、饼图和折线图等）等报表对象动态、形象地展现数据，对企业业务进行汇总、分析，真实地反映公司业务的状况，也是建立一个商业智能系统的基础。成熟的报表工具具有先进的前端展现功能，可无缝输出至PDF、Excel 等常用文件中，能够进行在线分析处理，支持用户多角度、多层次的分析，以获得业务的趋势信息。

即席查询是用户根据自己的需求，灵活地选择查询条件，系统根据用户的选择生成相应的统计报表。

2.3.2　商业智能系统应具备的基本功能

商业智能系统应具备的基本功能包括以下几方面。

（1）具有读取数据（ETL)功能

ETL⊖用来描述将数据从源端经过抽取、转换、加载至目的端的过程。ETL 是构建数据仓库的重要一环。用户从数据源抽取出所需要的数据，经过数据清洗，最终按照预先定义好的数据仓库模型，将数据加载到数据仓库中去。数据 ETL 支持多平台、多数据存储格式（多数据源、多格式数据文件、多维数据库等）的数据组织，要求能自动地根据描述或者规则进行数据查找和理解，减少海量、复杂数据与全局决策数据之间的差距，帮助形成支撑决策所要求的数据。

ETL 的质量问题具体表现为正确性、完整性、一致性、完备性、有效性、时效性和可获取性等几个特性。而影响质量问题的原因很多，主要包括不同时期业务系统之间数据模型的不一

⊖ ETL（Extract-Transform-Load）用来描述将数据从源端经过抽取、转换、加载至目的端的过程。

致，业务系统不同时期的业务过程有变化，旧系统模块在运营、人事、财务、办公等系统中相关信息的不一致，遗留系统和新业务、管理系统数据集成不完备带来的不一致等。

ETL 目前有两种技术架构：ETL 架构和 ELT 架构。

- ETL 架构：在 ETL 架构中，数据的流向是从源数据流到 ETL 工具，ETL 工具是一个单独的数据处理引擎，一般会在单独的硬件服务器上实现所有数据转化的工作，然后将数据加载到目标数据仓库中，如果要提升整个 ETL 过程的效率，则只能增强 ETL 工具服务器的配置，优化系统处理流程（一般可调的东西非常少）。ETL 工具的典型代表有Informatica、DataStage、OWB、微软 DTS、Beeload、Kettle 等。
- ELT 架构：在 ELT 架构中，ELT 只负责提供图形化的界面来设计业务规则，数据的整个加工过程都在目标和源端的数据库之间流动，ELT 协调相关的数据库系统（DataBase System，DBS）来执行相关的应用，数据加工过程既可以在源数据库端执行，也可以在目标数据仓库端执行。当 ELT 过程需要提高效率时，可以对相关数据库进行调优，或者改变执行加工的服务器，一般数据库厂商会力推该种架构。

（2）具有数据仓库功能

商业智能系统应具备高效的数据存储和访问方式，提供结构化和非结构化的数据存储，容量大，运行稳定，维护成本低，支持元数据管理，支持多种结构。例如，中心式数据仓库和分布式数据仓库等。存储介质能够支持近线存储器和二级存储器，能够很好地支持容灾和备份方案。

通过数据收集、数据仓库的模型建立、数据仓库应用平台、数据展示技术可以建立一套完整的技术方案。使企业可以综合信息、分析数据信息和分发关键信息，提供可在所有层次上支持决策的功能强大的工具。这些工具可创建和发布企业制定的交互式报告和各种应用。

数据仓库的功能包括数据建模、数据萃取以及数据管理处理流程。应拥有先进的数据仓库技术架构，以及先进的工具，包括 OLAP 处理器、数据挖掘和报表、元数据库、业务计划和模拟等。提供给用户一个简单易用的报表和分析界面。满足信息使用者根据本公司的工作需要对信息进行有效的组织和个性化设置，包括定制查询、定制报表和各种分析功能。支持以电子邮件方式给信息使用者发送分析报表，与企业门户无缝对接，并且可满足用户使用移动设备进行报表分析的需要。

（3）具备强大的分析功能

可以通过业务规则形成分析内容，并且展示样式还应丰富，具有一定的交互要求，例如预测或者趋势分析等。要支持多维度的 OLAP，实现维度变化、旋转、数据切片和数据钻取等，以帮助做出正确的判断和决策。

（4）具有数据统计输出（报表）功能

报表能快速地完成数据统计的设计和展示，其中包括了统计数据表样式和统计图展示，可以很好地输出给其他应用程序或者以 Html 形式表现和保存。自定义设计部分要提供简单易用的设计方案，支持灵活的数据填报和针对非技术人员设计的解决方案，能自动完成输出内容的发布。

2.4 常见商业智能产品与典型行业应用领域

2.4.1 常见商业智能产品

常见商业智能产品较多，如表 2-1 所示。微软的 Power BI 在国外的市场占有率上领先，帆软软件的 FineBI 则是国内商业智能市场的翘楚。不同的商业智能产品总体功能大同小异，各有优劣，用户需要权衡自己的需求和资金约束条件，选择适合自己企业的产品。

表 2-1 常见商业智能产品

厂商	产品及简介
Microsoft	Microsoft Power BI，覆盖 BI 全部领域，适合中小型企业，性价比高
Tableau	在《商业智能和分析平台魔力象限报告》中，Tableau 曾经三次蝉联领先者殊荣
IBM	DB2 以及 Cognos、SPSS Modeler、DataStage，覆盖 BI 全部领域
Oracle	Oracle、Hyperion（海波龙），覆盖 BI 全部领域，数据挖掘领域有待加强
Informatica	Informatica，数据集成领域特点鲜明
Sybase	SybaseIQ，数据仓库领域优势突出
SAP	Business Objects、Crystal Reports，在 OLAP 和报表领域表现俱佳
SAS	SAS，数据挖掘领域领先
帆软	FineBI，有较为详细的行业案例与技术方案，更适合国内企业的使用习惯
奥威智动	奥威 BI，应用于 OLAP 和报表领域，行业解决方案表现突出
尚南	BlueQuery，在 OLAP 和报表领域表现佳（已被用友华表收购）
润乾	润乾报表，在 OLAP 和报表领域表现突出

2.4.2 适合应用 BI 的企业特征

进入 21 世纪以来，企业内部数据呈现出爆炸式的增长趋势，商业智能的应用已经不局限于某一个特定的产业、地域或业务，其应用领域越来越广泛。从商业智能的定义与技术特点可以看出，BI 能从庞大而又繁杂的业务数据中提炼出有规律的信息、知识，便于决策者针对这些信息和商业情报做出准确的市场判断，制定合理的商业行为。因此，BI 最适合在具有以下特征的行业中应用。

（1）企业规模大

如电信、银行、证券、保险、航空、石化等，这些行业中的企业往往是航母型的，企业运营资本高、员工多，有众多的分、子公司分布在不同地区，甚至不同国家，每日产生的业务数据和往来数据量大、多、杂，而且员工变动和绩效管理非常重要。

（2）客户规模大

如电信、银行、保险、航空、零售等，这些行业的客户基数大，每日新增客户与流失客户也多。稳定客户与流动客户的判定对于企业经营非常重要。

（3）产业链长

如制造、零售、物流等行业涉及的上下游产业链长，每日急剧变动的业务数据、财务数据、客户数据等对于产业链的影响大。

（4）市场规模大

如电信、银行、保险、零售、物流、航空等，这些行业的销售额高，用户群大，用户争夺激烈，现金流量的波动对于企业发展非常重要。

（5）信息规模大

如电信、银行、证券、零售、物流、航空、咨询、C2C 或 B2C 企业、网游等，这些行业产生的信息量大、增长快，信息更新换代频繁，时效性强，信息对企业营运的影响力大，有时甚至是企业的生命线。

（6）某些政府部门

如军工、公安、工商、财税、统计、社保、经贸委等，这些部门信息量大，有些信息甚至关系到国计民生，信息的保密性要求高。

2.4.3 典型行业 BI 应用

1. 商业智能在制造行业的应用

制造行业的信息化水平参差不齐，有些公司的 BI 项目已经成功上线，有些公司的 BI 项目正在建设，但是有更多的企业信息化水平还比较低，要想成功实施 BI 项目，仍然需要一段时间的准备和酝酿。预计制造业将成为 BI 领域新的增长点，商业智能在制造行业的应用具有以下几个特点。

1）分析具体的客户交易数据，了解客户特征，从而在吸引客户的过程中采取更主动的行动。

2）通过信息分析在订货的品种和数量上做出更快、更合理的决定。

3）帮助采购员实时了解供应商之间的成本差异。

4）帮助配送中心管理增加的业务量，合理进行进出库管理。

5）支持装载计划和运输路线计划的优化。

6）实现合理的库存水平。

2. 商业智能在零售业的应用

商业智能在零售企业的作用在于将商品结构、销售、库存、客户等各类数据进行抽取、挖掘、转换、分析，为企业的经营决策提供有效的支持，指导零售企业调整商品结构，使商品配置更趋于合理，并及时调整商品的品类和价格定位，监控供应商的经营行为，及时订货、补货等提供了科学的依据。其应用主要有以下几个方面。

（1）客户关系管理

根据客户往年的消费记录数据及客户档案资料，分析客户的消费能力、消费习惯、需求倾向和消费心理及信誉度；确定客户对企业的利润贡献度；了解零售企业在某一商圈内消费者的居住区域、文化层次、年龄段、平均月收入等，对客户进行分类，然后针对不同类型的客户提供个性化服务，从而提高客户的满意度和忠诚度，帮助企业有针对性地实施市场战略，为企业赢得市场机遇。

（2）商品销售与外部环境特点分析

根据不同时间段的销售数据分析商品与自然现象（如季节、气候的变化）、节假日、广告宣传等外部环境因素之间的关系，可制定出相应的销售策略和促销策划方案。

（3）可赢利性分析

商业智能技术可以帮助企业分析利润来源、各类产品对利润总额的贡献度、营销费用是否与经营回报成正比等，并在此基础上，进行同期比较分析、营收分析、盈亏分析、风险度分析等。可赢利性分析有利于企业实时地掌握自身的发展和经营情况，调整经营业务、化解经营风险。

（4）绩效管理

商业智能技术能够从企业的各种应用系统中提取出各类关键绩效指标，这些应用系统包括销售、市场、客户服务、财务、人力资源、供应链等。对这些经济活动进行成本核算，比较可能的业务收入与各种费用之间的收支差额，分析经济活动的曲线，得到相应的改进措施，从而降低成本、减少开支、提高收入。

（5）异常处理

通过异常情况报告，企业能及时发现市场和顾客的异常情况，快速采取措施降低企业风险，提高企业收益。如购物卡使用分析、毛利率异常等。

3. 商业智能在物流业的应用

在物流领域，商业智能可以在运输管理、仓储管理、增强供应链可见性、供需预测、企业关键运营指标分析、人力资源管理、客户关系管理等方面发挥决策支持作用。

（1）运输配送分析

包括智能线路安排、车辆调度等。运输配送数据分析，如商品送货准确率分析，记录商品到达目的地的时间，以及准确率、次数。

（2）仓储管理问题分析

分析物流仓储中心历次出货的时间、数量、送货地点、需求者以及关联度等要素，确定商品的储存方式、储存位置和分拣手段，从而提高物流中心的储存、分拣和出货的效率，加快存货周转率、减少库存。

（3）供应链绩效、部门绩效分析

将生产物流管理策略转化为企业内部各个部门的执行力，通过制定各个部门（包括财务、仓储、配送、生产等方面）的考核指标，在统计分析的基础之上形成各个部门的绩效考核体系。通过绩效分析，掌握和了解各个部门的执行力度以及效率等情况。

（4）市场竞争分析

通过对市场占有率、竞争对手情况的分析来为决策人员提供科学的信息，以提高自身在市场竞争中的地位。

（5）客户发展分析

包括对各个客户收受的运输费用、收受的次数、及时到款的次数、未及时到款的次数、欠款的天数。通过这些信息，可以帮助用户分析出客户端优劣，并有差别地为这些客户提供不同的服务。辅助客户流失预警分析、客户信用评估。

（6）供应商信用度分析

对供应商供应的商品质量、时效、质量价格比等进行分析，是衡量供应商供货好坏的一个标准，也是企业选择合作伙伴的一个重要参考指标。

（7）财务分析

提供各类统计和财务报表动态分析，实现个性化报表分析需求，并且可以辅以柱状图、饼图、雷达图、仪表盘等图形展现形式。

4. 商业智能在银行业的应用

银行是较早引入商业智能的行业之一。很多银行企业拥有较完整的业务处理系统，并实现了业务数据的集中，为实施商业智能项目提供了良好的基础。商业智能可以给银行企业带来以下价值。

（1）客户信息管理

进行统一、及时、有效的客户信息管理，通过数据的关联分析，对客户需求、满意度、赢利能力、潜在价值进行评价，不断发现和预测市场的需求及变化，实现更精确的组合业务评估，控制市场风险。

（2）信用风险管理

对整个信贷流程进行有效的监管，缩短对异常情况的反应时间，及时预测信贷政策变化带来的影响，按客户等级和类型建立信贷发放模型，提供早期警告，避免客户出现信贷危机。有效降低不良资产比例，提高银行的资产质量和利润率，为合理制定信贷政策和优化资本分配提供支持。

（3）利润贡献度分析

采用国际先进的银行利润考核方法，精确计算账户、客户、产品、机构的净利息收入、手续费、佣金以及各种服务渠道所耗费的成本，帮助银行准确了解利润构成情况，从而进行有效的资源配置和资金运用。

（4）资产负债管理

考核市场风险、信用风险以及运营风险，寻找建立在合理风险回报基础上的资本分配方案，改善风险回报，提高银行防范能力。

5．商业智能在保险行业的应用

保险行业也是应用商业智能的重要领域。在大型保险公司中，大部分已建立了数据仓库系统，并在数据仓库的基础上建立了一定规模的商业智能系统。商业智能在保险行业的应用具有以下几个特点。

1）根据投保品种、投保人、险种等历史数据，使保险公司合理设定储备金数额，分析赔偿金的标准。

2）分析客户的需求，根据客户的消费特征制订营销计划，提供个性化服务。

3）进行风险分析和损益原因判断。

4）分析承保新险种和新客户的风险。

6．商业智能在电信行业的应用

随着电信行业的竞争日益激烈，电信运营商面临的问题与日俱增，既要减少服务成本，又要不断升级服务，增加运营收入，同时还要快速应对市场的动态变化，进行技术创新与风险防范。在这种情况下，商业智能的应用显得尤为重要。目前，国内主要电信运营商相继建设大规模的业务分析支持系统，以便从运营数据中获得反映市场状况的有效信息，适时推出新业务，争夺有限的客户资源，减少客户流失率。商业智能在电信行业的应用具有以下几个特点。

1）通过数据集市的建设，切实实现客户服务与营销个性化、精细化；提升客户满意度；提高经营分析结果的可实施能力；加强大客户、集团客户、新业务等方面的分析能力。

2）通过"套餐分析"，从套餐的策划、推出到执行，对整个过程进行全面的管理、监控和评估。通过对套餐基本情况、相互影响和收益损失三方面的分析，为套餐的管理提供依据，节约营销成本。

3）通过分析客户和产品服务使用记录，确定高收益的产品和服务，预测未来的产品和服务需求。

4）通过分析客户服务的历史记录和交流渠道信息，形成详细完整的商务客户描述，制定更有针对性的营销策略。

2.5 商业智能的未来

2.5.1 新技术对商业智能的影响

物联网、大数据、认知计算、人工智能等新兴技术是 BI 突破发展瓶颈的关键，这些技术的逐步成熟和实用化及其在 BI 中的不断磨合和螺旋式的上升应用，将不断推动商业智能的发展。

（1）物联网技术与 BI

早在 1999 年，美国就提出了物联网的概念，其定义是：通过射频识别、红外感应器、全球定位系统、激光扫描器等信息传感设备，按约定的协议，把任何物品与互联网相连接，进行信息交换和通信，以实现智能化识别、定位、跟踪、监控和管理。

物联网的应用随着关键技术的突破正飞速增长。物联网不仅带来了包括智慧数字标牌、自助终端、智能快递柜、智能 POS 机、智慧售货机等在内的多种智能化终端机器设备的相互连接，实现设备的远程操控，而且带来了物联网设备使用过程中各种不同的生活场景中用户的信息，可以利用人脸识别技术广泛采集用户数据，识别用户的年龄、性别等属性，并快速自动提供海量的数据。海量、高纬度、实时更新的数据为机器深度学习等前沿技术在各领域的探索与应用提供了数据基础，一方面能快速产生大数据并在此基础上让机器深度学习，助力企业实现智能化决策，另一方面人工智能自然语言处理技术的进步也使得人机交互领域的一些难点得到突破，从而提升商业智能应用处理的效率。

（2）大数据与 BI

大数据有益于大型分析以及长期的战略方向，大数据是传统数据库、数据仓库、BI 概念外延的扩展，手段的扩充，不存在取代的关系，也并不是互斥的关系。主要的商业智能供应商都宣布对大数据技术的支持，或在解决方案中使用大数据技术。大数据是对数据仓库技术中现有投资的补充，数据海洋中的大数据要做的事不仅要对大规模的信息进行分析，而且也要成为数据仓库的一种来源。

（3）认知计算与 BI

2011 年，IBM 开发的认知计算系统 Watson 在美国一档智力竞赛节目中获得了冠军，进而掀起了认知计算的热潮；2015 年，IBM 提出以认知计算平台 Watson 为架构的 "认知商业" 的概念，这也是继 IBM 提出"智慧地球"后的又一次转型，认知商业的提出标志着一个全新时代的到来。

认知商业的技术核心是认知计算，认知计算是指一种能够规模化学习、有目的推理，并与人类自然交互的系统，一个认知计算系统至少需要具备理解能力、推理能力和学习能力。

认知计算应用于 BI 会为企业带来如下优势。

- 认知商业能够加深企业互动与参与。认知商业可以提供更全面的人际互动，不仅基于结构化数据，如地理位置和交易历史记录，还会根据语调、情感、情绪状态、环境条件，以及人际关系的细微差别，而具有不同的层次，从而为客户带来更加个性化的互动体验。
- 认知商业能够提升企业的专业技能。认知计算可理解自然语言，并由不同领域的专家进行训练。利用认知计算，企业可以结合其在行业中最先进的知识，并惠及更多从业者，使其专业技能大幅提升。
- 认知商业推进产品与服务。认知计算技术可以帮助企业从非结构化数据中挖掘洞察，并在和用户的交互中不断感知、推理和学习，调整并发展出先前想象不到的新功能。
- 认知商业加速探索和发现。认知计算可以帮助企业从大量数据中发掘洞察，揭示以往传统方法无法发现的模式和机会，以提高重要研究的成功概率。
- 认知商业把握业务运营。认知计算可通过提取来自工作流程、事件背景和环境的实时信息，帮助企业增强预测和决策能力，给业务带来更大的确定性，持续改进自身的业务流程，使企业运营更加稳健。

（4）人工智能与 BI

人工智能（Artificial Intelligence，AI）是一门新的技术科学，它主要研究和开发用于模拟、延伸和扩展人的智能的理论、方法、技术及应用系统。该领域的研究包括机器人、语言识别、图像识别、自然语言处理和专家系统等。

人工智能（AI）和商业智能在很长一段时间里，分别在不同的领域各自发挥作用。随着以数据驱动为核心的方法的使用，使得两者开始融合。

人工智能提供了让数据、经验和知识为自己证明的机会，它具有改变分析动态的潜力，推动商业智能的决策支持能力应用从对当下迈向对未来趋势的预测，企业可以利用深度学习算法来发现潜在销售的行为模式，利用物联网传感器的提示进行预测性维护和库存优化，不仅能实现浅显易懂的知识挖掘，同时还能挖掘深层隐藏的信息。

AI 技术能够赋能 BI 工具分析产生更清晰有用的商业洞察，帮助企业更好地做决策。在未来，集成了 AI 技术的 BI 工具将会广泛应用于各行各业，优化企业商业决策的过程。

2.5.2　商业智能未来的发展

商业智能的未来是光明的，因为随着数据仓库与数据挖掘技术的不断发展，加上云计算、物联网、大数据等新技术的支持，商业智能将迎来不断的发展变化，朝着更自动化、更智能的方向发展。

（1）功能上具有可配置性、灵活性、可变化性

未来 BI 系统的范围会从为部门的特定用户服务扩展到为整个企业所有用户服务。同时，由于企业用户在职权、需求上的差异，BI 系统将提供更广泛的、具有针对性的功能。从简单的数据获取，到利用 Web 和局域网、广域网等进行丰富的交互、决策信息和知识的分析和使用。

（2）解决方案更开放、可扩展、可按用户定制

在保证核心技术的同时，提供更方便易用的客户化的界面。针对不同企业的独特需求，BI 系统在提供核心技术的同时，使系统更具个性化，即在原有方案基础上加入自己的代码和解决方案，增强客户化的接口和扩展特性；为企业提供的基于商业智能平台的定制工具更多，使系统具有更大的灵活性和适用范围。

（3）从单独的商业智能向嵌入式商业智能发展

这是目前商业智能应用的总体趋势，即在企业现有的应用系统中（如财务、人力、销售等系统中）嵌入商业智能组件，使普遍意义上的事务处理系统具有商业智能的特性。考虑 BI 系统的某个组件而不是整个 BI 系统并非一件简单的事，比如将 OLAP 技术应用到某一个应用系统，对于一个相对完整的商业智能开发过程来说，像企业问题分析、方案设计、原型系统开发、系统应用等过程是不可缺少的。

（4）从传统功能向增强型功能转变

增强型的商业智能功能是相对于早期的用 SQL 工具实现查询的商业智能功能。目前，应用中的 BI 系统除了能实现传统的 BI 系统功能之外，大多数已实现了数据分析层的功能。而数据挖掘、企业建模是 BI 系统应该加强的应用，以更好地提高系统性能，未来的商业智能系统将会更多地集成发展中的数据挖掘算法，提升知识发现的能力。

本章小结

本章主要介绍商业智能的起源与发展，智能、智能化企业与商业智能的概念，商业智能的特点、价值与作用；引导读者从信息系统、数据分析、知识发现、战略分析等不同角度去理解商业智能；重点是对商业智能的体系结构进行了剖析，包括源数据层、数据转换层、数据仓库（数据集市）层、数据分析层、数据应用展现层；在此基础上，阐述了商业智能系统应具备的基本功能，列举了常见的商业智能产品，总结了商业智能在制造业、零售业、物流业等不同行业的典型应用。大数据和人工智能等技术的兴起进一步推动了商业智能的发展，更加精细化、智能化和自动化的商业智能将在今后的企业商务活动中起到更加重要的作用。

本章练习

一、思考题

1．什么是智能？智能化企业有些什么特征？

2．什么是商业智能？商业智能系统与传统的管理信息系统有什么区别？

3．商业智能体系结构中的数据仓库层起什么作用？

二、讨论题

1. 数据仓库与数据集市有什么不同？
2. OLAP 与 OLTP 有什么差异？

三、实训题

下载几款不同的商业智能产品，了解其主要功能，总结其主要特点、优势。

四、案例分析

唯捷城配数据中心全面重构助力增效降本

唯捷以仓配一体化为主要服务产品，聚焦连锁餐饮和商超百货两条主线，服务品牌商、分销商和连锁终端三类客户群，打造多城市、多温层、多级仓配运营网络，以过程透明化、运营数据化、优化库存管理、高效履约交付为核心能力，为客户改善供应链效率和质量积极赋能。

唯捷城配自成立以来，始终注重信息化与数字化建设，到 2019 年，唯捷的直营公司数量已达到 9 个，加盟伙伴更是遍布大江南北，随着业务量的不断扩大，公司对于业务的标准化和数字化要求也越来越高。

2019 年第二季度，公司全面启动业务线上化与数字化项目，对数据的需求更加多样也更加全面，对数据的时效性、准确性和可读性等要求也全面提升。

原有的 BI 系统从数据展示到数据架构，明显已经无法支撑业务的需求，也无法满足与日俱增的数据要求，于是数据中心的重构便提上了日程。

数据中心对公司各业务部门与一线城市做了全面的访谈，收集了近百个数据需求与业务场景，如何能够在短期内满足各业务需求，快速完成全新 BI 的搭建，对于数据中心来说是个重大的挑战。

虽然时间紧，任务重，但考虑到 BI 整体的扩展性与可用性，数据中心还是决定从底层开始全面重构。

首先，全面引入数据仓库，构建 ODS、DW、DM 三层架构，全面重构底层数据库，实现了和公司配送、仓储、结算及监控系统的全面打通与数据同步。

其次，通过帆软的 FineReport 快速搭建了整套 BI，包括首页的全面重构以及几十个报表模块、近百张报表，全面实现了为各个业务部门提供数据支持与数据分析。特别是之前一直被各业务部门诟病的首页加载时间，由原来的 10 多秒，优化到了 2 秒内，而且首页内容更加丰富（案例由帆软公司提供）。

根据以上案例，分析：

1. 案例中唯捷城配原有 BI 系统不能满足需求的原因有哪些？
2. 唯捷城配如何利用帆软的 FineReport 实现商业智能？

第 3 章　商业智能原理

商业智能是利用多项技术相互配合，从大量异构数据中收集数据，经过抽取、转换和加载的过程，存储到数据仓库中，然后利用数据分析、数据挖掘工具和联机分析处理工具对信息进行再加工，从大量数据中寻找隐匿在其中的信息，将信息转变为可辅助决策的知识，为各级决策者洞察企业的经营管理状况、及时发现问题和提高决策水平提供有力的支持。成功地应用商业智能可以给企业带来更多的利润，降低成本和风险，提高企业的竞争力。本章将介绍商业智能三大核心技术，即数据仓库、联机分析处理（OLAP）、数据挖掘技术。介绍数据仓库的基本原理、数据仓库系统、数据仓库的开发与应用；联机分析处理技术；讲解数据挖掘、数据挖掘的决策支持及应用。

学习目标
- 了解数据仓库系统的结构、开发和应用；
- 初步掌握数据仓库原理、联机分析处理技术和数据挖掘技术方法；
- 会应用联机分析处理技术分析数据；
- 了解数据挖掘，掌握关联规则挖掘。

3.1　数据仓库的基本原理

数据仓库作为全方位信息的综合数据库，采用高效集成和管理数据的技术为企业数据处理和分析提供服务。本节从什么是数据仓库（3.1.1 节）开始，概述数据仓库的产生、定义、特点及其与传统数据库的比较；随后介绍一种数据仓库模型——数据集市（3.1.2 节），学习数据集市的定义、特点和类型。

3.1.1　什么是数据仓库

1. 数据仓库的产生

1996 年，互联网络和数据仓库（Data Warehouse，DW）成为中国 IT 界两大热门话题，同时，据美国《财富》杂志的统计，在 2000 家商务公司中，90%的公司花费上百万美元建立 DW。企业为什么要应用数据仓库技术？

计算机应用由初期的数值计算扩展到如今的信息管理，企业信息系统由简单到复杂大致经历了三个发展阶段。

第一阶段：始于 20 世纪 60 年代，企业在经营管理过程中应用电子数据处理系统（Electronic Data Processing，EDP）进行日常事务数据的记录处理，EDP 面向基层工作人员且没有决策能力。

第二阶段：始于 20 世纪 70 年代，决策者应用决策支持系统（Decision Support System，DSS）来提高决策水平和质量，DSS 是基于数据库、模型库和知识库，解决半结构化或非结构化的决策问题，它面向中高级主管提供分析计算的工具与模式，辅助他们做出快速、正确的决策。

第三阶段：始于 20 世纪 80 年代，经理信息系统（Executive Information System，EIS）基于数据库，使用上钻、下钻、在线分析及多层面分析辅助决策，提供了灵活的报表生成、预测、趋势分析等功能。EIS 是服务于高级主管的一类特殊的信息系统，需要比较多的整合性和全面性信息。

为了满足商业信息系统的演进需求，凡涉及决策分析的问题均需要一致的全局数据和完整的历史数据再加工。然而，一方面，数据由于存放在互不关联的各个业务系统而形成"信息孤岛"，且不同系统的数据可能存在冗余和不一致等问题；另一方面，如果决策者直接访问操作型系统获取数据进行分析，一定会干扰此系统中的日常事务处理。因此，数据仓库技术就应运而生了。企业信息系统的演进过程及数据仓库的由来如图 3-1 所示。

图 3-1　企业信息系统的演进过程及数据仓库的由来

为了便于理解，下面以某企业数据为例阐述数据仓库的产生过程，如表 3-1 所示。

表 3-1　某企业的数据状况及数据仓库的产生

某企业的部门信息管理系统	系统不同的属性	数据状况问题	影响功能	后果	研究变革	创新	起源
办公室的办公自动化系统（Office Automation，OA） 财会部的会计管理系统（Accounting Management System，AMS） 人事部的人事管理系统（Personal Management System，PMS）	开发环境数据结构系统结构	全局数据很难一致历史数据很难完整	历史数据分析(经验)发展趋势预测隐含信息挖掘	很难支持企业的决策很难产生正确的决策	企业范围内的数据集成多数据库系统面向问题的分析海量数据的存储	产生一项新的技术：数据仓库（Data Warehouse）	20 世纪 80 年代，由美国著名信息工程学家 W. H. Inmon 提出

2. 数据仓库的定义

数据仓库是以美国信息工程学家 W. H. Inmon 出版的《数据仓库》（*Building the Data Warehouse*）为标志而迅速发展起来的，Inmon 因此也被誉为"数据仓库之父"。他对数据仓库的定义是，数据仓库是支持决策过程的、面向主题的、集成的、随时间变化的和稳定的数据集合。

广义上讲，数据仓库是一种数据库，它允许将各种应用系统集成在一起，为统一的历史数据分析提供坚实的平台，为信息处理提供支持。

3. 数据仓库与传统数据库的比较

企业的数据处理大致分为两类，一类是数据操作处理，也称为联机事务处理（OnLine Transaction Processing，OLTP），是数据库管理系统的主要功能，它涵盖了企业的大部分日常操作，如购物、库存、制造、银行、工资、注册和记账等，通常对少数记录进行查询和修改。另一类是数据分析型处理，即第 2 章提到的联机分析处理（OnLine Analytical Processing，OLAP），是数据仓库系统的主要应用，一般针对某些主题的历史数据进行分析来支持管理决策。

由于大多数人都熟悉传统的数据库，因此将数据仓库与之比较，就很容易理解什么是数据仓库，二者的主要区别概述如下。

1）数据库中存放的是当前数据值，它们是联机可变的，数据库会根据需要对这些数据执行"增删改查"等操作。而数据仓库中管理的则是大量历史数据，将数据库中的数据作为数据源成批导入，提供数据的归纳和计算机制。

2）数据库面向的是企业日常的数据处理，用于重复的业务操作，难以支持复杂的数据分析，其用户是企业的业务人员。而数据仓库面向的是分析和支持决策，对企业运营的历史数据进行分析以辅助决策，其用户多是企业的各级管理人员。

3）数据库是短的事务处理，每次操作仅涉及少量数据的读取。数据仓库中的数据经常被查询和汇总计算用于分析，每次涉及大量数据的读取。

4）数据库的主要评价指标是事务吞吐量，即单位时间内系统完成的事务个数。数据仓库的性能评价指标是查询的响应时间，即从查询提交开始到返回结果所需时间。

其余详细的比较见表3-2。

表3-2 数据仓库与传统数据库的比较

对比内容	数据库	数据仓库
数据内容	当前值	历史的、存档的、归纳的、计算的数据
数据目标	面向业务操作程序，重复处理	面向主题域，分析应用
数据特性	动态变化，按字段更新	静态、不能直接更新，只能定时添加、刷新
数据结构	高度结构化、复杂，适合操作计算	简单、适合分析
使用频率	高	中到低
数据访问量	每个事务只访问少量记录	有的事务可能需要访问大量记录
对响应时间的要求	以秒为单位，通常少于5s	时间长，几秒钟到几分钟，有时几小时

4．实例

图 3-2 说明了一家保险公司的数据仓库和数据库使用情况。数据仓库的数据来源于人寿保险、汽车保险、房产保险以及健康保险等多个不同的数据库。图中的数据仓库是以"顾客"为主题组织数据，各数据库根据保险事务处理的需要组织数据。

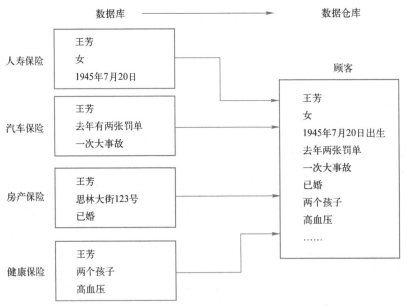

图 3-2 数据库与数据仓库的对比实例

5．数据仓库的特点

数据仓库主要有以下四个方面的特点。

（1）面向主题

主题是企业中某一宏观分析领域所涉及的分析对象，如顾客、供应商、产品和销售等都可以作为一个主题。面向主题的数据通常与多个操作型数据库系统相关，需要将与某个主题有关的各方面的数据进行集成，提供有关该主题的一个完整的、统一的数据及其之间联系的描述。

图 3-3 为一家保险公司的数据仓库，该数据仓库以顾客、保险单、保险费和索赔为主题组织数据，面向这四个主题的数据需要集成与其相关的汽车保险、人寿保险、健康保险和意外伤亡保险操作型数据库中的信息。

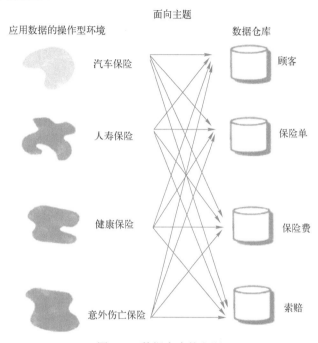

图 3-3 数据仓库的主题

（2）集成性

数据仓库从多个异构数据源（如关系数据库、一般文件和联机事务处理记录）中抽取数据后，对其进行综合、计算和集成，通过数据清洗消除命名约定、编码结构以及属性度量等方面的不一致性。图 3-4 说明数据集成的简单处理过程，数据仓库中的数据来自四个不同的操作型环境A、B、C、D，这些系统内部数据的编码不同，数据属性度量单位也不同，存在多重数据源以及键码冲突等问题，把不同来源的数据存储到数据仓库之前，需要去除这些不一致。

（3）稳定性

数据库主要服务于日常的业务操作，需要不断地对数据进行实时更新，不致影响正常的业务运转。数据仓库中的数据源于操作环境下的应用数据库，只需保存过去的业务数据，不需要每笔业务都实时更新至数据仓库，而是根据需要每隔一段时间把较新的数据导入数据仓库后进行数据查询和数据分析，数据库的实时更新和数据仓库的稳定性如图 3-5 所示。

（4）随时间变化性

数据仓库中的数据是用于分析的，以便发现其中隐含的模式及异常现象等知识，因此需要通过分析当前以及过去一段时间内的历史数据才能发现规律或趋势。因此，数据仓库中的数据通常都有一个时间维度以标明数据的历史时期。

数据库中的数据通常存储的是当前的数据或少量历史数据。如果保存大量历史数据，会影响查询性能，可按照一定周期转移到数据仓库中保存。

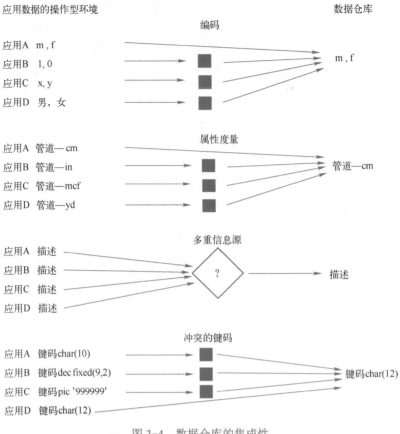

图 3-4　数据仓库的集成性

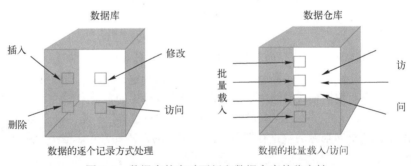

图 3-5　数据库的实时更新和数据仓库的稳定性

　　数据库与数据仓库存储数据在时间期限方面的不同在于：数据库是当前到 60~90 天的记录更新，数据仓库一般是从历史角度提供（如 5~10 年）信息，并按照时间顺序追加数据；其在键码结构方面的不同为：前者可不含时间属性，后者必须包含时间属性，如图 3-6 所示。

　　总之，数据仓库作为语义上一致的数据存储体系，将企业战略决策所需要的、异构的数据集成在一起，能够提供决策支持数据模型的物理实现、支持结构化或专门化的查询、形成分析报告和辅助决策。

36

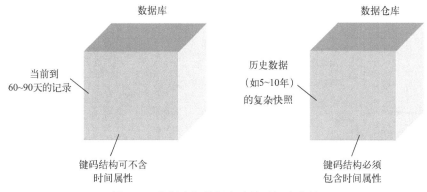

图 3-6　数据库与数据仓库的时间变化性

3.1.2　什么是数据集市

人们在早期开发企业级数据仓库时，一般是先建立一个全局的数据仓库，然后在此基础上建立各种应用，即采用"自顶向下"的方法，但在开发的过程中会出现以下问题。

- 如果按"自顶向下"的方法建立企业级数据仓库，建设规模往往较大，建设周期长，投资大。
- 在数据仓库建好后，随着使用数据仓库的部门增多，对数据仓库资源的竞争将成为企业面临的一个难题。
- 各个部门都希望能定制数据仓库中的数据，但数据仓库是面向企业的 [1]。为解决上述问题，数据集市就应运而生了。

1．数据集市的定义

作为具有特定应用的数据仓库，数据集市（Data Mart，DM）从数据源中收集数据，是企业数据仓库的一个子集。数据集市作为部门级的数据仓库，一般只能为某个局部范围内的管理人员服务，它主要针对某个具有战略意义的应用或者具体部门的应用，支持用户利用已有的数据获得重要的竞争优势或者找到进入新市场的具体解决方案。如：人力资源数据集市、财务数据集市、运输数据集市和仓储数据集市等。

2．数据集市的特点

数据集市除具有数据仓库的基本特征以外，还具有以下特点。

1）规模较小，且灵活。可以按照多种方式来组织数据，如按特定的应用、部门、地域、主题等。

2）一般由业务部门主持开发工作，负责定义、设计、实施、管理和维护。

3）能够快速实现，代价较低，投资回收期短，风险小。

4）工具集的紧密集成，便于数据的快速访问和分析。

5）有利于进一步升级到完整的数据仓库或形成分布式数据仓库。

3．数据集市的类型

数据集市可以分为两种：一是从属的数据集市（Dependent Data Mart），数据来源于中央数据仓库，如图 3-7a 所示。二是独立的数据集市（Independent Data Mart），数据直接来源于数据源，如图 3-7b 所示。

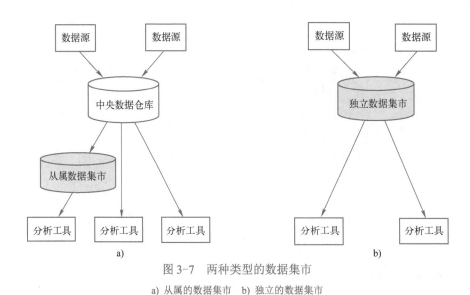

图 3-7　两种类型的数据集市

a) 从属的数据集市　b) 独立的数据集市

3.2　数据仓库系统

数据仓库系统以数据仓库为核心，将各种应用系统集成在一起，为统一的历史数据分析提供平台，通过查询工具、报表工具、OLAP（联机分析处理）和数据挖掘来完成对信息的提取，以满足决策的需要。本节从数据仓库系统结构（3.2.1 节）开始，学习数据仓库系统的构成与功能；随后介绍数据仓库的存储结构（3.2.2 节）；最后，介绍 OLTP 与 OLAP 环境下数据库模式示例（3.2.3 节）。

3.2.1　数据仓库系统结构

数据仓库系统由数据仓库管理系统、数据仓库及前端工具三部分组成，如图 3-8 所示。

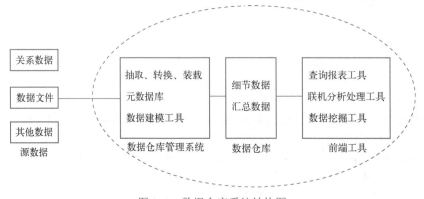

图 3-8　数据仓库系统结构图

1. 数据仓库管理系统

数据仓库管理系统是整个系统的引擎，负责管理整个系统的运转。它主要包括 ETL 工具（源数据的抽取、转换和装载）、元数据库和数据建模工具。

（1）抽取、转换、装载（ETL）

各种源数据中的数据通过一定的处理才能存储到数据仓库中，处理一般采用 ETL 工具完成，即抽取（Extraction）、转换（Transform）和加载（Load）过程。

抽取过程是从不同的外部数据源收集数据。大致分为如下五个步骤：第一步，确认数据源的数据及其含义；第二步，确定访问数据库中的哪些文件、哪些表及其中哪些字段；第三步，确定不同数据源的抽取频率，如每天、每星期、每月、每季度或每年；第四步，确定抽取数据的输出格式与输出位置；第五步，确定当抽取数据出现异常情况时如何处理。不同的数据源的数据结构可能不同，有的来自关系数据库，有的来自层次数据模型或网络数据模型的上一代数据库系统，也有的来自电子表格或文本文件。因此，需要针对不同的数据源采用不同的抽取工具，可直接使用商品化的工具来抽取常见数据结构的数据。目前，较流行的 ETL 工具有 IBM 的 DataStage、Oracle 的 Warehouse Builder 以及 Microsoft 的 SQL Server Integration Service 等 [1]。

转换过程主要涉及数据清洗、数据集成和数据汇总等主要功能。数据清洗是发现数据中的错误并及时修正它们的过程，包括填写缺失值、光滑噪声数据、识别或删除离群点、识别数据的冗余以及纠正数据中的不一致。数据集成需要将来自多个数据存储的数据合并成一致的数据存储，解决实体识别、元组重复检测和数据冲突检测等问题。数据汇总主要是将数据源中的数据进行一定的汇总，例如将一周内某种商品的交易数量进行求和。操作型系统中存放了最详细的交易数据，如果分析时用到最详细的数据，就需要进行一定的数据汇总，包括求和、计数、求最大值、求最小值和平均值等。

加载过程分成两种情况。一种是数据仓库建成之初，需要将各种数据源中的数据大批量一次性地导入到数据仓库中；另一种是数据仓库正常运转之后，根据需要定期加载到数据仓库中。不同数据的加载频率可以不同。例如，从销售系统中导入销售信息可能需要每天进行一次，而有关商品的基本信息可能一周更新一次。加载过程主要完成数据的排序、汇总、合并、计算视图、检查完整性并建立索引和划分。

（2）元数据库

元数据一般以数据库为基础进行存储，即元数据库。元数据库通常选用主流的关系数据库管理系统。

元数据是数据仓库管理系统的重要组成部分，是描述数据仓库内数据的结构和建立方法的数据，它相当于数据库系统中的数据字典。

元数据贯穿于数据仓库构建的整个过程，直接影响着数据仓库的构建、使用和维护，它定义了源数据到数据仓库的映射、数据转换的规则、数据仓库的逻辑结构、数据更新的规则、数据导入的历史记录以及装载周期等相关内容。数据仓库的开发和管理人员正是通过元数据高效地构建数据仓库的。使用数据仓库时用户通过元数据访问数据，明确数据项的含义以及定制报表。

元数据的重要作用可举例描述为：当元数据用作目录时，可以帮助决策分析管理者定位数据仓库的内容；当数据由操作环境到数据仓库环境转换时，可作为数据映射的指南；对于汇总的算法则是将当前的细节数据汇总成轻度综合的数据，或将轻度综合的数据汇总成高度综合的数据，它也是指南。

（3）数据建模工具

模型是对现实世界进行抽象的工具。在信息管理的过程中，只有把现实世界的事物及其相关特征转换为信息世界的数据后才能进行处理，这类转换的载体就是数据模型。

数据仓库的数据主要用于商业分析，用户需要构建自己的查询和报表，而不像数据源中的查询和报表都是事先制定好的且不能更改。多维数据模型是常用的数据仓库建模工具，能够很好地完成商业分析，它是一种从业务分析的角度对数据进行逻辑建模的方法，具有简单、易于理解和方便查询等特点。多维数据模型将数据看作 n 维的数据立方体模型，有星型模式和雪花模式等，详细内容将在 3.2.2 节中进行阐述。

2．数据仓库

数据仓库本身不"生产"任何数据，也不需要"消费"任何数据。来源于外部的数据集称为关于主题的信息，主要包含细节数据和汇总数据。数据仓库作为数据查询、数据分析和数据挖掘的基础和平台开放给外部应用，居整个系统的核心地位。

3．前端工具

前端工具是整个数据仓库系统发挥作用的关键，它主要包含查询工具、验证型工具和发掘型工具。

1）数据仓库查询工具支持基本的统计分析和分析结果的查询，很少有对记录级数据的查询，它能够灵活使用交叉表、表、图表或图进行报表制作。

2）OLAP 支持基本的 OLAP 操作，主要是在汇总的和细节的历史数据上操作，包括切片、切块、下钻、上钻和转轴，它能够快速提供复杂数据查询和聚集，并帮助用户分析多维数据中的各维情况。OLAP 工具属于验证型的，用户首先提出问题和假设，然后利用各种工具通过反复、递归的检索查询以验证假设是否成立。

3）发掘型工具主要是指通过数据挖掘技术从大量数据中发现数据模式，能够自动预测趋势和行为，并使用可视化工具展示挖掘结果，详细内容将在 3.5 节中进行阐述。

图 3-9 为 Sybase 公司通过 Warehouse Studio（一个为部门级或企业级业务解决方案提供强大数据仓库支持的集成产品）设计的数据仓库管理系统。Warehouse Studio 套件产品架构由以下几个部分组成：数据仓库模型设计组件（Design）、转换集成组件（Integrate）、数据管理组件（Manage）、可视化组件（Visualize）和管理组件（Administer）。

图 3-10 展示了 Warehouse Studio 数据仓库管理系统的相关产品技术构成。

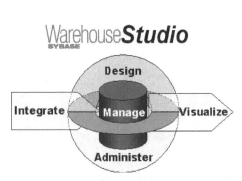

图 3-9　Sybase 公司设计的数据仓库管理系统　　图 3-10　Sybase 数据仓库管理系统的相关产品技术构成

下面简单介绍几个 Warehouse Studio 数据仓库管理系统的组件。

1）Warehouse Studio 提供了数据仓库设计组件——Warehouse Architect，这个组件可以对数据仓库设计过程中的每一步提供相应的支持，能够设计出有效数据仓库模型的全部功能。其主要功能如下。

● 将数据源中的元数据导入到 Warehouse Architect 的工作空间；

● 使用这类元数据设计并优化目标数据仓库的数据模型；

● 为实施有效的数据移动，实现与各种数据抽取工具及数据转换工具的对接；

● 从数据仓库模型出发，为常用的前端决策支持工具生成所需的数据立方体；

● 为设计过程的每一步生成相应的客户化的报告。因此，借助 Warehouse Studio，数据建模人员能够快速有效地设计出一种优化的和完备的数据仓库结构。

2）数据字典（元数据）的管理工具——Warehouse Control Center，它能够帮助数据仓库管理员对集成、运行和维护数据仓库的关键信息实施控制、同步和记录。能够直观、方便地管理元数据，提供最终用户数据仓库浏览和数据查询工具，进行数据仓库管理以及数据集市使用等功能。它能够轻松、方便地读取元数据规则，能够可视化元数据管理机制，有完善的元数据消息服务和同步机制等特点。因此，Warehouse Control Center 通过无缝地集成和维护能够快速生成用户驱动的数据集市的元数据，帮助企业最终建成用户驱动的数据仓库。

3）数据存储与管理软件——Adaptive Server IQ（ASIQ）是 Sybase 公司专门为满足数据仓库和商业智能而设计的高性能的数据库仓库服务器，它具有强大的分布式数据管理功能，其中查询功能既支持常规的查询要求，也支持即席查询分析要求。Adaptive Server IQ 具备以下优点：①数据压缩比高，将所需处理的数据结构减少到常规数据库的 20%左右，减少了硬盘开销。②反应快速，以 64KB 的物理块执行 I/O 操作，同时使用智能型的存取与压缩方法，使得常规数据库处理中 98%的 I/O 操作在 Adaptive Server IQ 中无须处理。③查询灵活，存取方法只与数据结构有关而与查询无关，正确的数据结构在数据加载时就能够预期得到。用户查询要求无须数据库管理员干预，同时，以增量的方式对任何数据结构进行加载，无须重新建立或组织这些数据结构。因此，通过该组件能够快速访问、加载和更新处理数据信息。

4）抽取、转换、清洗和装载工具通过手工编程或 PowerMart 开发环境设计和实施数据的集成，支持多个、多种异构数据源，能很好地设计数据的清洗、转换和整合规则并自动化地执行该过程，具有完善的数据增量抽取等功能，为应用开发人员抽取、转换和加载数据提供帮助和便利。

5）数据分析和展现通过传统报表工具和 OLAP 工具实现面向业务人员的使用界面，可使用自然语言的业务术语构造多维的查询，提供上钻、下钻等分析操作，具有直观丰富的图形化展示方式。为 Sybase 公司数据仓库管理系统提供技术支持的可视化工具厂家有 Brio 和 Congos 等。

3.2.2 数据仓库的存储

数据仓库的数据一般有两种存储方式：一种是存储在关系数据库中，另一种是按多维的方式存储，也就是多维数组。数据仓库中一般储存着两种数据：一种是不同的综合级别的数据，另一种是元数据。

1．基本概念

（1）粒度

数据仓库需要根据不同的查询要求存储不同细节的数据，数据粒度是对数据仓库保存数据的细化程度或综合程度的衡量，它对数据仓库可回答查询的种类有着极其重要的影响。细化程度越高，粒度级别就越小，综合程度越低，回答查询的种类越多；反之，细化程度越低，粒度级别就越大，综合程度越高，回答查询的种类越少。

数据仓库中粒度之所以是主要问题，是因为它深深地影响存放在数据仓库中的数据量大小，同时也影响数据仓库所能回答的查询类型。因此，在设计数据仓库时就该在数据量大小与查询的详细程度之间做出权衡。

图 3-11a 表示将一个顾客的详细订单——每月 200 个记录，共 40000 个字节，确定为高细化-低粒度级别，当询问某一订单细节时，通过对数据仓库检索可以查看。图 3-11b 表示将一个顾客的综合订单——每月 1 个记录，共 200 个字节，确定为低细化-高粒度级别，当询问某一订单细节时，通过对数据仓库检索无法查看。

数据仓库中的数据粒度通常需要分成多个级别即多重粒度，一般为四个级别，分别是早期细节级数据、当前细节级数据、轻度综合级和高度综合级。ETL 后的源数据首先进入当前细节级，并根据需要进一步进入轻度综合级乃至高度综合级[1]，老化的数据进入早期细节级。如，电信通话数据中，记录每一次通话情况为细节数据；记录顾客每天的通话情况为轻度综合数据；记录顾客每月的通话情况为高度综合数据。

事实上，企业经常需要提高存储与访问数据的效率并具有非常详细的数据分析能力。当一个企业或者组织的数据仓库内有大量数据时，在数据仓库的细节区考虑多重粒度级是很有意义的。

（2）分割

分割是在解决粒度问题之后第二个需要解决的问题。数据仓库的本质之一就是灵活地访问数据，操作者和设计者在管理数据时，小的数据物理单元比大的更具有灵活性。因而，对当前细节的数据仓库数据都要进行分割。

分割是将当前细节数据分散到各自的物理单元中去，以便能分别独立处理并提高数据管理的灵活性和处理效率，因而容易实现数据仓库的重构、索引、重组、恢复和监控等处理。数据分割后的独立数据单元称作分片。

如图 3-12 所示，数据仓库的数据粒度和分割处理得好的话，数据仓库设计和实现的所有其他问题都将得到很好的解决。但是，如果粒度处理不当的话，分割也不会得到很好的设计和实现，这将使其他方面的设计难以实现。

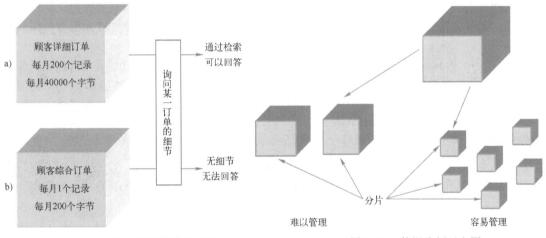

图 3-11　数据仓库粒度划分示例
a) 高细化-低粒度　b) 低细化-高粒度

图 3-12　数据分割示意图

事实上，有许多数据分割的标准可供参考，如日期、地域、业务领域等，也可以是其组合。一般而言，分割标准总应包括日期项，因为它十分自然而且分割均匀。下面以某公司为例，以时间和各类收入为分割标准对数据进行分割，可得到 2019 年、2020 年和 2021 年的运输、仓储和金融收入的 9 个分片，如表 3-3 所示。

表 3-3　数据分割示例

年度	运输收入	仓储收入	金融收入
2019	分片 1	分片 2	分片 3
2020	分片 4	分片 5	分片 6
2021	分片 7	分片 8	分片 9

2．数据仓库的数据组织形式

数据仓库的数据组织结构不同于一般的数据库系统，需要通过数据组织形式将从原有的业务数据库中获得的基本数据和综合数据分成早期细节级、当前细节级、轻度细节级和高度细节级四个级别。具体的数据组织形式有如下四种。

（1）简单堆积文件

简单堆积文件是将每日由数据库中提取并加工的数据逐天积累并存储起来，如图 3-13 所示。

（2）轮转综合文件

轮转综合文件是指数据存储单位被分为日、周、月、年等几个级别，在一个星期的七天中，数据被逐一记录在每日数据集中，然后七天的数据被综合后记录在周数据集中，接下去的一个星期，日数据集被重新使用，以记录新数据。同理，周数据集达到五个后，数据将再一次被综合并记录在月数据集，依此类推。轮转综合结构十分简捷，数据量较简单，堆积结构大大减少。当然，它是以损失数据细节为代价的，越久远的数据，细节损失越多。轮转综合文件示例如图 3-14 所示。

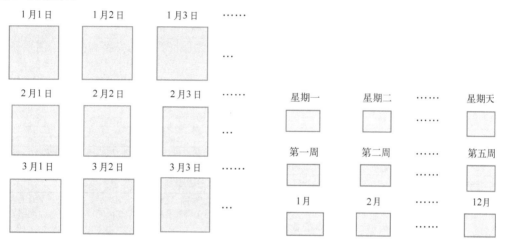

图 3-13　数据仓库数据组织——简单堆积文件示例　　图 3-14　数据仓库数据组织——轮转综合文件示例

（3）简化直接文件

简化直接文件类似于简单堆积文件，它是操作型数据间隔一定时间的快照，一般以较长的时间生成，如每隔一星期或一个月生成一次，如图 3-15 所示。

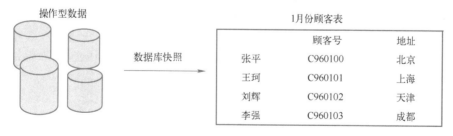

图 3-15　数据仓库数据组织——简化直接文件示例

（4）连续数据文件

连续数据文件通过两个或多个连续的简单直接文件生成另一种连续文件。连续数据文件是通过比较这些简单直接文件的差异而生成的，如图 3-16 所示。

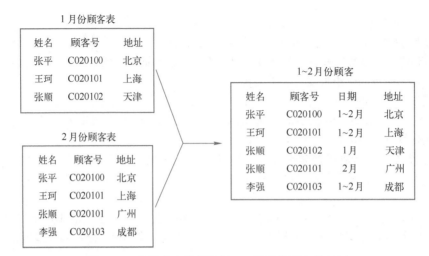

图 3-16 数据仓库数据组织——连续数据文件示例

3. 数据更新

数据仓库中的数据来源于各个不同的数据源系统，为保证数据的完整和准确，需要有更新机制来不断更新和维护数据仓库，具体方式见表 3-4。

表 3-4 数据仓库的数据更新方式

数据更新方式	适 用 场 合
批量更新	初次数据提取时将采用批量更新
增量更新	自上次数据仓库更新以来，当数据源中的数据发生改变时（数据新增、删除以及部分更改），采用增量更新，避免较大的网络负载和处理开销
实时更新	当数据源中的数据发生变化时，随之改变数据仓库中的数据
周期更新	按固定的周期将数据源中的数据更新反映到数据仓库中，这种方式开销更小。如果在一个周期内，数据有变化，通常只能反映出最后一次更新的数据，这个问题基本通过数据源的日志来解决。周期更新的数据都是历史数据，其弊端是数据容易丢失

4. 数据仓库的基本数据模式

作为数据仓库的基本数据模式，多维数据模型是从业务分析的角度来对数据进行逻辑建模，具有简单、易于理解、方便查询等优点，它的构成要素是事实表和维表。

事实表中存放的基本数据是与分析主题的相关维编号和度量。维（dimension）是人们观察数据的特定角度，是每个事物的属性，也是度量的取值条件。例如：时间维是商品销售随时间推移发生的变化；地理维是商品在不同地区的销售分布情况。度量（measure）是要分析的目标或对象，是多维数据集的核心值，是最终用户在数据仓库应用中需查看的数据，一般是数值型数据。常见的度量有：销售量、供应量、营业额等。如表 3-5 所示，某区域连锁店商品销售事实表中，与商品销售量有关的维是时间、商品编号和连锁店编号，度量是销售量。

表 3-5 某区域连锁店商品销售事实表

时间	商品编号	连锁店编号	销售量
2021-1-1	1001	01	80
2021-1-1	1002	01	95
2021-1-1	1001	03	69
2021-1-2	1002	02	52

表示维的各种表称作维表（dimension table）。维表中每个属性都是本维的描述信息，并用于制作报表、表达查询条件和分组条件，详见表3-6中的商品维表。

数据仓库的逻辑模型通常有星型模式和雪花模式两种基本结构。

（1）星形模式（Star Schema）

星形模式是以唯一的事实表为中心，由若干个维度表与其相连。在图3-17中，事实表是销售表，维表有产品维表、商店维表和日期维表。该模式简洁、表达查询方便且易于理解，是最常见的模式。

事实表中与主题相关的维标识符既是外键又是对应维表的主键，如图3-17中的产品标识符、商店标识符和日期标识符。

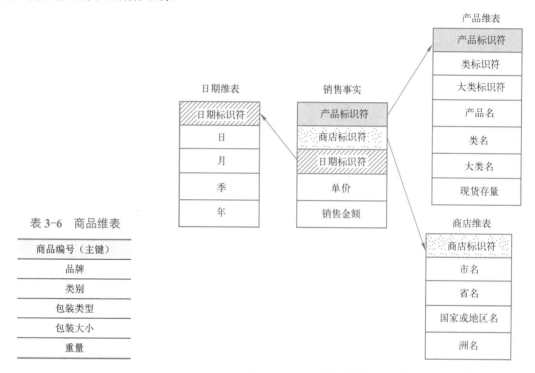

表3-6　商品维表

商品编号（主键）
品牌
类别
包装类型
包装大小
重量

图3-17　某公司销售数据仓库数据的星形模式

星形模式的缺点是，有些维度是非规范化的。例如，图3-17的商店维表中，对于省份相同的商店，它们的属性"国家或地区名""洲名"都相同，因此存在很多冗余。要解决此问题，就形成了雪花模式。

（2）雪花模式（Snowflake Schema）

雪花模式是星形模式的变种，其中某些维表被规范化，因而把数据进一步分解到附加的表中。这样，一个维度由若干层次组成，对应多个表，此模式图形类似于雪花的形状。雪花模式的维表规范化后，减少了冗余、易于维护并节省存储空间，但执行查询需要更多的连接操作，因此雪花结构可能降低浏览的效果。尽管雪花模式减少了冗余，但系统的性能可能相对受到影响，因此，在数据仓库设计中，雪花模式不如星型模式流行。

图3-18给出的是某公司销售数据仓库数据的雪花模式。图中的事实表与图3-17所示的星型模式相同。两种模式的主要差别是维表，星型模式中的单个产品维表在雪花模式中被规范化，对应新的产品维表、类维表和大类维表；雪花模式的商店维表中，市名连接到市维表，市维表中

的省名连接到省维表，省维表中的国家或地区名连接到国家或地区维表；雪花模式中，日期维表中的月连接到月维表，月维表中的季连接到季维表。

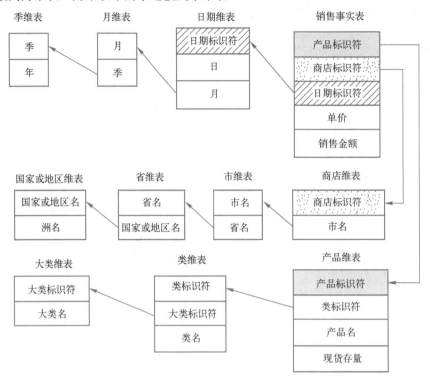

图 3-18　某公司销售数据仓库数据的雪花模式

3.2.3　OLTP 与 OLAP 环境下数据库模式示例

1. OLTP（在线事务处理）环境下的数据模式

OLTP（On-Line Transaction Processing）主要面向公司日常事务处理，是对数据库的应用，它的重点在于"数据"和"处理"，所生成的各项数据库模式与企业实际的业务流程中所涉及的单据及文档有很好的对应关系，并没有真正体现数据与数据处理的分离。下面以某销售公司数据库管理系统为例，分析其 OLTP 环境下的数据模式。

该公司数据库管理系统使用了采购子系统、销售子系统、库存管理子系统和人事管理子系统的数据组织方式，需围绕采购、销售、库存管理和人事管理等相关的组织、部门进行详细调查，收集数据库的基础数据及其处理过程，并掌握企业内数据的动态特征，开展逻辑数据结构设计，具体内容如下。

（1）采购子系统

订单（订单号，供应商号，商品号，数量，日期，总金额）

商品（商品号，类别，单价）

供应商（供应商号，供应商名，地址，电话）

（2）销售子系统

顾客（顾客号，姓名，年龄，文化程度，地址，电话）

销售（员工号，顾客号，商品号，数量，单价，日期）

（3）库存管理子系统

领料单（领料单号，领料人，商品号，数量，日期）

进料单（进料单号，订单号，进料人，收料人，日期）

库存（商品号，库房号，库存量，日期）

库房（库房号，库房管理员，地点，库存商品描述）

（4）人事管理子系统

员工（员工号，姓名，性别，年龄，文化程度，部门号）

部门（部门号，部门名称，部门主管，电话）

2. OLAP（在线联机分析处理）环境下的数据模式

OLAP（On-Line Analytical Processing）主要面向数据分析的场景，是对数据仓库的应用，采用面向主题的数据组织方式。OLAP 先抽取分析主题，再确定每个主题所包含的数据内容。

以某销售公司为例，该销售公司在 OLAP 环境下的数据库模式的主题应包括商品、供应商、顾客，其中每个主题有各自独立的逻辑内涵，对应一个分析对象。每个主题可以划分成多个表，基于一个主题的所有表都有一个公共键，作为主键的一部分，将各表统一起来，由此体现它们属于一个主题。如主题名为商品，公共键为商品号。其详细描述如下：

（1）商品

商品固有信息：商品号，商品名，类别，颜色等；

商品采购信息：商品号，供应商号，供应价，供应量，供应日期等；

商品销售信息：商品号，顾客号，售价，销售量，销售日期等；

商品库存信息：商品号，库房号，库存量，日期等。

（2）供应商

供应商固有信息：供应商号，供应商名，地址，电话等；

供应商品信息：供应商号，商品号，供应价，供应日期，供应量等。

（3）顾客

顾客固有信息：顾客号，顾客名，性别，年龄，文化程度，地址，电话等；

顾客购物信息：顾客号，商品号，售价，购买日期，购买量等。

OLAP 环境下的数据库模式舍弃了原来不必要、不适合分析的信息，集成了分散在各子系统中有关主题的信息，形成关于商品的一致信息，能在主题内找到该分析处理所要求的一切内容。不同主题之间有重叠的内容，但只是逻辑或细节级上的重叠。

3.3 数据仓库的开发与应用

成功的数据仓库系统能够发现企业中隐藏的成本和潜在增加收入的机会，帮助企业提高投资回报率，因此，如何科学合理地进行数据仓库的设计和开发是很重要的。本节从数据仓库的开发策略（3.3.1 节）开始，学习数据仓库开发的六种模式；随后介绍数据仓库设计的步骤（3.3.2 节）。

3.3.1 数据仓库的开发策略

数据仓库的开发策略有六种模式，如图 3-19 所示。

自上而下模式是先构建企业范围内的数据仓库，然后根据各个业务过程的需求分析，将数据仓库内的数据调入数据集市进行分析。此模式从企业整体出发，考虑到各个主要业务过程的分析需求，能够对数据进行有效的集成，避免冗余，提供统一的数据访问。其缺点是由于涉及的范围广，需要花费的时间、人力、财力都相对较多，因此风险高，短期内不容易看到效果。

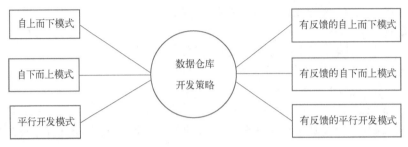

图 3-19　数据仓库开发的六种模式

自下而上模式是先根据各个业务过程的需求分析，按照紧迫程度先后构建各个数据集市，然后集成数据集市中的数据，最终构成数据仓库。初期投资少，见效快。但由于是从局部出发，没有纵观企业全局，可能导致不同的数据集市中的数据存在不一致性和冗余。因为它在建立部门数据集市时只需要较少的人做出决策，所以适合解决较小的商业问题。

平行开发模式是在一个企业范围内的数据仓库的数据模型指导下，进行数据集市的建立和全局性数据仓库的建立。例如，统一数据源中的数据格式、类型、命名及语义的定义等。每个平行开发模式可避免各部门在开发各自的数据集市时的盲目性，减少各数据集市之间的数据冗余和不一致，同时数据集市的这种相对独立性也有利于全局性数据库的建设。

以上三种模式都没有考虑如何将用户的反馈信息不断地反映到数据集市和数据仓库的建设中。因此，为了解决用户需求变化的问题，引入了以下三种模式。

有反馈的自上而下模式在全局性数据库建立好之后，需求的变化将主要体现在数据集市与数据仓库之间。该模式可以在各个部门数据集市发展时保持相互之间的数据一致性并能根据用户的反馈信息不断调整自身，以这种模式建立的数据仓库在投入使用后能减少因用户需求变化而带来的不便。

有反馈的自上而下模式分为两个阶段。第一阶段用户的新需求不断地被反馈给部门的数据集市，部门数据集市根据用户的新需求产生自身的需求变化。第二阶段部门数据集市把自身的需求变化反馈给全局性数据仓库，全局性数据仓库再做出相应的变化。

有反馈的平行开发模式在开发的初始阶段，开发人员主要是在全局性数据仓库的数据模型指导下建立部门数据集市，并把在建立过程中所遇到的问题、解决方案以及用户的意见等信息反馈给全局性数据仓库数据模型。全局性数据模型在指导部门数据集市建设的同时，也收集开发人员和部门用户的反馈信息并根据这些信息调整自身。经过调整，可以使下一阶段全局数据仓库的建设相对顺利地进行。

在选择以上六类数据仓库开发实施策略时，可参考具体实施情况，综合考虑成本、效益和结果等因素择优实施，以实现数据仓库开发的成功。

3.3.2　数据仓库设计的步骤

数据仓库系统是一个软件系统，同其他软件系统的开发一样，也需要规范化的设计步骤。数据仓库系统的设计分为五个步骤：需求分析、概念模型设计、逻辑模型设计、物理模型设计和数据仓库生成，如图 3-20 所示。

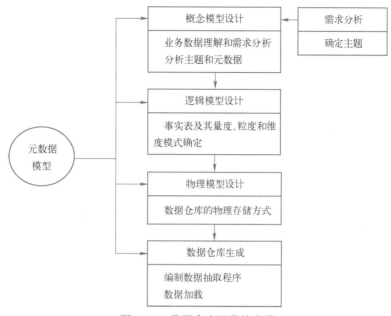

图 3-20　数据仓库开发的步骤

1. 步骤一：需求分析

数据仓库的需求分析是数据仓库设计的基础，在数据仓库设计的开始，要详细了解需求。首先，确定分析主题。例如，明确对于决策分析最有价值的主题有哪些、每个主题的商业维度有哪些、每个维度的粒度层次有哪些等。其次，需要确定哪些源数据与商业主题有关、在已有报表和在线查询中可以得到哪些信息、这些信息的细节程度等。再次，需要确定衡量数据仓库成功的关键标准是什么、有哪些关键性能指标、如何监控这些关键性能指标、对数据仓库的期望用途有哪些等。最后，需要明确数据仓库的总数据量和数据更新频次。

主题是一种较高层次的抽象，对它的认识与表示是一个逐步完善的过程。因此，在开始时可先确定一个初步的主题概念以利于设计工作的开始，随着设计工作的进一步开展，再逐步扩充与完善。

2. 步骤二：概念模型设计

概念模型是从现实世界到计算机世界的一个中间层次，通过概念模型可以用适合计算机世界的语言和模型对客观世界的具体问题进行描述。

本阶段主要工作主要有两个方面。一是了解决策者迫切需要解决的问题及解决这些问题所需要的信息，需要对现有数据库中的内容有一个完整而清晰的认识。如，需要的决策类型有哪些？决策者感兴趣的是什么问题？这些问题需要哪些数据？这些数据要从哪些数据库系统中获得？二是要确定数据仓库所包含的主题，然后对每个主题进行较明确的描述，包括主题的公共键、主题之间的联系和代表主题的属性组。

通常，在明确主题与已有数据源的情况下，概念模型设计可以用实体-关系（E-R）图方法和信息包图方法。

E-R 模型的具体设计内容有①针对关键业务环节部分，抽象出实体。②确定实体之间的关系，是 1 对 1、1 对多，还是多对多的关系。③不断迭代所有的业务环节。④将所有抽象出来的实体和关系进行总结，统一的实体汇集在一起，将所有相关的实体关联起来。

信息包图模型包括三个要素：度量、维度和层次。度量和维度前面已经介绍了，层次是指描述每个维度的属性之间的层次关系，例如销售日期维度中，年、月、日之间存在层次关系。

概念模型的设计结果将直接影响后续的逻辑模型和物理模型设计，可以说概念模型是在整个模型设计过程中最重要的一环。对概念模型的评估主要包括数据仓库的性能指标，如数据存取能力、模型重组能力和数据装载能力等。

此外，在对概念模型评估的基础上还需提出数据仓库的软硬件平台要求，包括计算机、网络结构、操作系统、数据库及数据仓库软件的选购要求等。数据仓库的软件配置与数据容量以及关系数据库性能密切相关，根据实际的预算和业务要求，可选择 Oracle、Microsoft SQL Server、DB2、Sybase 及 MySQL 等数据库。硬件的配置要能发挥软件的功能，既能满足实际的处理要求，又要为将来的系统扩展预留一定的空间。例如，数据仓库的硬盘容量通常是操作数据库硬盘容量的多倍，大型机具有更可靠的性能和稳定性，也容易与原有的系统结合在一起；而 PC 服务器或 UNIX 服务器则更加灵活，容易操作并提供动态生成查询请求。因此，选择硬件平台时还要考虑是否能够提供并行的 I/O 吞吐及对多 CPU 的支持能力如何等问题。

3．步骤三：逻辑模型设计

在数据仓库概念模型基础上可以设计逻辑模型。逻辑模型设计的目的是对每个装载主题的逻辑实现进行定义，并在数据仓库元数据中记录相关内容。逻辑模型常用的是多维数据模型，前面已经介绍过。

本阶段要完成的工作是：①分析主题域并确定要装载的主题；②确定粒度；③确定数据分割的策略；④关系模式定义；⑤定义记录系统。

4．步骤四：物理模型设计

数据仓库的物理模型就是逻辑模型在具体物理介质中的实现模式，物理模型设计的主要目的是确定数据的存储结构、索引策略和存储策略等与物理有关的内容。

RAID（Redundant Arrays of Inexpensive Disk，磁盘冗余阵列）是一种常用的数据存储结构，它是一种使用多磁盘驱动器来存储数据的数据存储系统。RAID 可以支持数据仓库系统进行大量的并行工作，还可以从任何一个磁盘故障中恢复过来。数据仓库的存储结构可以根据需要选择 RAID 中的不同级别。

由于数据仓库的数据一般很少更新，所以可设计索引结构来提高数据存取效率。在数据仓库中，设计人员可以考虑对各个数据存储建立专用的索引和复杂的索引，以获取较高的存取效率。数据仓库中常用的索引技术有 B+树索引、位图索引和广义索引。

在数据仓库中，同一个主题的数据并不要求物理存放在相同的介质上。在确定数据的存储策略时可以按数据的重要性、使用频率和对反应时间的要求进行分类，将不同类型的数据分别存储在不同的存储设备中。重要性高、经常存取并对反应时间要求高的数据存放在高速存储设备上，如硬盘阵列；存取频率低或对存取响应时间要求低的数据则可以存放在低速存储设备上，如低速磁盘阵列或磁带。数据存放位置的确定还要考虑其他一些方法，如决定是否进行合并表，是否对一些经常性的应用建立数据序列，对常用的、不常修改的表或属性是否冗余存储。如果采用了这些技术，就需要记录元数据。

5．步骤五：数据仓库生成

数据仓库的生成是构成数据仓库的重要环节。从数据源中抽取所需要的数据，经过数据转换后，最终按照预先定义好的数据仓库模型将数据加载到数据仓库中，完成数据从数据源向目标数据仓库转化的过程。

1）根据逻辑模型与物理模型，用数据仓库的建模语言定义数据模式（星型或雪花型）。

2）编制数据抽取程序。根据元数据编制数据抽取程序，对数据源中的数据进行加工以形成数据仓库中的数据。

3）数据加载。将数据源中的数据，通过数据抽取程序加载到数据仓库中去。需要确定数据装入的次序、清除无效或错误数据、数据粒度管理及数据刷新等。主要的数据加载技术有：使用数据仓库引擎厂商提供的数据加载工具，如 Oracle 的 SQL Loader，也可通过数据仓库引擎厂商提供的 API 编程进行数据加载。

3.4 OLAP 技术

数据仓库是管理决策分析的基础，要有效地利用数据仓库的信息资源，必须有强大的工具对数据仓库的信息进行分析决策。在线联机分析处理（On-Line Analytical Processing，OLAP）是应用广泛的数据仓库使用技术。它可以根据分析人员的要求，迅速、灵活地对大量的数据进行复杂的查询处理，并以直观的、容易理解的形式将查询结果提供给各类决策人员，使他们能够迅速、准确地掌握企业的运营情况，了解市场的需求。本节从 OLAP 的定义（3.4.1 节）开始，介绍 OLAP 的定义与特性、维的相关概述以及多维分析；随后介绍 OLAP 的数据组织（3.4.2 节），最后介绍 OLAP 的应用（3.4.3 节）。

3.4.1 联机分析处理的定义

1. OLAP 的定义

OLAP 理事会认为：在线分析处理是一类软件技术，利用它可以使分析人员、管理人员或执行人员从多种信息视角快速、一致和交互地访问数据，达到对数据的洞察。这些视角是从原始数据转换过来的，反映了企业的真实维度，易于被用户理解。

OLAP 针对特定问题的联机数据访问和分析，可以实现决策支持或多维环境下特定的查询和报表需求，允许管理决策人员对数据进行深入观察。OLAP 的技术核心是"维"，因此 OLAP 可以说是以数据仓库为基础的多维数据分析工具集合，它位于如图 3-21 所示的三层数据仓库结构的中间层。

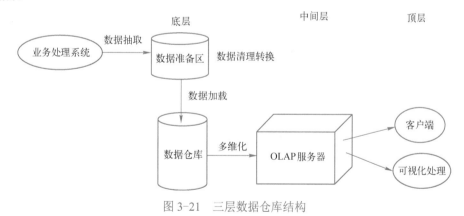

图 3-21　三层数据仓库结构

2. OLAP 的特性

BI survey 系列调研报告的作者 Nigel Pendse 将 OLAP 的特性概括为快速性、可分析性、多维性和信息性。

（1）快速性

用户对 OLAP 的快速反应能力有很高的要求，一般的系统能够在 5s 内响应用户的请求，最长不超过 20s。

（2）可分析性

OLAP 系统应能处理与应用有关的逻辑分析与统计分析。如，时间序列分析、成本分配分析和任意的多维结构变化等，并便于用户操作。

（3）多维性

多维性是 OLAP 的关键属性，系统能够提供对数据分析的多维视图和多维分析。

（4）信息性

不论数据量有多大，也不论数据存储在何处，OLAP 系统均能及时获得信息并管理大容量信息。

3. OLAP 维的基本概念

（1）维

维是人们观察数据的特定角度，是考虑问题时的一类属性，单个属性或属性集合构成一个维。如时间维，某个商品销售量随时间发生的变化，是从时间维对商品的销售进行观察。

如果把一个主题的多种属性定义为多个维，就可以从多个角度组合分析销售情况。此处维与数据仓库中逻辑模型的维同义。

（2）维的层次

人们观察数据的某个特定角度（即某个维）可以在不同细节程度上进行划分，例如时间维分为年、季度、月份、日期等层次。

（3）维的成员

维的成员是维的一个取值，是数据项在某维中位置的描述。如"某年某季度""某季度某月"和"某年某月某日"都是在时间维的成员。

（4）多维数组

多维数组是维和变量的组合表示。一个多维数组可以表示为：（维 1，维 2，…，维 n，观察变量），例如，（时间，地区，产品，销售量）构成一个多维数组。

（5）多维数据集

多维数据集用一个多维数组表示，它既是决策分析的基础，也是 OLAP 的核心，常称为立方体或者超立方。OLAP 展现在用户面前的是一幅幅多维视图。

（6）数据单元（单元格）

数据单元是多维数组的取值，当多维数组中每个维都有确定的取值时，就确定了唯一的一个变量值。例如（2000 年 1 月，上海，笔记本计算机，10000）是多维数组的一个数据单元。

4. OLAP 的多维分析

OLAP 的多维分析能让用户以多维的方法（如产品、时间、地区和财务指标等）对事实和维度数据进行观察、存取和分析，多维分析的数据模型等同于业务模型。

OLAP 的多维分析操作包括对多维数据的切片与切块、上钻、下钻、上卷和旋转等。

（1）切片和切块（Slice and Dice）

切片是指在 m 维数据结构中，选择一个维度的某个属性值，查看其他所有维对应度量取值的过程。例如，图 3-22 中，如果在 3 个维度和 1 个量度（"分公司"，"服务城市"，"时间"，"收入"）构成的数据结构中，限定属性取值为分公司维中的"北京"，查看所有"服务城市"维和"时间"维对应的收入情况，则相当于在多维数据集中切下一片，这就是切片操作。

切块是确定某一维的取值为其中一个属性的某个区间，查看其他所有维对应度量的取值过程，得到的多维数据集称为一个切块。图 3-22 中，如果从 3 个维度和 1 个量度（"分公司"，"服务城市"，"时间"，"收入"）构成的数据结构中，限定属性取值为分公司"北京"和"上海"，查看所有"服务城市"维和"时间"维对应的收入情况，则相当于在多维数据集中切下一块，这就是切块操作。

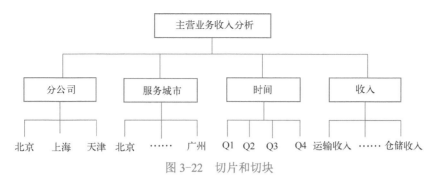

图 3-22　切片和切块

（2）钻取（Drill）

钻取包含向上钻取（Drill-up）和向下钻取（Drill-down）操作。钻取能够帮助用户获得更多的细节性数据，钻取的深度与维所划分的层次相对应。

向上钻取又称上卷（Roll-up），它是对数据的汇总，通过某个维度层次的上升或维度的归约来观察更概括的数据，是数据从细粒度向粗粒度汇总的过程。例如，图 3-23 中，2014 年四个季度某商品的各部门销售额汇总为 2014 年某商品的各部门销售额，即沿着时间维度由"季度"向上钻取为"年"。

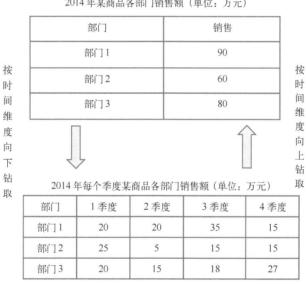

图 3-23　数据立方体的上钻/上卷和下钻

下钻是上卷的逆过程，通过某个维度层次的下降或增加某个维度来不断探查数据细节的过程。例如，图 3-23 中，2014 年某商品各部门销售额沿着时间维度由"年"向下钻取为"季度"。下钻使用户能够对数据获得更深入的了解，更容易发现问题的本质，从而做出正确的决策。

（3）旋转（Rotate）/转轴（Pivot）

旋转又称转轴，它是通过改变维度的位置或用其他维度代替其中一个维度而得到不同视角的数据。可将其理解为按照不同的顺序组合维，从而对数据进行考察。将图 3-24a 的时间、到货地和发货地三个维度旋转后，得到图 3-24b 的数据。

（4）OLAP 与 OLTP 的区别

介绍了 OLAP 相关的知识之后，再对 OLAP 和 OLTP 技术进行对比分析。OLTP 由操作事件驱动，是传统关系型数据库的主要应用，是面向应用的基本的、日常的事务处理，如银行的储蓄系统。OLAP 是面向主题的数据仓库系统的应用，支持分析操作，侧重决策支持，如以客户为主题分析其相关数据。具体区别如表 3-7 所示。

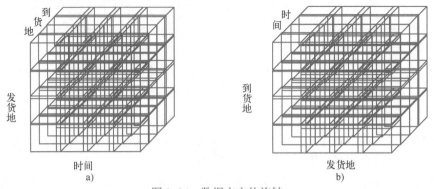

图 3-24　数据立方体旋转

a) 旋转前　b) 旋转后

表 3-7　OLAP 与 OLTP 的区别

OLTP	OLAP
数据库数据（操作型）	数据库/数据仓库数据（分析型）
细节性数据	综合性数据
当前数据	历史数据
经常更新	周期性更新
一次处理的数据量小	一次处理的数据量大
对响应时间要求高	响应时间合理
用户数量大	用户数量相对较少
面向操作人员，支持日常操作	面向决策人员，支持管理需要
面向应用，事务驱动	面向分析，分析驱动

3.4.2　OLAP 的数据组织

从逻辑上讲，OLAP 为企业提供数据仓库或数据集市的多维数据，而不必关心数据如何存放和存放在何处，然而，OLAP 的物理结构和实现必须考虑数据存放问题。

OLAP 按照多维数据存储方式分为基于关系数据库的 OLAP（Relational OLAP，ROLAP）、基于多维数据库的 OLAP（Multi-dimensional OLAP，MOLAP）和混合型 OLAP（Hybrid OLAP，HOLAP）。

1. 基于关系数据库的 OLAP——ROLAP

ROLAP 是以关系数据库为核心，以关系型结构进行多维数据的表示和存储，并模拟多维数据方式显示数据，ROLAP 基本数据和聚合数据均存放在关系数据库管理系统（RDBMS）之中。

（1）ROLAP 以二维表与多维联系来表达多维数据（综合数据）

ROLAP 将多维数据库的多维结构划分为两类表：一类是事实表，用来存储数据和维 ID；另一类是维表，对每个维至少使用一个表来存放维的元数据，即层次、成员类别等维的描述信息。维表和事实表通过主键和外键联系在一起，形成星型模型。对于层次复杂的维，为避免冗余数据占用过大的存储空间可使用多个表描述，这种星型模型的扩展就是雪花模型，此外还有星座模型。

（2）ROLAP 模拟多维数据方式显示（观察）数据

ROLAP 将分析用的数据存储在关系数据库中，物理层仍是关系数据库的存储结构，它通过一些软件工具和中间软件来模拟多维数据方式显示（观察）数据，因此称为虚拟 OLAP。如某商业智能平台通过多维数据逻辑模型 DMR 访问关系数据库进行多维分析就属于 ROLAP。

ROLAP 的特点是：结构较复杂，以关系型数据库表达多维数据，可实时从源数据中获得最新数据，支持适当细节的 OLAP，技术较成熟，但用户等待响应时间较长，运行效率较低。

2．基于多维数据库的 OLAP——MOLAP

MOLAP 以多维方式组织数据（聚合数据），将 OLAP 分析所用的多维数据以多维数组的形式存储，维的属性值被映射成多维数组的下标值或下标范围，汇总数据作为多维数组的值存储在数组的单元中，形成"立方体"（Cube）的结构。因此，MOLAP 的基本数据和聚合数据均存放于多维数据库中。由于 MOLAP 是从物理层实现，采用了多维数组的存储结构，又称为物理 OLAP（Physical OLAP）。

MOLAP 以多维方式显示（观察）数据。用户可以从"立方体"的"旋转""切块"和"切片"等角度查看业务数据并形成多维数据报表。如某商业智能平台通过 Power Cubes 进行多维数据分析就属于 MOLAP。

多维数据库的形式类似于交叉表，可直观地表述一对多、多对多的关系。例如，某公司销售和营销的多维数据库中，维度有：时间、产品、地区和雇员，其中时间、产品和地区等都可细分，如时间分为年、月、日等层次。度量包括销售数量、销售额和利润等。

多维数据库由许多经压缩的、类似于数组的对象构成，带有高度压缩的索引及指针结构。

MOLAP 的特点是：由于经过了数据多维预处理，在分析过程中计算速度较快。但由于数据立方体包含了事实数据和聚集数据，能够支持的数据容量较小，导致 OLAP 缺乏细节数据且更新数据有一定延迟。

3．混合型 OLAP——HOLAP

正是 ROLAP 和 MOLAP 各有优缺点，且它们的结构截然不同，为 OLAP 的设计带来了困难，由此，结合了二者优点的 HOLAP 被提出，用关系数据库存放细节数据，用多维数据库存放综合数据，使得 HOLAP 同时具有 ROLAP 的可伸缩性和 MOLAP 的快速技术等优点，能够满足用户复杂的分析。

如某商业智能平台通过 HOLAP 可以将高度汇总的数据存在"立方体"里，而明细数据使用多维逻辑模型的方式存储，通过穿透钻取方式无缝地进行多维分析。这样 HOLAP 既能保证MOLAP 的高性能，也能基于更大的数据量进行分析，还不用定期将数据库里的数据刷新到OLAP 服务器中来保证数据的时效性。

4．OLAP 工具介绍

OLAP 按照处理方式可分为前端桌面级 OLAP 和服务器级 OLAP。

（1）前端桌面级 OLAP

前端桌面级 OLAP 把相关立方体数据下载到本地，由本地为用户提供多维分析，从而保证在出现网络故障时仍能正常工作，具有轻便、简洁的特征。如下为几款代表产品的介绍。

Brio 的 Query 客户端可以进行查询、分析、报表及图表制作。它的界面设计使终端用户能够更方便地访问和分析数据，以辅助决策。它可以利用多种来源的数据创建报表。支持 Oracle、MS SQL Server、Sybase 和 DB2 等多种数据源，是基于 ROLAP 的典型代表产品。

Business Objects 是全球领先的商业智能（BI）软件公司推出的产品套件，是基于 ROLAP的典型代表，能够提供一种功能强大、易于使用的查询和分析工具，它使用户可以直接访问多种关系型数据源，支持各种 OLAP 技术。使用户能够交互地划分和分割、钻取、分级、整理和过滤数据，创建计算方法等。使业务用户和管理层能够以高度直观和总结性的方式来查看业务活动，并可进行简单的数据挖掘，为关系细节及共享安全性和管理提供了深入的 OLAP 钻取功能。

Cognos Impromptu 和 Cognos PowerPlay 是加拿大 Cognos 公司（现已被 IBM 收购）提供的丰富而强大的查询、报表、在线分析和数据挖掘软件方面的工具产品，二者分别为 ROLAP 和 MOLAP 技术。对于高粒度数据可以使用 Cognos PowerPlay 的 MOLAP 多维数据立方体以获得出色的响应速度，对于中低粒度的数据可以使用 Cognos Impromptu 的 ROLAP 模型实现实时的数据展现能力并弥补 MOLAP 在数据量上的不足。两种 OALP 技术的结合可以在性能与功能之间取得较好的平衡点。

Cognos Impromptu 提供的基于 Web 的查询和报表工具，是企业级、交互式数据库查询和报表生成工具，提供查询、报表功能，针对关系型数据，是基于 ROLAP 的典型产品。

Cognos PowerPlay 是著名的多维分析工具的代表产品，相应地继承了 MOLAP 的优点和缺点。它采用 MOLAP，具有向下钻取、数据切片和旋转以及交互式的图形分析能力，使用户可以从任意角度观察和研究数据。在 Powerplay 中就可以钻取到 Impromptu 中，二者的无缝集成为用户提供了极大的方便。

（2）服务器级 OLAP

Hyperion Essbase（原 Arbor Software Essbase）是美国 IBM 公司提供的一个多维数据库服务器，是 MOLAP 的代表产品。它使用一个多维模型从数据源中提取数据，经过计算后对它们加以综合，再对结果进行快速访问。

MicroStrategy DSS Agent 来自美国 MicroStrategy 公司，它的 DSS 服务器是采用 ROLAP 技术的典型代表产品。MicroStrategy 通过单一平台在一个界面上提供了集成的查询、报表、OLAP 高级分析功能；在钻取上有更大的灵活性，同时更易操作。

Express Server 是 Oracle 公司提供的一个 MOLAP（多维 OLAP）服务器，它利用多维模型存储和管理多维数据库或多维高速缓存，同时也能够访问多种关系数据库。

3.4.3　OLAP 的应用实例

在当前的竞争环境下，企业为了分析、定位和拓展新的市场，通常使用 OLAP 从多个视角观察数据，并以图形、报表等多种形式表示，从而获取隐藏在数据中的信息。下面通过实例介绍 OLAP 的应用。

1. OLAP 的应用实例 1

某公司 2018 年度、2019 年度的服装、家具、汽车及其他商品所在部门的销售量和利润增长情况数据如表 3-8 所示。从时间、部门、销售三个维度汇总后的数据可用立方体表示，如图 3-25 所示。

表 3-8　某公司销售数据表

部门	2018 年		2019 年	
	销售量	利润增长（%）	销售量	利润增长（%）
服装	234670	27.2	381102	21.5
家具	62548	33.8	66005	31.1
汽车	375098	22.4	325402	27.2
其他	202388	21.3	306677	21.7

图 3-25　数据立方体

切片是在多维数据结构中，在一个维度上进行的数据分割。在公司销售数据分析中，对"时间、部门、销售"立方体选取时间维度进行切片操作，如果限定时间维度中的时间取值为"2019 年"，查看各部门的销售量，相当于在立方体中切下一片，其数据如表 3-9 所示。

表 3-9　立方体的切片

部门	2019 年
	销售量
服装	381102
家具	66005
汽车	325402
所有其他	306677

下钻是不断探查数据细节的过程，通过对某一汇总数据维层次的细分分析数据。对表 3-8 部门维中的"汽车"向下钻取，得出汽车部门各服务项目的数据，结构如表 3-10 所示。

表 3-10　销售表的下钻表

汽车服务项目	2018 年		2019 年	
	销售量	利润增长（%）	销售量	利润增长（%）
汽车	375098	22.4	325402	27.2
维修	195051	14.2	180786	15.0
附件	116280	43.9	122545	47.5
音乐	63767	8.2	22071	14.2

旋转是通过改变维的方向得到不同视角的数据，在表格中重新安排维的位置，如行列调换。该销售公司的部门维和销售维互换后得到的数据表、数据立方体分别如表 3-11 和图 3-26 所示。

表 3-11　三维表的旋转表

	2018 年				2019 年			
	服装	家具	汽车	其他	服装	家具	汽车	其他
销售量	234670	62548	375098	202388	381102	66005	325402	306677
利润增长（%）	27.2	33.8	22.4	21.3	21.5	31.1	27.2	21.7

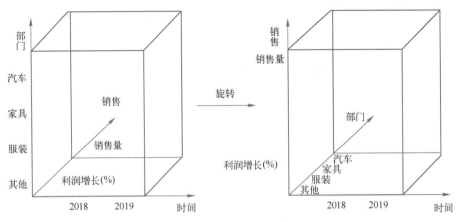

图 3-26　数据立方体的旋转

2. OLAP 的应用实例 2

基于商业智能平台对鲁东商业银行在 2000 年至 2005 年之间的贷款数据进行 OLAP 多维分析。鲁东商业银行与贷款相关的事实表视图共包含 9 张表，每张表中包含的字段如图 3-27 所示。

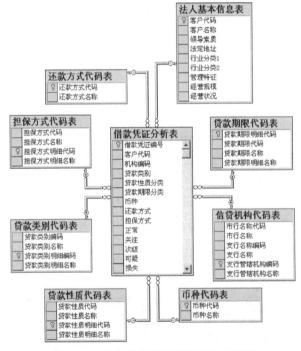

图 3-27　鲁东商业银行贷款事实表视图

本例以该银行贷款为主题，对需求分析、构造事实表、构建数据仓库和多维数据集、使用多维数据集浏览器查看数据这四个步骤进行 OLAP 应用分析。

（1）确定鲁东商业银行贷款金额分析的需求

此银行的分析主题为贷款金额，度量值为贷款总额、正常贷款额和不良贷款额，维度主要有信贷机构、时间、贷款类别、贷款期限和经营状况 5 个维度。每个维度级别（粒度）又进行了划分，以信贷机构为例，其粒度由大到小的顺序为：市行、支行和管辖机构，用于指定贷款金额汇总数据的层次结构。鲁东商业银行贷款金额详细的分析需求如表 3-12 所示。

表 3-12　分析需求表

分析对象	详细内容
主题	鲁东商业银行贷款金额分析
度量值	贷款总额、正常贷款额以及不良贷款额
维度	信贷机构、时间、贷款类别、贷款期限和经营状况
粒度	信贷机构：市行、支行和管辖机构
	时间：年、季度和月
	贷款类别：贷款的类别
	贷款期限：贷款期限、贷款期限明细
	法人：经营状况

（2）构造贷款金额事实表的视图

鲁东商业银行贷款金额的数据仓库采用星型建模方法，由一个事实表和一组维度表组成，如图 3-28 所示。事实表中包含和维表联系的外键，该外键对应维度表的主键。在该模型中，客户代码与法人基本信息表对应，贷款类别明细编码与贷款类别代码表关联，支行管辖机构编码与信贷机构代码表对应，贷款期限明细代码和贷款期限代码表相关联。

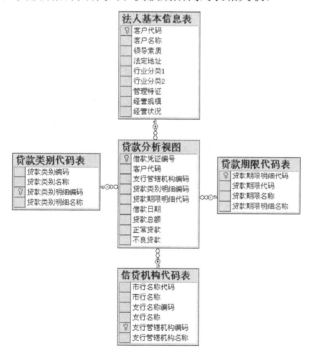

图 3-28　鲁东商业银行贷款金额事实表视图

（3）构建数据仓库和多维数据集

按照图 3-29 所示，首先，创建数据仓库，对鲁东商业银行各部门的数据进行收集，经过 ETL 过程存储在集中的数据仓库中。然后，建立用于 OLAP 的数据库及数据源连接，测试连接成功后，OLAP 的准备工作就完成了。最后，建立多维数据集，按照图 3-28 构建数据的多维结构，把数据导入到 OLAP 工具中。在具体操作时，先选择事实数据表，再建立多种维表，包括信贷机构、借款日期、贷款类别、贷款期限、经营状况。

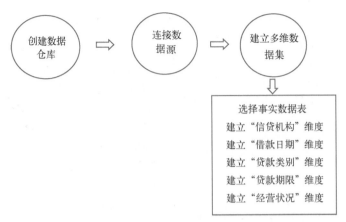

图 3-29　鲁东商业银行贷款数据仓库和多维数据集的创建

（4）使用多维数据集浏览器分析与查看数据

在上述步骤完成后，银行就可以使用多维数据集的 OLAP 操作交互式查询分析业务数据了。

在多维数据集浏览器的贷款金额分析窗口中，将"贷款期限""借款日期""经营状况"和"信贷机构"四个维度分别设置为"所有贷款期限""所有借款日期""所有经营状况"和"所有信贷机构"选项，查看网格中"贷款类别"维度的贷款总额、正常贷款额和不良贷款额，如图 3-30 所示。

替换维度时，将图 3-30 网格中的维度用"借款日期"替换为"贷款类别"，查看"借款日期"维度的贷款总额、正常贷款额和不良贷款额，如图 3-31 所示。

图 3-30　从"贷款类别"维度查看
贷款金额

图 3-31　从"借款日期"维度查看贷款金额

添加维度时，在图 3-31 网格中添加 "贷款期限"维度后，可以从"借款日期"和"贷款期限" 2 个维度查看该银行贷款金额汇总、正常贷款额和不良贷款额，如图 3-32 所示。

下钻时，沿着图 3-31 所示的"借款日期"维度的层次向下，单击年度前面的"+"，可以按年度和季度查看更详细的贷款金额汇总、正常贷款额和不良贷款额，如图 3-33 所示。

上钻时，在图 3-33 中，单击网格中"2000"项前面的"-"，使其变为"+"，沿着"2000"年季度维的层次向年度维的层次汇总数据，查看年度贷款总额、正常贷款额和不良贷款额，如图 3-34 所示。

切片时，将多维数据集浏览器的维度"贷款期限""贷款类别""信贷机构"依次设置为"所有贷款期限""所有贷款类别"和"所有信贷机构"，查看将"经营状况"筛选为"亏损"时

60

企业的贷款金额。此时，显示维"借款日期"固定，根据参与维"经营状况"变化来分析贷款数据，此时显示维和上下维参与度之和等于2，如图3-35所示。

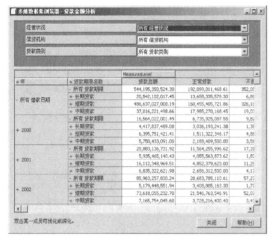

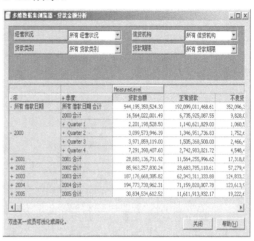

图 3-32　从"借款日期"和"贷款期限"　　　图 3-33　对"借款日期"维度下钻后查看贷款金额
2个维度查看贷款金额

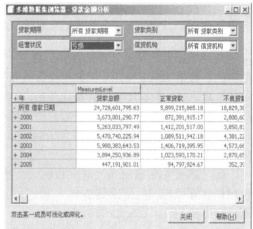

图 3-34　对"借款日期"维度上钻/　　　　图 3-35　对"经营状况"维度切片查看贷款金额
上卷后查看贷款金额

切块时，在多维数据集浏览器中筛选"经营状况"为"亏损"的企业、"贷款期限"为"短期贷款"，其他选项不变时，观察"借款日期"维度的贷款金额数据，此时显示维和上下维的参与度之和大于2，如图3-36所示。

3．OLAP 应用总结

通过以上两个实例可知，OLAP 具有如下几种功能：

1）提供数据分析的建模功能。

2）给出数据仓库中数据的多维逻辑视图。

3）生成概括、聚集和多维层次数据。

4）提供交互式查询和对数据的分析。

5）快速响应查询。

此外，OLAP 还具有以下特点。

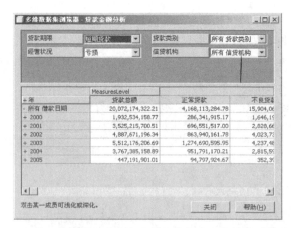

图 3-36 对"贷款期限"维度和"经营状况"切块查看贷款金额

1）按阵列存储数据，具有多维数据存储引擎。

2）支持功能模型以进行预测、趋势分析和统计分析。

3）检索并显示二维表格、三维表格、图表或图形化的数据。

3.5 数据挖掘

伴随着社会生活各领域的逐步信息化，"社会信息化"将很快到来，它最重要的趋势之一是数据化。数据深刻改变了人类的思维方式和生产生活方式，它是社会经济、现实世界和管理决策等的片段记录。数据蕴含着碎片化信息，解读这些碎片化信息并挖掘其隐藏的价值——数据挖掘成为一项新的高新技术、一类新的科研范式和一种新的决策方式。数据挖掘是一类深层次的数据分析方法，能够揭示隐藏的、未知的业务规律，给管理创新、产业发展和科学发现等多个领域带来前所未有的机遇。

本节将介绍数据时代快速成长的这个领域——数据挖掘。学习从各种各样的数据中发现有价值的数据模式和数据挖掘技术，具体分为知识发现与数据挖掘的概念与步骤（3.5.1 节）和数据挖掘方法与技术（3.5.2 节）。

3.5.1 知识发现与数据挖掘

在信息化时代，一方面全球化竞争的加剧要求企业做出决策要比任何时候更快、更好；另一方面，对决策起重要作用的知识往往隐含在海量的数据中，许多企业在面对快速增长的业务数据时，却不知道真正有价值的模式在哪里，难以发现数据中存在的关系以及根据现有的趋势预测未来的发展趋势。因此，利用一定的方法把这些知识挖掘出来，成为人们应对"数据爆炸，知识贫乏"的迫切需求，图 3-37 形象地表达了这一观点。

各行各业（如经济领域、金融行业、政府部门、各类销售终端、人口统计和生物的生命周期）的数据呈现爆炸式增长，使人类处于真正的数据时代。人们需要利用一定的方法把这些数据转化为有价值的信息和有组织的知识，以便为企业各类决策（如目标市场的确定、资金分配、贸易选择、做广告的位置及销售的地理位置等）提供支持，这正是所谓的"数据蕴含商机，挖掘决胜千里"。这些有价值的信息和知识表现为模式、趋势、事实、关系、模型、关联规则和序列等多种形式，如图 3-38 所示。

图 3-37 数据挖掘需求示意图

图 3-38 数据挖掘需求的具体化描述

数据挖掘起始于 20 世纪下半叶，是在当时多个学科发展的基础上发展起来的。随着数据库技术的发展应用，数据的积累不断膨胀，导致简单的查询和统计已经无法满足企业的商业需求，急需一些革命性的技术去挖掘数据背后的信息。同时，计算机领域的人工智能（Artificial Intelligence）也取得了巨大进展，进入了机器学习的阶段。人们将两者结合起来，用数据库管理系统存储数据，用计算机分析数据，并且尝试挖掘数据中隐含的信息，进而，一门新的学科诞生了，即数据库中的知识发现（Knowledge Discovery in Databases，KDD）[14]——数据挖掘（Data Mining）。

1．基本概念

知识发现（KDD）是指从大量的、不完整的、有噪声的、模糊的和随机的数据集中，提取隐含在其中的、人们事先不知道的，但又是可信的、潜在的和有价值的信息和知识的过程。可以简单描述为在数据集中抽取和精炼新的模式，形象的描述如图 3-39 所示。KDD 应用在工业、农业、经济、社会和军事等方面，范围非常广泛。如在军事上使用 KDD 进行军事信息系统中的目标特征提取、态势关联规则挖掘等。

用于知识发现的数据集的数据形态是多样化的，有数字、符号、图形、图像和声音等。知识发现的数据集的组织类型也各不相同，分为关系数据库、面向对象数据库、空间数据库、时态数据库、文本数据库源、多媒体数据库以及 Web 数据库等。其中，关系数据库、面向对象数据库、空间数据库和时态数据库是结构化数据，文本数据库源和 Web 数据库是半结构化数据，多媒体数据库是非结构化数据。在数据集中发现的知识可以表示成各种形式，如规则、科学规律、方程或概念网。

图 3-39 知识发现的形象化描述

目前，由于关系型数据库技术成熟、应用广泛，数据库知识发现（Knowledge Discovery in Databases，KDD）的研究非常活跃。该术语于 1989 年出现，Fayyad 将其定义为"从数据集中识别出有效的、新颖的、潜在有用的以及最终可理解的模式的非平凡过程"。同时，基于多种数据库类型的多样化应用来构建有效的知识发现、互联网知识发现、多源数据知识发现和信息网络数据知识发现成为具有挑战性和快速发展的领域。

知识发现是一门不同领域的研究者关注的交叉性学科，涉及统计学、机器学习、数据库技术、模式识别、人工智能和可视化等，因此导致了很多不同的术语名称。一般来说，知识发现主要流行于人工智能和机器学习界，数据挖掘主要流行于统计学界、数据分析、数据库和管理信息系统界。除知识发现（KDD）与数据挖掘（DM）外，还有其他含义相近的术语，如：知识抽取（Information Extraction）、信息发现（Information Discovery）、智能数据分析（Intelligent Data Analysis）、探索式数据分析（Exploratory Data Analysis）、信息收获（Information Harvesting）和数据考古学（Data Archeology）等。

由于数据挖掘是 KDD 过程中的关键步骤，所以目前在产业界、媒体和学术界等不加区分地使用知识发现和数据挖掘这两个术语。

2. KDD 的步骤

知识发现过程大致由数据准备（包括数据选择、数据预处理、数据变换）、数据挖掘以及结果的解释和评估几个迭代序列组成，如图 3-40 所示。

图 3-40 KDD 过程图

（1）数据准备

第一步，数据选择。

做好数据选择是确保高质量数据的必要条件。数据选择是根据用户的需求从数据库中抽取与分析任务相关的数据，这些数据一般用简单文件、文本或数据库表的数据结构表示，不同数据

64

的选择需要用到不同的工具和语言。

- 对于与数据仓库的数据库系统相同的数据源处理，设计上比较容易，一般情况下，DBMS 都会提供数据库链接功能，在数据仓库服务器和原业务系统之间建立直接的链接关系，通过 Select 语句直接访问即可。
- 对于与数据仓库的数据库系统不相同的数据源处理，可通过开放数据库链接的方式建立数据库链接，如 SQL Server 和 Oracle 之间。如果不能建立数据库链接，一种方法是通过工具将源数据导出为".txt"或".xls"格式的文件，然后再将这些源系统文件导入到操作数据存储（Operational Data Store，ODS）中；另一种方法是通过程序接口来完成。
- 对于不同文件类型的数据源，可以利用数据库工具将不同文件类型的数据导入到指定的数据库，然后从指定的数据库中抽取。
- 对于增量更新的问题，一般情况下，业务系统会记录业务发生的时间，可以将其作为增量的标志，每次抽取时首先判断 ODS 中记录最大的时间，然后根据这个时间去业务系统获取大于这个时间的所有记录。

第二步，数据预处理。

现实世界大型数据库和数据仓库中的数据一般是"肮脏的"，它们的不正确性、不完整性、不一致性和冗余性会降低知识发现过程的性能甚至使其陷入混乱，无法输出我们需要的结果。"脏数据"形成的原因有滥用缩写词、数据输入错误、不同的惯用语、重复记录、丢失值、拼写变化、不同的计量单位和过时的编码等。数据预处理技术能够显著改进数据质量、提高数据挖掘的准确率和效率。数据预处理的主要步骤分为数据清理和数据集成。

1）数据清理是通过填充缺失值、消除噪声、识别或删除离群点，并纠正数据中的不一致来清理数据。

- 填充缺失值是指当我们需要分析的数据是不完整的、有些感兴趣的属性缺少属性值或仅包含聚集数据时，可依据现有数据的大部分信息使用回归、贝叶斯推理和决策树来推导、计算和预测缺失值。此方法通过考虑其他属性的值，尽可能地保持和其他属性之间的联系，是当前较流行的数据清理做法。如分析某公司的销售和顾客数据时，许多元组的一些属性（如顾客的年龄）没有记录值，我们可以通过推理和归纳来确定。
- 噪声是错误的数据，可描述为被测量变量的随机误差或方差，一般使用基本统计描述技术（如盒图和散点图）和数据可视化方法来识别噪声，通过分箱技术、回归、聚类分析去掉噪声。
- 离群点是一个数据对象，它显著不同于其他数据对象，像是不同的机制产生的，常称为异常数据。离群点检测方法大致有两种。第一，根据用于分析的数据样本是否具有用来构建离群点的检测模型，分为有监督、半监督和无监督方法。第二，根据关于正常对象和离群点假定的方法进行分组，一般有统计学方法、基于近邻性的方法和基于聚类的方法。

2）数据集成是将这些多种数据源合并成一个一致的数据存储，如存储在数据仓库中。

在数据挖掘中使用的数据可能来自多个数据库、数据立方体或一般文件等多个数据源。这些数据源的数据库中可能包含同一概念的属性但在编码或者命名上却不同，导致了不一致性和冗余。如某顾客的"性别"属性在一个数据库中为"女"，而在另一个数据库中为"female"。数据仓库对这些多源数据进行一致集成时，由元数据来帮助识别和变换数据的实体识别问题、通过相关分析检测的数据冗余问题、使用规范化表检测元组重复问题以及数据值冲突等问题。

数据集成将减少结果数据集的冗余和不一致，有助于提高其后挖掘过程的准确性和速度，进而产生高质量的决策。

第三步，数据变换。

数据变换是将数据变换成适合挖掘的形式，使数据挖掘过程更有效且挖掘出的模式更容易理解。常用的数据变换方法有如下三种。

1）连续属性离散化。有些数据挖掘技术只能处理离散化属性，因此，变换时需要用区间或标签取代原始数据，通过数据离散化把数据值映射到区间。

2）概念分层。使用概念分层把数值数据变换为概念标号并递归地组织成更高层次的概念。

3）数值型数据规范化。数据规范化是将描述同一对象的多个属性的取值范围进行规范，统一缩放到相同的、较小的区间，避免不同的属性在数据分析过程中具有不平等的地位。如某个欧几里得距离的聚类算法中，描述对象的属性有年龄和收入，如果收入以取值范围较大的元为单位，收入对距离的影响会明显高于取值范围较小的年龄，此时，需将二者规范到同样的区间，如 [0, 1]。

（2）数据挖掘

首先，确定数据挖掘的任务和目标，即需要发现的知识类型，如模式挖掘、描述建模和预测建模等。其次，基于准备好的数据可以从分类、聚类、关联规则、预测或序列分析等方法中，选择合适的挖掘算法或多种算法的组合来获取数据模式。如何选择合适的挖掘算法着重考虑以下两个因素。第一，不同数据有不同的特点，因此需要用与之相关的算法来挖掘。第二，要满足用户和实际运行系统的要求。例如，当用户希望获取描述型的、容易理解的知识时，可采用决策树或规则表示的挖掘方法；当用户希望获取预测准确度尽可能高的预测型知识时，可选择神经网络算法。第三，启用数据挖掘算法，尽可能调整参数执行多次，直到得到满意的结果后，提取相关知识并以一定的方式表示数据模式。

一个数据挖掘方法包含了多个可能算法，每个算法都有使用的策略和参数。因此需要理解这些数据挖掘算法，掌握导致成功或效果不好的条件，从而明白在当前条件下使用哪种算法更加适合。此外，数据挖掘的结果主要起到辅助决策的作用，最终的决策还要结合决策者的经验。

（3）结果的解释和评估

对数据挖掘发现出来的模式或模型，需经用户或计算机评价和处理后才能成为知识，应重点关注模型的有用性和可理解性。首先，可用准确率、召回率、均方根误差、速度、鲁棒性、可解释性等指标评价模型的好坏；其次，挖掘出来的模式可能存在冗余或无关的模式，此时需将其剔除；第三，挖掘出来的模式可能无法满足用户要求，这时应退回到发现阶段之前，如重选数据、采取新的变化方法和新的算法；第四，KDD 最终是要面向人类用户，需要使用可视化技术（如图形、图像、动画或表格等）把隐藏在大量数据中的信息和趋势直观地表现出来；或使用另一种用户易懂的知识类型表示技术，如分类决策树"if...then..."规则等。

3．了解数据挖掘

所谓数据挖掘，具体地说是在数据库中对数据进行一定的处理，从大量的、不完全的、有噪声的、模糊的、随机的数据中提取隐含的、事先未知的、但又是潜在有用的信息和知识的过程。其处理对象是大量的日常业务数据，目的是为了从这些数据中抽取一些有价值的知识或信息，提高信息利用率，原始数据是形成知识的源泉。

数据挖掘（Data Mining，DM）作为 KDD 过程中的一个特定步骤，是知识发现中的核心工作，它主要研究发现知识的各种方法和技术。数据挖掘是探索型的数据分析、是深层次发现信息和知识的技术。

数据挖掘融合了数据库技术、机器学习、人工智能、统计学、信息检索、高性能计算以及数据可视化等最新技术和研究成果，且需要算法和特定硬件环境的支持。

4．两组术语的比较

（1）模型（Model）与模式（Pattern）

数据挖掘的任务是从数据中发现模式，其根本目的就是把样本数据中隐含的结构泛化

（Generalize）到总体（Population）上去。

模式是对数据集的一种局部性的有限特征的描述或概括，适用于数据空间的一个子集。模式是一个用语言 L 来表示的一个表达式 E，它可用来描述数据集 F 中数据的特性 E，所描述的数据是集合 F 的一个子集 FE。E 作为一个模式，要求它比列举数据子集 FE 中所有元素的描述方法简单。例如，"如果成绩在 81～90 之间，则成绩优良"可称为一个模式，而"如果成绩为 81、82、83、84、85、86、87、88、89 或 90，则成绩优良"就不能称为一个模式。

模型是对数据集的一种全局性的整体特征的描述或概括，适用于数据空间中的所有点，例如聚类分析。模型的作用是从数据中找到知识，获得的知识需要以便于用户使用的方式重新组织和展现。

（2）算法（Algorithm）

算法是从数据中运用数学工具进行自动分析以获得规律，并利用规律对未知数据进行预测的方法，它更注重数据来源以及数据规律。数据挖掘算法可以简单地理解为数据挖掘的一系列步骤，是根据数据创建模型的一组试探法和计算，它以数据作为输入，以产生的模型或模式作为输出。首先，数据挖掘算法要分析可供使用的数据，并查找特定类型的模式和趋势；其次，算法使用此分析在许多次迭代中的结果来查找用于创建挖掘模型的最佳参数；最后，将这些参数应用于整个数据集，以便提取可行模式和详细统计信息。

根据数据创建的挖掘模型可以采用以下算法类型：分类、预测、相关性分组或关联规则、聚类以及复杂数据类型挖掘（文本、网页、图形图像、视频、音频等）。如，数据集中的事例如何相关的一组分类属于分类算法，预测销量的数学模型属于预测算法，预测结果并描述不同条件如何影响该结果属于决策树，某顾客同时购买多种产品的概率属于相关性分组或关联规则，说明在事务中如何将产品分组到一起的一组规则属于聚类算法。

（3）描述型（Descriptive）挖掘和预测型（Predictive）挖掘

数据挖掘的任务是从数据中发现模式，模式按功能分为描述型挖掘和预测型挖掘。

描述型挖掘是对数据中存在的规则做一种描述，或者根据数据的相似性把数据分组。它是刻画目标数据中数据的一般性质，概括数据中潜在的联系模式，以方便的形式呈现数据的重要特征。例如，在地球上，70%的表面被海洋覆盖，30%是陆地。描述型挖掘本质上是探查性的，经常涉及无监督和可视化方面的方式，不需要一些业务相关的先验知识，常需要后处理技术验证和解释结果。描述型挖掘一般有多个属性或变量，属性用于描述各个观测者的特征，可以发现彼此间的联系，涉及的算法有聚类分析和关联规则分析。

预测型挖掘是根据观察到的对象特征值来预测它的其他特征值，有明确的预测变量和相应的因变量，经常涉及有监督的方式。预测型挖掘是在当前数据上进行归纳，以便做出预测。被预测的属性一般称为目标变量或因变量，而用来做预测的属性则称为说明变量或自变量，如分类、关联模式、时间序列模式和回归模式等。例如，根据各种动物的资料，可以建立这样的模式：凡是胎生的动物都是哺乳类动物。当有新的动物资料时，就可以根据这个模式判别此动物是否是哺乳动物。

3.5.2 数据挖掘方法与技术

1. 归纳学习方法

归纳学习方法是从大量的经验数据中归纳抽取出一般的判定规则和模式，是从特殊情况推导出一般规则的学习方法。归纳学习的目标是形成能合理解释已知事实和预见新事实的一般性结论。例如，通过"麻雀会飞""燕子会飞"等观察事实，可以归纳得到"鸟会飞"这样的一般结论。归纳学习由于依赖于经验数据，因此又称为经验学习；由于归纳依赖于数据间的相似性，所以也称为基于相似性的学习。从采用的技术来看，分为信息论方法和集合论方法。

（1）信息论方法（决策树方法）

决策树（Decision Tree）是一种非常成熟的、普遍采用的数据挖掘技术。之所以称为树，是因为其建模过程类似一棵树的成长过程，即从根部开始，到树干，到分枝，再到细枝末节的分叉，最终生长出一片片的树叶。在决策树里，所分析的数据样本先集成为一个树根，利用信息论中的互信息，寻找数据库中具有最大信息量的属性字段，建立决策树的节点，再根据该属性字段的不同取值建立树分枝的过程，然后经过层层分枝，最终形成若干个节点，每个节点代表一个结论。在知识工程领域，决策树是一种简单的知识表示方法，它将事例逐步分类成不同的类别。

由于分类规则比较直观，因而比较易于理解。主要有 ID3、ID4、ID5、C4.5、IBLE 方法。

决策树是一种由节点和有向边组成的层次结构，树中包含三种节点。

● 根节点：没有入边，但有零条或多条出边。

● 内部节点：有一条入边和两条或多条出边。

● 叶节点或终节点：恰有一条入边，但没有出边。

在决策树中，每个叶节点都赋予一个类称号。根节点和内部节点包含属性测试条件，用以分开具有不同特性的记录。如图 3-41 所示为高档车分类决策树。对某汽车销售公司的客户是否购买过"高档车"进行分类，购买过的类标号为"是"，没有购买过的类标号为"否"。

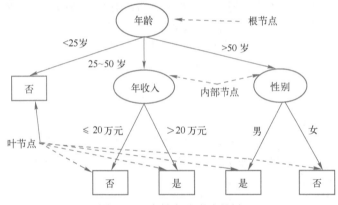

图 3-41　高档车分类决策树

一旦构造了决策树，对检验记录进行分类就相当容易了。从树的根节点开始，将测试条件用于检验记录，根据测试结果选择适当的分枝。当沿着该分枝到达另一个内部节点时，使用新的测试条件；当沿着该分枝到达一个叶节点时，叶节点的类标号被赋值给该检验记录。例如，图 3-42 是使用决策树为年龄 30 岁且年收入 25 万元的客户赋予类标号的路径，最终类标号为"是"节点。

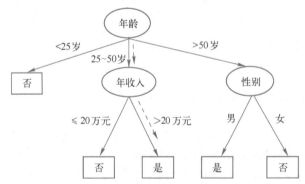

图 3-42　年龄 30 岁且年收入 25 万元的客户分类

决策树算法之所以在数据挖掘应用中如此流行，主要原因在于决策树的构造不需要任何领域的知识，很适合探索式的知识发掘，并且可以处理高维度的数据。在众多的数据挖掘、统计分析算法中，决策树最大的优点在于它所产生的一系列从树根到树枝（或树叶）的规则，很容易被分析师和业务人员理解，而且这些典型的规则甚至不用整理（或稍加整理），就可以成为现成的应用于业务优化的策略和路径。另外，决策树技术对数据的分布状态（甚至缺失）非常宽容，不容易受到极值的影响。

决策树技术在数据化运营中的主要用途体现在：作为分类和预测问题的典型支持技术，它在用户划分、行为预测、规则梳理等方面具有广泛的应用前景，决策树甚至可以作为其他建模技术前期进行变量筛选的一种方法。

（2）集合论方法

集合论方法是开展较早的方法。该方法在发现知识的过程中使用集合理论中的一些概念和原理，并涉及大量集合运算。近年来，由于粗糙集理论的发展使集合论方法得到了迅速的发展，这类方法中包括：粗糙集方法、关联规则挖掘、覆盖正例排斥反例方法和概念层次树方法。

粗糙集（Rough Set，RS）是处理不精确、不确定和不完全数据的有效数学工具。粗糙集理论的主要思想是利用已知的知识库，将不精确或不确定的知识用已知的知识库中的知识来（近似）刻画。该理论与其他处理不确定和不精确问题理论的最显著的区别是：粗糙集的研究对象是决策表（信息表），且不需要所需处理的数据集合之外的任何先验知识来分析数据，对问题的不确定性的描述或处理比较客观。粗糙集可以解决的问题包括不确定或者不精确知识的表达、经验学习并从经验中获取知识、不一致信息的分析、根据不完整或不确定的知识进行推理、在保留信息的前提下进行数据化简以及识别并评估数据之间的依赖关系等。

关联规则挖掘是从数据集中发现频繁出现的多个关联数据项的过程（详见 3.6.2 节）。

覆盖正例排斥反例方法是利用"覆盖所有正例、排斥所有反例"的思想来寻找规则。首先，在正例集合中任选一个种子，到反例集合中与字段取值构成的选择子逐个比较。相容则舍去，相反则保留。按此思想遍历所有正例种子，将得到正例的规则。

概念层次树是数据集中的属性值和概念依据抽象程度不同而构成的一个层次结构，是属性的一种概括语义描述。概念层次树作为数据分类的方法，可以将大量详细的细节数据总结上升到较高的概念层，为数据挖掘的各个步骤提供背景知识，提高知识的准确性和可理解性。适合需要较高层次的、能反映一定关系的规则来支持决策的实际应用。此外概念层次树可通过对数据的预处理得到清洁的元数据及知识表示。

2．仿生物技术

典型的仿生物技术方法有神经网络方法和遗传算法，这两类方法已形成了独立的研究体系，它们在数据挖掘中发挥了巨大的作用。

（1）神经网络方法

神经网络又称人工神经网络，是模拟生物神经元的基本结构和作用机理提出的一种计算模型。神经网络能够解决线性与非线性分类问题，常用于分类和聚类问题的重要技术支持，在医学诊断、信用卡欺诈识别、手写体数字识别等领域具有广泛的应用前景。

神经网络由许多人工神经元通过一定的互联方式组成。典型的神经元模型如图 3-43 所示，神经元一般有多个输入 x_1，…，x_n，神经元之间的连接强度用权值 w 来表示，神经元的输入和输出之间的关系用函数 $y = f\left(\sum_{i=1}^{n} \omega_i x_i - \theta\right)$，其中 θ 为神经元的阈值。在这个模型中，每个神经元都接受来自其他神经元的输入信号，每个信号都通过一个带有权重的连接传递，神经元把这些信号加起来得到一个总输入值，并将总输入值与神经元的阈值进行对比（模拟阈值电位），然后通过一个"激活函数"处理得到最终的输出（模拟细胞的激活），这个输出又会作为之后神经元的输入一层一层传递下去。

激活函数常用 Sigmoid 函数 $y = \dfrac{1}{1+e^{-x}}$，该函数如图 3-44 所示，值的范围为(0,1)。用激活函数作用于当前的神经元，得到的输出值为 $y = \dfrac{1}{1+e^{-\left(\sum\limits_{i=1}^{n}w_ix_i-\theta\right)}}$，然后计算激活函数与真实值的差，差越小越好。

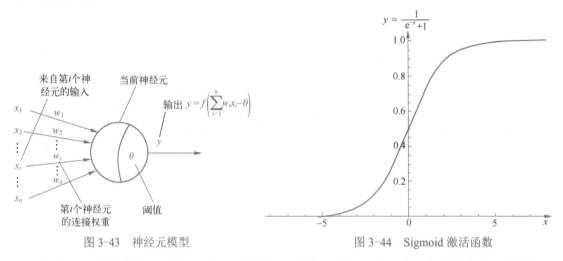

图 3-43　神经元模型　　　　　图 3-44　Sigmoid 激活函数

在神经网络模型中引入激活函数可以使神经网络接近任何函数，进而在模型中引入非线性。如果没有激活函数，那么无论神经网络有多少层，最终都是一个线性映射，单纯的线性映射无法解决线性不可分问题，而引入非线性可以让模型解决线性不可分问题，即可以解决非线性分类问题。

神经网络的知识体现在网络连接的权值上，是一个分布式矩阵结构。神经网络的学习体现在神经网络权值的逐步计算上（包括反复迭代或者累积计算）。当从复杂或不精确数据中获得概念比较困难的时候，利用神经网络计算会特别有效。

目前最主流的神经网络算法是反向传播（Back Propagation，BP）神经网络，BP 神经网络是一种按误差逆传播算法训练的多层前馈网络，是目前应用最广泛的神经网络模型之一，用于分类或预测前需要一个费时的训练过程。该算法在多层前向型神经网络上进行学习，它的学习规则是使用最速下降法，通过反向传播来不断调整网络的权值和阈值，使网络的误差平方和最小。

由于神经网络拥有独特的大规模并行结构和信息的并行处理等特点，因此它具有良好的自适应性、自组织性和高容错性，并且具有较强的学习、记忆和识别功能。目前，神经网络已经在信号处理、模式识别、专家系统、预测系统等众多领域中得到广泛的应用。

神经网络的主要缺点就是其知识和结果的不可解释性，没有人知道隐蔽层里的非线性函数到底是如何处理自变量的，神经网络应用中的产出物在很多时候让人们看不清其中的逻辑关系。但是，这个缺点并没有影响该技术在数据化运营中的广泛应用，甚至可以这样认为，正是因为其结果具有不可解释性，反而更有可能促使人们发现新的没有认识到的规律和关系。

（2）遗传算法

借鉴生物进化论，遗传算法将要解决的问题模拟成一个生物进化的过程。该算法从可能潜在的解集的一个种群开始，种群则由经过二进制基因编码的一定数目的个体组成，基因作为遗传算法操作最基本的单位。初代种群产生之后，按照适者生存和优胜劣汰的原理，通过对个体基因进行复制、交叉、突变等操作产生下一代的解。在每一代，根据问题域中个体的适应度大小选择个体，这个过程将导致种群像自然进化一样，使得后生代种群比前代更加适应环境，末代种群中的最优个体经过解码，可以作为问题近似最优解。因此，遗传算法是搜索最优解的模拟算法，其具体过程如下。

第一步，编码。需要将初始种群中的个体基因编码表示成二进制字符串。

第二步，选择。从当前群体中选择出优良的个体来产生下一代。一种常用的选择策略是比例选择算法，也就是个体被选中的概率与其适应度函数值成正比。假设群体的个体总数是 M，那么那么一个体 X_i 被选中的概率为 $f(X_i)/(f(X_1)+f(X_2)+\cdots+f(X_n))$。比例选择实现算法就是所谓的"轮盘赌算法"。

第三步，交叉。通过两个个体交换部分基因来构造下一代两条新的染色体。交叉概率通常取 0.65～0.9。举个交叉前和交叉后的例子：

交叉前   交叉后

00000|*011100000000*|10000   →   00000|000001111110|10000

11100|000001111110|00101   →   11100|*011100000000*|00101

第四步：变异。在繁殖过程中，新产生的染色体中的基因会以一定的概率出错，称为变异，变异概率较小，一般为 0.001～0.01。举个变异前和变异后的例子：

变异前   变异后

00000111100000*0*00010000   →   00000111100000*1*00010000

遗传算法提供了一种求解复杂系统问题的通用框架，其优越性能如下：

1）遗传算法按并行方式搜索一个种群数目的点，而不是单点。因此，它的覆盖面大，利于全局择优，避免误入局部最优解。

2）遗传算法同时处理群体中的多个个体，即对搜索空间中的多个解进行评估，易于实现并行化。

3）遗传算法用适应度函数来评估个体，适应度函数不受连续可微的约束，其定义域可以任意设定，这就大大扩展了遗传算法的应用范围。换句话说，遗传算法不依赖于问题的具体领域，对问题的种类有很强的鲁棒性。

4）遗传算法不是采用确定性规则，而是采用概率的变迁规则来指导它的搜索方向。

5）遗传算法具有自组织、自适应和自学习性，它利用进化过程获得的信息自行组织搜索时，适应度大的个体具有较高的生存概率，并获得更适应环境的基因结构。

遗传算法广泛应用于各种领域，包括函数优化、组合优化生产调度问题、自动控制、机器人学、图像处理（图像恢复、图像边缘特征提取等）、遗传编程、机器学习等。

3. 公式发现

在工程和科学数据库（由实验数据组成）中，对若干数据项（变量）进行一定的数学运算，用求得的相应数学公式来做预测与计算，以发现新的知识。比较典型的 BACON 发现系统完成了物理学中大量定律的重新发现。它的基本思想是，对数据项进行初等数学运算（加、减、乘、除等），形成组合数据项，若它的值为常数项，就得到了组合数据项为常数的公式。

4. 统计分析方法

统计学是通过对总体的样本数据进行分析得出描述、推断该总体信息和知识的方法。统计学虽然是一门"古老的"学科，但它依然是最基本的数据挖掘技术，特别是常用统计方法（求大量数据库中的最大值、最小值、总和、评价值等）、相关分析（求相关系数来度量变量间的相关程度）、回归分析（求回归方程来表示变量间的数量关系）、假设检验（根据一定假设条件由样本推断总体的一种方法）、聚类分析（将数据分类到不同的类或者簇的过程）、判别分析（在分类确定的条件下，根据某一研究对象的各种特征值判别其类型归属问题）等。

5. 模糊数学方法

模糊数学是研究和处理事物模糊性质的一种理论和方法，已初步应用于模糊聚类分析、模糊分类、模糊关联规则的数据清理、数据选择、数据分析和建模、属性泛化、数据总结和 Web 应用当中。

数据挖掘是从大量数据中挖掘有用知识的过程，数据可以是从简单结构到复杂结构、从有序到无序、从精确到模糊、从集中到分布式等。当数据具有模糊和不确定性时，常采用模糊理论去处理。模糊计算中，一个变量可以对应多个状态值，用隶属度或概率来表示每个状态，隶属度越大表明这个状态的概率越高，反之，这个状态的概率越低，其原因在于一些概念模糊的问题需要模糊计算来处理。

对于包含不确定性数据、不完全数据、噪声数据以及与模式可理解性有关问题的分析和建模，在不能获得或不追求问题精确解的前提下，使用模糊数学方法可以快速获得一个近似解。

6. 可视化技术

可视化技术是将抽象的数据表示为视觉图像的技术。数据挖掘通常会涉及较复杂的数学方法和信息技术，为了方便用户理解和使用这类技术，通过提取几何图元、绘制和演示把隐藏在大量数据中的信息和趋势用相对直观、易于理解的图形、图像、动画或表格等手段表现出来。可视化技术是数据挖掘中不可忽视的图形显示辅助技术，它能够形象地指导操作、引导挖掘和表达结果，有助于推广和普及数据挖掘技术，有助于揭示数据中的状况、内在本质以及规律，提高决策人员的业务洞察力。

可视化技术分为数据可视化、过程可视化和结果可视化。如散点图、直方图、雷达图等属于数据可视化，而数据挖掘中的关联规则的表示、决策树的表示、聚类结果的表示则属于过程和结果可视化。

3.6 数据挖掘的决策支持及应用

数据挖掘技术已经广泛地应用到各领域的决策支持中，在软件开发、医疗卫生、金融、教育等方面分析数据，能够发现数据内在的巨大价值，有利于掌握并顺应市场的迅速变化，从而提高决策的准确性。目前，国内外数据挖掘的研究主要聚焦在众多领域的分类、优化、识别和预测等技术应用。

本节将介绍数据挖掘的决策支持分类（3.6.1 节）和关联规则数据挖掘（3.6.2 节）。

3.6.1 数据挖掘的决策支持分类

数据挖掘算法是根据数据来创建数据挖掘模型的一组试探法和计算。为了创建模型，算法将首先分析提供的数据，并查找特定类型的模式和趋势。在决策支持中常用的数据挖掘算法有如下六类：

1. 关联分析

关联分析是在 1993 年由 Agrawal 等人提出的，它作为数据挖掘的一个重要方法，用于分析对象之间的关联性、相关性，能够挖掘出隐藏在数据间的相互关系，近几年在业界广受关注。关联规则作为关联分析的技术之一，详细介绍见 3.6.2 节。

2. 时序模式分析

时序模式类似于关联分析，也是为了挖掘数据之间的联系，但序列模式分析的重点在于数据间的前后序列关系。因此，序列模式分析可以预测未来发展趋势或者发现周期性发展规律。例如：在某一段时间内，顾客购买商品 A，接着购买商品 B，而后购买商品 C，即序列 ABC 出现的频率较高。

时序模式挖掘是在给定序列数据库中找出满足最小支持度阈值的序列模式的过程。其挖掘算法主要有基于 Apriori 算法的类 Apriori 算法、SPADE 算法及投影方法。

3. 分类分析

分类分析作为数据挖掘的主要算法，在数据挖掘算法中应用最多。分类分析是对不同分类的数据进行分析，找出它们的规律、特征，建立不同类别的模型，也就是利用训练样本集获得分类函数或分类模型。在使用上，既可用此分类函数或分类模型分析已有的数据，也可以用它来预测未来的数据。常用的贝叶斯分类器、决策树、支持向量机和神经网络都属于分类算法。

贝叶斯分类器是一种基于统计概率的分类器，在实际应用中，样本的属性集与类别的关系一般是不确定的，但可能存在一种概率关系。贝叶斯分类器通过比较样本属于不同类别的概率大小对其进行分类，其模型是基于贝叶斯原理的朴素贝叶斯或贝叶斯网络分类器。如，对于民航公司而言，当乘客预订机票后，在飞机起飞前，多种因素会导致乘客退票，可以利用机票预订系统积累的大量历史数据，通过贝叶斯网络分类器计算退票的概率，以便预测订票的成功率。

支持向量机，因其英文名为 support vector machine，故一般简称 SVM，通俗来讲，它是一种二元分类模型。给定一组训练样本集，如果样本数据集是在二维空间的，分散在平面上，需要找到一条直线将数据集分割开；如果是在三维空间中，则需要找到一个平面；如果是超过三维以上的维数，则需要找到一个超平面。可以分开样本数据集的直线、平面和超平面有很多，但要找到其中泛化能力最好、鲁棒性最强的直线、平面和超平面，使得两类的间隔最大。支持向量机数学模型的原理其实就是通过控制函数距离来求得最大几何距离，也就是以函数距离为约束条件、几何距离为目标函数的二次规划问题的求解。

决策树和神经网络在前面已介绍，不再赘述。

4. 聚类分析

聚类分析是数据挖掘的重要算法之一，通过聚类分析能够挖掘出数据内事先未知的群组。使用聚类算法划分群组时，根据一组给定对象的描述信息，把整个数据库中的记录分成不同的群组，群组之间共同特性的差别很明显，而同一群组共同特性的数据尽量相似，如图 3-45 所示。

聚类算法分为：划分聚类、层次聚类、基于密度聚类和基于网格的方法。最基本的聚类算法是基于划分聚类的 k-means 算法，与群组中心距离最近的对象划分为一个群组，此算法的目标是使每个对象与群组中心距离的平方和最小。

聚类可理解为分类的逆过程，在开始聚类前不知道要把数据分成几组，也不知道依照什么变量分。在相同的数据集上，不同的聚类算法可能产生不同的聚类，聚类算法的选择取决于数据的类型、聚类目的和应用场合。若群组内数据相似度高而群组间相似度低，则表明聚类算法非常有效；反之，如果数据界线模糊，则聚类算法无效。聚类分析增强了人们对客观现实的认识，是概念描述和偏差分析的先决条件，在许多场合，可以把一个群组的对象作为一个整体对待。

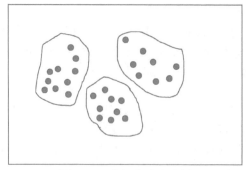

图 3-45　数据的聚类分析

在数据挖掘领域，聚类分析已经被广泛应用，其应用领域包括模式识别、图像处理、市场细分和客户细分等。例如：汽车销售公司将顾客分为高收入人群、中等收入人群和低收入人群，以便针对不同层次的人群采取不同的营销策略。

5. 偏差检测

偏差被称作异常对象或离群点，偏差检测也称异常检测和例外挖掘。偏差或异常数据来源于不同的类、自然变异、数据测量或收集误差。数据库中的数据经常会有一些偏差，而偏差中又包括很多潜在的知识，因此，从数据库中检测这些偏差很有意义。如分类中的反常实例、不满足规则的特例、观测结构与模型预测值的偏差等。

偏差检测的基本方法是寻找观测结果与参照值之间有意义的差别，观察结果常常是某一个域值或多个域值的汇总，参照值来源于给定模型的预测、外界提供的标准或另一观察。具体的方法如下。

1）基于模型的技术：首先建立一个数据模型，偏差是那些与模型不能完美拟合的对象；如果模型是簇的集合，则偏差是不显著属于任何簇的对象；如果是回归模型，偏差是相对远离预测值的对象。

2）基于邻近的技术：把被检测对象视为多维空间的点，离群点是数据集中与大多数对象之间的距离大于某个阈值的点，即远离大部分对象的点。

3）基于密度的技术：当一个点的局部密度显著低于它的大部分近邻时，将其分类为偏差。

偏差检测用于检测并解释数据分类的偏差，它有助于滤掉知识发现中引擎所抽取的无关信息，可滤掉那些不合适的数据，同时可产生新的关注性事实。例如：偏差检测在银行的信用卡欺诈、顾客流失分析、医保骗保、医疗异常收费及医学中特殊病情的征兆分析等应用领域中，有一定的商业价值。

6. 预测

预测是指根据客观事物的发展趋势和变化规律对特定对象的未来发展趋势或状态做出科学的推断与判断，即预测就是根据过去和现在估计未来。

数据挖掘预测是通过对样本数据（历史数据）的输入值和输出值关联性的学习，得到预测模型，再利用该模型对未来的输入值进行输出值预测。一般地，可以通过机器学习方法建立预测模型。

数值预测常用的方法有回归分析、线性模型、关联规则、决策树预测、遗传算法和神经网络，其中最常用的方法是回归分析。预测有许多实际的应用，例如，根据贷款申请者的信息来分析给贷款人的贷款量；通过分析 2011—2017 年的人口变化状况来预测 30 年后的中国人口变化，这些预测都是企业或部门的业务运营所需要的且非常重要的决策依据。

3.6.2　关联规则数据挖掘

1. 发现商品间的关联规则

以关联规则一个最简单的应用——购物篮分析为例，图 3-46 是 Walmart（沃尔玛）超市啤酒和尿布的故事，可以提取出的规则为：{尿布}→{啤酒}，该规则表明尿布和啤酒的销售之间存在着很强的联系，因为很多顾客购买尿布时也购买啤酒，把尿布和啤酒摆在一起销售，二者的销量都增加了。因此，零售商可以使用这类规则，帮助他们发现新的商品搭配销售商机。

buy(x,"diapers") ⇒ buy(x,"beers")

图 3-46　Walmart 超市购物篮中啤酒和尿布的关联关系

关联规则是当前数据挖掘研究的主要方法之一，它反映了一个事物与其他事物之间的相互依存性和关联性。如果两个或者多个事物之间存在一定的关联关系，那么，其中一个事物就能够通过其他事物预测到。

关联规则早期用于分析零售企业顾客的购物行为模式，所以又被称为购物篮分析。关联规则可被用于商品货架布置、销售配货、存货安排、购物路线设计、商品陈列设计、交叉销售以及根据购物模式对用户进行分类等。然而，关联规则的应用远不局限于购物篮分析，还可用于发现许多其他应用领域数据之间的关联及相关性分析。如，银行和股票交易所识别欺诈行为，民航、通信行业确定客源等。此外，关联规则在医学领域也有所应用。

2. 关联规则挖掘的基本概念

关联（association）规则是指两个或多个变量的取值间存在某种规律，即一种事物发生时其他事物也会发生的联系。关联规则反映了一组数据之间的密切程度或关系。关联可分为简单关联、时序关联和因果关联。关联规则挖掘是寻找隐藏在数据间相关性的过程，即对于给定的一组项目和一个记录集，通过对记录集的分析，得出项目集中的项目之间的相关性。

3. 关联规则的几个基本定义

（1）项目和项集（Item、Itemset）

项是从具体问题中抽象出来的概念，在关联规则挖掘中，被研究的对象称为项。以超市购物篮为例，项表示超市中顾客购买的每个商品，如牛奶、面包、啤酒、饼干和衣服等。由所有项组成的集合用 I 表示，$I=\{i_1, i_2, \cdots, i_n\}$。$I$ 的任何一个子集，称为项集。一个项集 A 包含的项的个数称为该项集的长度。

（2）事务

在购物篮分析中，事务是指顾客一次购买的商品总称（也可称为交易）。所有事务的集合构成关联规则挖掘的数据集，称为事务数据库。关联规则挖掘的事务数据库记为 N，其中的每个元组称为事务。一个项集 A 在数据库 N 中出现的次数，称为频数，记为 count(A)，等于包含该项集的交易的个数。

（3）支持度（Support）

给定两个项集 A 和 B，关联规则是形如 $A→B$ 的蕴含式，且 $A \cap B=\varnothing$，在事务数据库 N 中，该关联规则的支持度记为 Support($A→B$)，等同于 Support（$A \cup B$），表达式为

$$\text{Support}(A→B)=\text{count}（A \cup B）/|N|×100\%=P(A \cap B) \qquad (3-1)$$

count($A \cup B$)代表同时包含项集 A 和 B 的交易个数，其中|N|代表所有购买事务数据库 N 交易的个数。式（3-1）表示在所有购买事务中，A 和 B 同时被购买的概率。

支持度描述了一个关联规则的有用性，支持度很低的关联规则表示可能只是偶尔出现，从商业角度来看，低支持度的规则多半是无意义的，因为对顾客很少同时购买的商品进行促销并无意义。因此，支持度通常用来删除那些无意义的规则。

（4）置信度（Confidence）

置信度描述了一个关联规则的确定性，反映了关联规则的正确程度，即购买了 A 的顾客同时也购买 B 的可能性（条件概率）有多大，置信度越高，B 在包含 A 的事务中出现的可能性就越大。关联规则 $A \to B$ 的置信度为

$$\text{Confidence}(A \to B) = \text{Support}(A \cup B)/\text{Support}(A) = P(B|A) \qquad (3-2)$$

例如：购买计算机与购买财务管理软件的关联规则可表示为

Computer→financial_management_software [support=2%，confidence=60%]

其中，support 为支持度，confidence 为置信度。

该规则表示：在所分析的全部事务中，有 2%的事务同时购买计算机和财务管理软件；在购买计算机的顾客中有 60%也购买了财务管理软件。

（5）期望置信度

项集 B 在数据库 N 中没有任何条件影响时出现的概率用期望置信度 $P(B)$ 表示，它反映了项集 B 的流行程度，记为 $\text{Support}(B)$，也称为项集 B 的支持度。

$$\text{Support}(B) = \text{count}(B)/|N| \times 100\% = P(B) \qquad (3-3)$$

式（3-3）表示在所有购买事务 N 中 B 出现的概率。

（6）改善度（Lift）

关联规则 $A \to B$ 的改善度 Lift 是一个关于该规则有效性的度量，表示为

$$\text{Lift}(A \to B) = \text{Confidence}(A \to B)/\text{Support}(B) = P(B|A) / P(B) \qquad (3-4)$$

改善度反映了关联规则中的 A 与 B 的相关性，改善度大于 1 且越高时，表明 A 与 B 的正相关性越高；当改善度小于 1 且越低时，表明 A 与 B 负相关性越高；提升度等于 1 时，表明二者没有相关性。

当改善度大于 1 时，与单纯依赖项集 B 在全部购买事务 N 中的支持度相比，关联规则可以更好地预测 B 是否会出现。例如，一般有 10%的顾客会购买尿布，而通过关联分析发现，购买啤酒的顾客在一次购物中有 60%的人也会购买尿布。因此，对于购买了啤酒的顾客，他购买尿布的可能性会增加 60%/10%=6 倍。

关联规则的支持度、期望可信度、置信度和改善度的描述与其概率公式如表 3-13 所示。

表 3-13　关联规则的描述与公式

名称	描述	公式
支持度	A、B 同时出现的概率	$P(A \cap B)$
期望置信度	B 出现的概率	$P(B)$
置信度	A 出现的前提下，B 出现的概率	$P(B|A)$
改善度	置信度与期望可信度的比值	$P(B|A)/P(B)$

4. 购物篮分析——引发关联规则挖掘的例子

问题："顾客多半会在一次购物中同时购买什么商品组合或集合？"

购物篮分析：设全域为商店出售商品的集合（即项目全集），一次购买（即事务）的商品为项目全集的子集，若每种商品用一个布尔变量表示该商品的有无，则每个购物篮可用一个布尔向量表示。通过对布尔向量的分析，得到反映商品频繁关联或同时购买的购买模式。

下面以啤酒和尿布的购买模式来挖掘它们的关联规则为例。在图 3-47 的 Walmart 购物篮中，假定购买包括啤酒的项集为 A，购买包含尿布的项集为 C，其交易数据库如表 3-14 所示。如果规则 A→C 同时满足 Support(A→C)大于或等于最小支持度，Confidence(A→C)大于或等于最小置信度，则称该规则在该交易数据库中成立。

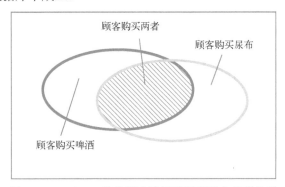

图 3-47　Walmart 购物篮中购买啤酒和尿布关联关系

表 3-14　Walmart 超市交易数据库

交易号（Transaction ID）	商品（Items Bought）
2000	A，B，C
1000	A，C
4000	A，D
5000	B，E，F

最小支持度是指项集 A 和 C 在事务数据库中同时出现的次数占总事务数的最低比例。

最小置信度是指两个项集 A 和 C，在所有出现的 A 项集中，同时出现 C 的最小比例。

令 A→C 的最小支持度为 50%，最小置信度为 50%，则 A→C 的支持度和置信度计算如下：

Support(A)=count(A)/$|N|$×100%=3/4=75%，Support(C)=count(C)/$|N|$×100%=2/4=50%，

Support(A→C)=count(A∪C)/$|N|$×100%=2/4=50%，Confidence(A→C)=$P(C|A)$=Support(A→C)/Support(A)=50%/75%=66.6%。

C→A 的支持度和置信度计算如下：

Support(C→A)=count(A∪C)/$|N|$×100%=2/4=50%，Confidence(C→A)=$P(A|C)$=Support(C→A)/Support(C)=50%/50%=100%。

得出 A→C 和 C→A 均大于最小支持度 50%，最小置信度 50%，因此关联规则 A→C 和 C→A 均在表 3-14 所示的数据库中成立，是本例关联规则挖掘的结果。

5．关联规则挖掘

关联规则挖掘是对强规则的挖掘，即给定一组项集和记录集合，挖掘出项集间的相关性，使其置信度和支持度分别大于用户给定的最小置信度和最小支持度。通过设置最小支持度和最小置信度可以了解某些数据之间的关联程度。

6．关联规则挖掘的过程

在关联规则挖掘算法中，把项目的集合称为项集（itemset），包含 k 个项目的项集称为 k-项集。包含项集的事务数称为项集的出现频率，简称为项集的频率或支持度计数。如果项集的出现频率大于或等于最小支持度 s 与 N 中事务总数的乘积，则称该项集满足最小支持度 s，并称该项集为频繁项集（frequent itemset）。例如，在啤酒和尿布购买例子中项集{A，C}为频繁项集。

关联规则的挖掘主要被分解为下面两步：

第一步：找出所有的频繁项集，即找出支持度大于或等于给定的最小支持度阈值的所有项集。可以从 1 到 k 递归查找 k-频繁项集。

第二步：由频繁项集产生强关联规则，即找出满足最小支持度和最小置信度的关联规则。对给定的 L，如果其非空子集 $A \subset L$，Support(L)为 L 的支持度，Support(A)为 A 的支持度，则产生形式为 $A \rightarrow L\text{-}A$ 的规则。

案例：

表 3-15 为某商场记录的顾客购买商品的数据，共有 9 条购买记录，所有商品的集合 I={耳机，羽毛球拍，旅游鞋，浴巾，跑步机}。①假定给定最小支持度为 20%，请计算项集{羽毛球拍}、{耳机}、{旅游鞋，跑步机}、{浴巾，羽毛球拍}是否为频繁项集？②假定给定最小支持度为 20%，最小置信度为 60%，则羽毛球拍→浴巾是否是合格的关联规则？

表 3-15　某商场记录的顾客购买商品的数据

购买记录（TID）	购买商品（Itemset）
T100	{旅游鞋，浴巾，耳机}
T200	{浴巾，跑步机}
T300	{浴巾，羽毛球拍}
T400	{旅游鞋，浴巾，跑步机}
T500	{旅游鞋，羽毛球拍}
T600	{浴巾，羽毛球拍}
T700	{旅游鞋，羽毛球拍}
T800	{旅游鞋，浴巾，羽毛球拍，耳机}
T900	{旅游鞋，浴巾，羽毛球拍}

计算过程见表 3-16。

表 3-16　案例的计算

Support（{羽毛球拍}）	=6/9
Support（{耳机}）	=2/9
Support（{旅游鞋，跑步机}）	=1/9
Support（{浴巾，羽毛球拍}）	=4/9

① 假定给定最小支持度为 20%，上述项集哪些是频繁项集？{羽毛球拍}、{耳机}、{浴巾，羽毛球拍}的支持度均大于20%，因此，{羽毛球拍}、{耳机}、{浴巾，羽毛球拍}为频繁项集

② 假定给定最小支持度为 20%，最小置信度为 60%，则羽毛球拍→浴巾是否是合格的关联规则？
Confidence（羽毛球拍→浴巾）=Support（{羽毛球拍∪浴巾}）/Support（{羽毛球拍}）=(4/9)/(6/9)=66.7%>60%，因此羽毛球拍→浴巾是合格的关联规则

7. 关联规则逐层发现算法 Apriori 发现频繁项集

目前，典型的关联规则挖掘算法有逐层发现算法 Apriori、无候选项集发现算法 FP-Growth 和基于集合交集的深度优先搜索 Eclat 算法。

逐层发现算法 Apriori 发现频繁项集的过程是按照项集的长度由小到大逐级进行的，即首先发现频繁 1 项集，然后是频繁 2 项集，……，最后是频繁 N 项集。

下面主要通过表 3-17 中的数据介绍 Apriori 发现频繁项集的过程。

购物篮数据中所有项的集合为{A，B，C，D，E}，所有购买事务数据库 N 如表 3-16 所示，设项集的最小支持度计数为 2，试确定 N 中的所有频繁项集。

（1）格结构确定候选项集

原始确定候选项集的方法是格结构，如图 3-48 所示。格结构枚举了所有可能的候选项集，项集{*A*，*B*，*C*，*D*，*E*}产生 2^5-1 个候选项集，将每个候选项集与每个事务进行比较，如果候选项集包含在事务中，则候选项集的支持度计数增加。这种方法的开销非常大。

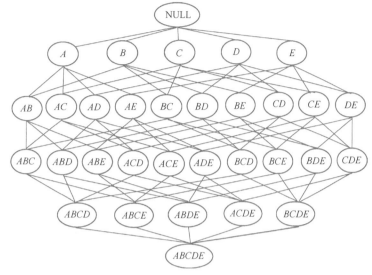

表 3-17　购买事务数据库

购买记录 （TID）	项集（Items）
10	*A*，*C*，*D*
20	*B*，*C*，*E*
30	*A*，*B*，*C*，*E*
40	*B*，*E*

图 3-48　项集的格

（2）基于支持度的剪枝技术发现 N 中的频繁项集

为了减小候选项集的个数，Apriori 算法充分利用频繁项集的性质——基于支持度的剪枝技术（先验原理）提高发现效率，即如果一个项集是频繁的，则它的所有非空子集一定也是频繁的；如果一个项集是不频繁的，则其所有超集一定也是不频繁的。例如，图 3-49 中阴影部分说明了：如果项集{*A*，*B*，*C*}是频繁的，则项集{*A*，*B*}、{*A*，*C*}、{*B*，*C*}、{*A*}、{*B*}和{*C*}一定也都是频繁的；图 3-49 中虚线所包含范围说明了：如果项集{*C*，*D*，*E*}是非频繁的，则项集{*A*，*C*，*D*，*E*}、{*B*，*C*，*D*，*E*}和{*A*，*B*，*C*，*D*，*E*}一定也都是非频繁的。

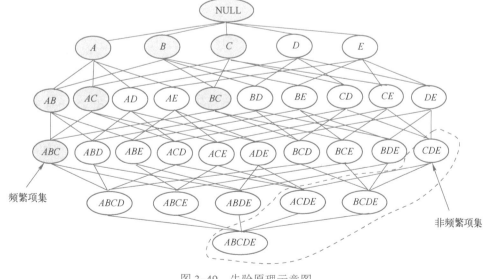

图 3-49　先验原理示意图

Apriori 是基于支持度的剪枝技术算法，它不用计算支持度值而删除某些候选项集，能够有效降低频繁项集的计算开销，其主要发现步骤如下。

以表 3-17 对应的候选项集和频繁项集产生过程为例，候选项集和频繁项集的产生过程如图 3-50 所示。

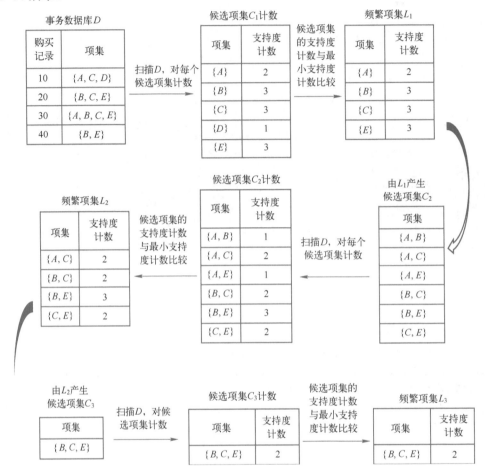

图 3-50　候选项集和频繁项集的产生

第一步：在算法的第一次迭代时，每个项都是候选 1 项集的集合 C_1 的成员。算法简单地扫描所有的事务，对每个项的出现次数计数。

第二步：假设最小支持度计数为 2。可以得出频繁 1 项集 L_1。它由 C_1 中满足最小支持度的候选项集组成。

第三步：为了发现频繁 2 项集的集合 L_2，算法使用 $L_1 \times L_1 = \{\{A\}, \{B\}, \{C\}, \{E\}\} \times \{\{A\}, \{B\}, \{C\}, \{E\}\} = \{\{A, B\}, \{A, C\}, \{A, E\}, \{B, C\}, \{B, E\}, \{C, E\}\}$ 产生候选 2 项集的集合 C_2。注意，在此剪枝步，没有候选从 C_2 中删除，因为这些候选的每个子集都是频繁的。

第四步：扫描 D 中事务，计算 C_2 中每个候选项集的支持度计数，如图 3-50 第二行的中间表所示。

第五步：确定频繁 2 项集的集合 L_2，它由 C_2 中满足最小支持度计数的候选 2 项集组成。

第六步：由频繁项集 L_2 产生候选 3 项集 C_3。$C_3 = L_2 \times L_2 = \{\{A, C\}, \{B, C\}, \{B, E\},$

$\{C, E\}\} \times \{\{A, C\}, \{B, C\}, \{B, E\}, \{C, E\}\} = \{\{A, B, C\}, \{A, C, E\}, \{B, C, E\}\}$。根据先验性质，频繁项集的所有子集必须是频繁的，可以确定前 2 个候选项集是不频繁的，因此，把它们从 C_3 中删掉。

第七步：扫描 D 中事务以确定 L_3，它由 C_3 中满足最小支持度的候选 3 项集组成。

本章小结

本章主要介绍了数据仓库的基本原理，讲述了数据仓库的概念与特点，数据集市的概念、特点和分类；介绍了数据仓库系统，要求掌握数据仓库系统结构、数据仓库的存储；讲述了数据仓库的开发策略、数据仓库设计的步骤及数据仓库的应用；讲述了 OLAP 技术的定义、特性及多维数据分析，OLAP 的数据组织，OLAP 的应用；要求掌握知识发现与数据挖掘的概念、知识发现的步骤，数据挖掘的方法和技术；介绍了数据挖掘的决策支持分类，重点讲述关联规则数据挖掘。

本章练习

一、思考题

1. 如何认识数据仓库的几个特点？这些特点与企业管理决策有什么关系？

2. 什么是 OLAP？OLAP 和 OLTP 有什么区别？它们都有哪些操作？

3. 数据挖掘有哪些步骤？找一个数据挖掘的案例，说明数据挖掘的过程。

二、讨论题

1. 讨论数据仓库与数据库、数据集市的区别。

2. 查阅最新资料，讨论目前数据挖掘面临的问题。

3. 讨论下面的数据分析需要哪种数据挖掘方法？

（1）已知天猫购物网站顾客近几个月的浏览和交易数据，预测未来 2 周顾客可能的购买行为。

（2）某银行每天针对不同的分类进行行为评分、预测对客户营销的可能性、提前还款的可能性、坏账的可能性等。

（3）医院在患者分析中，需要了解性别、年龄、文化程度、经济状况等对医疗服务需求的影响。

三、训练题

1. 查找一篇关于 OLAP 应用的文献，列出在线分析处理几种操作的应用。

2. 对于表 3-18 所示的手机购买数据集，假设最小支持度 $s=40\%$，最小置信度 $c=100\%$。请分析什么样的顾客购买了什么样的手机，购买了某种手机是否还会购买另一种手机？

表 3-18　购买事务数据

顾客编号	数据项					
	女：A	男：B	青年：C	中年：D	iPhone：E	Nokia：F
1	1		1		1	1
2	1			1	1	1

顾客编号	数据项					
	女：A	男：B	青年：C	中年：D	iPhone：E	Nokia：F
3		1		1	1	
4	1		1			1
5		1		1	1	
6	1			1	1	
7		1	1		1	1
8	1		1			1
9		1	1		1	
10	1		1			1

第4章 商业智能的敏捷实现

借助敏捷商业智能分析技术能够快速构建数据仓库，开展联机分析，实现数据挖掘，自助式获取可靠、可用的信息，以便辅助企业管理者有效决策，提高企业的社会效益和经济效益。本章主要介绍商业智能的敏捷实现过程，即面向主题构建数据仓库、开展 OLAP 分析、实现多维分析报表与发布、报表共享与数据刷新；简要介绍敏捷商业智能实现工具 Microsoft Power BI 和 FineBI，为后续商业智能应用做好准备。

学习目标
● 了解商业智能敏捷实现的一般过程；
● 理解敏捷商业智能实现；
● 熟悉敏捷商业智能应用平台 Microsoft Power BI、FineBI 的产品架构、产品特点。

4.1 商业智能的敏捷实现过程

传统商业智能软件因为开发和应用的复杂性，从数据建模到数据展现，整个研发周期冗长而低效，很难应对激烈竞争环境下企业业务模型的快速变化。进入 21 世纪，数据时代催生了商业活动中做出迅速反应的敏捷需求，随着敏捷商业智能产品如 Microsoft Power BI、QlikView、Tableau 等的兴起，采用可视化交互式的分析前端和最终用户可以自定义的数据块机制，允许管理者自助式通过交互性很强的界面完成即时信息的分析，缩短了商业智能需求的实施过程，对传统商业智能产品巨头形成了挑战，逐渐成为商业智能应用市场的主流。

借助敏捷商业智能产品，普通管理者也能轻松实现数据分析平台的构建和运行过程中的快速分析。开展自助式敏捷商业智能分析的过程大体分为四步，如图 4-1 所示。

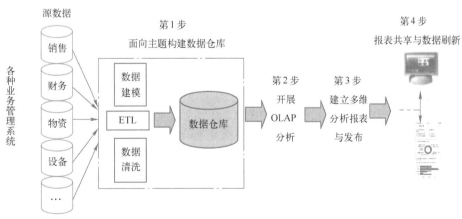

图 4-1 自助式敏捷商业智能分析实现过程

第 1 步，面向主题构建数据仓库；第 2 步，开展 OLAP 分析；第 3 步，建立多维分析报表与发布；第4步，报表共享与数据刷新。实践中要注意，这几个步骤并非是严格意义上的先后顺序，比如作为管理者个人，直接在构建的数据仓库基础上建立多维分析报表，可以跳过第2步。另外，只是辅助自己做决策时分析时，并不需要发布、共享。

4.1.1　面向主题构建数据仓库

前文介绍过，数据仓库是面向主题的、集成的、稳定性的（非易失性数据的）、随时间不断变化（不同时间）的数据集合。数据仓库的构建过程包括从数据源抽取数据，然后对所抽取的数据进行筛选、清洗，并将清理后的数据加载到数据仓库中，根据用户的需求建立数据集市，完成数据的复杂查询、决策支持和知识的发现等功能。

构建面向主题的数据仓库是实现企业管理层决策支持过程的第一步，也是其中重要的一步。所谓主题，是一个抽象的概念，是在较高层次上将企业现有的数据综合、整理并进行分析利用的抽象；在逻辑意义上，它对应企业中某一具体分析领域所涉及的分析对象。

不同企业构建的数据仓库面向的主题会有差异，一般来说，建立企业经营分析商业智能系统数据仓库时常会建立以下一些分析主题：经营业务情况分析、客户发展情况分析、成本分析、采购分析、设备性能状态检修分析等。

1. 经营业务情况分析

一个好的经营分析能够使得企业不断进行自我完善和优化，促进核心竞争力，将经营业务情况分析作为企业数据仓库的主题之一是显而易见的。将企业的经营业务数据通过数据建模、数据加载、转换、清洗等集成到数据仓库中，在此基础上，统计出每日、每月、每年的销售数量、销售收入等的变化，并深入考察其变化规律，这对于市场经济环境下的企业经营管理者来说，显然是求之不得的。

2. 客户发展情况分析

随着企业"以客户为中心"的经营理念不断被强化，消费者作为商品需求的主体，其地位正逐步得到正确认识，任何与消费者行为有关的信息都将引起企业的重视。通过数据仓库分析统计得到的大量客户资料和数据，对用户的行为模式及要求进行分类管理，对不同类别的用户，采用不同的营销策略，制定出合理的营销策略，以提高市场竞争力。

3. 成本分析

在实际企业业务运作过程中，成本收入往往是在订单完成之后，甚至在月结的时候进行经营分析，无法实时监控订单利润，当出现亏损时才调整业务，无法及时避免损失。面向成本分析主题可以通过构建涵盖材料成本、电力成本、人工成本、工程费等明细成本科目数据的数据仓库，开展直接成本、间接成本、作业环节直接成本等具体分析。

4. 采购分析

采购物料的价格以及供应商信用问题，对产品的成本与质量有很直接的影响。一个完整全面的采购分析是支持管理者做出正确决策的关键，能够实现主物料价格分析、供应商评估等决策分析，从采购端控制好公司的资金流向，帮助企业合理降低采购成本，合理选择供应商及采购策略，保证采购工作的合理性、准确性。对于采购业务的需求分析，具体包括各类供应商的占比情况分析、供应及时率分析、物料交货周期等；采购物料分析，包括采购物料大类情况、按存货的采购情况等；采购订单执行情况分析，包括采购订单的完成率分析、采购质量合格率分析、采购延时交货分析等；采购综合分析，包括采购金额的多维度分析、采购金额的趋势分析等。构建面向采购主题的数据仓库的维度表可以包括采购订单维度、采购结算维度、供应商维度、存货维度和到货情况维度等。

5．设备性能状态检修分析

对设备密集型企业，企业生产的安全稳定是建立在设备正常运转的基础上的，因此，对设备状态的监控始终是这类企业生产管理的主要环节之一。操作环境下的设备管理数据库已实现了对设备台账、设备缺陷、设备检修、设备可靠性等数据的管理。但这种按业务分工划分的信息管理往往导致数据的人为分割，各管理过程各自独立，形成孤立的信息流，无法对设备运行状况做出综合评价。如果能将主要设备的基础数据、缺陷数据、检修数据、可靠性统计数据，以及设备的实时运行参数加以集成，按时间标记录入数据仓库，就可以为设备状态的综合评价和深入分析奠定数据基础，在此基础上进行统计、专业比较、在线分析处理（OLAP）和深层数据挖掘。生产部门可在数据仓库的辅助下轻松、快速地寻求有用信息，直接、可靠地得到运营决策的有效资讯。

4.1.2　开展 OLAP 分析

传统的单一汇总式指标展示形式已经逐渐无法满足业务分析的复杂度，而 OLAP 多维分析提供的强大分析功能，可以为用户洞察数据背后的深刻业务见解提供便利。

借助敏捷商业智能产品帮助，通过 OLAP 多维数据分析工具的维度和指标数据（度量）分析，使用者可以自由拖动生成图表，支持数据的上钻、下钻、切片、切块、旋转等 OLAP 操作。

4.1.3　建立多维分析报表与发布

为了实现组织内部信息的共享，可以建立多维分析报表，并通过 BI 工具发布报表至 Web 端，部门人员可以在信任环境中自由查看数据，安全连接到本地或云中的任何数据源。

比如利用 Microsoft Power BI 将制作好的仪表板发布出去，只需要在 Microsoft Power BI 官网上注册一个账号。这个账号拥有类似一个个人的云端存储平台，将仪表板发布到这个账号，就可以实现网络共享报表。

4.1.4　报表共享与数据刷新

通过移动端的数据分析应用，企业的数据分析展示终端不再局限于 PC 和大屏应用，较大地提高了分析的便捷性。使用者可以在 iPhone、iPad 或 Android 等移动客户端下载对应 BI 工具的应用 App，使应用 App 程序与 BI 相连接，便于实时获取共享报表数据，可以选择、筛选和下钻查询数据，在 iPad 上还能进行添加计算与筛选器等操作。

现有商业 BI 工具的应用 App 基本都可以进行仪表板的查询、编辑、订阅，支持便捷的扫码登录、离线查看、批注、分享等功能，同时满足某些社区平台如微信、钉钉的企业公众号集成。选择感兴趣的内容发送至邮箱，还可以实现与他人共享仪表板，实现交互式的可视化并获取信息的功能。

通过数据刷新功能的设置，可以实现分析数据适时与业务数据同步。

4.2　敏捷商业智能实现工具

作为世界上知名的 IT 咨询和研究公司，Gartner 每年都会发布《商业智能和分析平台魔力象限报告》（*Magic Quadrant for Analytics and Business Intelligence Platforms*），魔力象限是 Gartner 用于分析行业中厂商的一个工具，包含领导者、挑战值、有远见者和特定领域者四个象限，依据

Gartner 预先定义的一些标准来划分，具体如图 4-2 所示。魔力象限报告已成为行业内公认的风向标，也是世界五百强的首席信息官（CIO）采购技术产品时的重要报告依据。

所谓"执行力"，包含产品与服务的整体可行性、销售执行力与定价、市场状况、营销团队的执行、客户体验以及公司的整体运营，其实质是揭示企业在市场的成功度。所谓"前瞻性"，即愿景的完整性，包含市场理解、产品战略、营销战略、商业模式、产品的定位和创新性，其实质是解释企业在业内的领先度。

在 Gartner 近年发布的《商业智能和分析平台魔力象限报告》中，Microsoft、Tableau、QlikView 连续多年高居"领导者"位置。国内商业智能和分析平台 FineBI 入选 2021 年魔力四象限报告的荣誉提及名单，是唯一入选的国产独立 BI 厂商，说明国产商业智能及分析平台在公司实力、产品能力、市场吸引力、科技实力等方面都取得了长足进步。

图 4-2　商业智能和分析平台魔力象限

因此，本书的应用与案例部分主要选取国内外比较领先的商业智能及分析平台 Microsoft Power BI 和 FineBI 作为代表进行介绍。

4.2.1　Microsoft Power BI

Microsoft Power BI 是微软公司开发的用于自助服务和企业商业智能（BI）的统一、可扩展平台，该平台易于使用，通过连接到任何数据并对数据进行可视化，可帮助获取更深入的数据见解，支持决策。读者可以从相关网站下载 Microsoft Power BI 免费使用，Microsoft Power BI 的中文官方网址为 https://powerbi.microsoft.com/zh-cn/。

Microsoft Power BI 提供多种产品选项来满足不同用户的需求。

- Power BI Desktop（免费桌面版）：不提供协作选项，数据不会从源自动刷新，需要手动刷新，适合独立用户。
- Power BI Pro（付费专业版）：具有实时协作和自动刷新数据的功能。
- Power BI Premium（按节点定价的基于云的版本），适合企业大规模部署。
- Power BI Mobile（移动版）：使用 Windows、iOS 和 Android 版 Power BI 移动应用，可以在任意设备上安全访问和查看实时 Power BI 仪表板及报表。

- Power BI Embedded：旨在简化独立软件开发商（Independent Software Vendors，ISV）和开发人员对具有嵌入式分析的 Power BI 功能的使用。Power BI Embedded 能够帮助用户将令人惊叹的视觉对象、报表和仪表板快速添加到应用中，简化 Power BI 功能。
- Power BI 报表服务器：用于企业在本地部署 Power BI 报表服务器，建立 BI 环境，按自己的需求进行应用管理，在组织的防火墙内分发报表。

本书后续章节主要选择 Power BI Desktop、Power BI Pro、Power BI Mobile 产品进行应用介绍。

作为连续十几年被 Gartner 评为"领导者"的商业智能平台，Microsoft Power BI 具有以下一些特点。

1. 轻松缩小数据与决策制定之间的距离

使用 Microsoft Power BI 可以轻松地连接到数据，对数据进行建模和可视化，从而创建通过关键绩效指标（KPI）和品牌进行个性化的令人印象深刻的报表。快速获取针对业务问题的受 AI（人工智能）支持的答案，甚至还可以使用对话语言进行提问获得数据分析结果。

2. 获取企业规模的自助服务分析

该分析平台可以适用于小到个人、大到整个组织的分析，可以降低因使用多个解决方案而造成的附加成本、复杂性以及安全风险。

3. 使用智能工具获得实用结果

熟悉 Office 的使用者很容易就能使用 Power BI。Microsoft Power BI 具有上百个数据可视化效果、内置 AI 功能、与 Excel 紧密集成以及预构建和自定义的数据连接器，智能化的工具可以帮助使用者快速获得实用的结果。

4. 数据安全性强

Microsoft Power BI 采用敏感度标签、端到端加密和实时访问监视等安全技术，实现了行业领先的数据安全功能，数据安全性高。

4.2.2 FineBI

帆软软件有限公司（以下简称"帆软"）成立于 2006 年，是国内专业的大数据 BI 和分析平台提供商，专注商业智能和数据分析领域，致力于为全球企业提供一站式商业智能解决方案，目前主要有 3 款产品：FineBI、FineReport、简道云。

- FineBI 敏捷商业智能平台：侧重于数据智能分析，不需写 SQL，即可从多个业务系统中获取数据，放到 OLAP 业务包中开展分析，主要面向有自主分析需求的企业业务人员。
- FineReport：是报表工具，解决数据展现和业务流程管理，提供 CS 设计器设计开发报表模板和制作报表，需要大量的 SQL 和 JS 脚本等工作，针对企业日常管理，主要面向企业 IT 部门，定位是以 IT 为中心的预定义报表平台。
- 简道云：是即拿即用的软件即服务（Software-as-a-Service，SaaS）产品，用户只要通过自由拖动、配置规则和权限等简单操作，就能实现表单数据收集、流程设计、数据分析等功能，面向任何有数据分析需求的企业员工和个人，是三款产品中最轻量的，也是使用门槛最低的。

帆软在专业水准、组织规模、服务范围、企业客户数量上均居业内前列，先后获得包括 Gartner、IDC、CCID 在内的众多专业咨询机构的认可。

FineBI 商业智能官网网址为 https://www.finebi.com/，官网提供免费下载试用。

作为新一代自助大数据分析的 BI 工具，FineBI 具有如下一些特点：

1. 探索式分析数据

通过数据分析看板，可以直观发现、分析、预警数据中所隐藏的问题，及时应对业务中的风险，发现增长点。

2. 灵活处理数据表

通过自助数据集功能，普通业务人员就能对数据做筛选、切割、排序、汇总等，自助灵活地达成期望的数据结果。

3. 每个人都能利用 FineBI 来分析数据并改善业务

FineBI 可以帮助企业快速搭建面向全员的大数据分析平台，让每一个成员都能充分了解并利用他们的数据，辅助决策、提升业务。

- 对于销售人员，FineBI 提供了企业级的销售数据分析解决方案，帮助销售人员轻松掌握企业销售目标、销售活动等数据，在管理和运营企业销售目标的过程中真正做到数据在手、心中不慌。
- 对于财务人员，财务分析往往是企业运营中重要的一环，基于 FineBI 的高可用性和安全性，财务人员可以根据企业情况来自由搭建财务数据看板，实现智能化的财务运营。
- 对于管理人员，通过 FineBI 构建的企业管理驾驶舱，可以让管理层和领导充分了解公司运营概况，随时随地获取企业关键数据信息，真正做到了然于心、谋定而动。
- 对于数据分析师，FineBI 具备了高效的数据清洗、精细的数据权限管控、智能的数据分析等特性，可以帮助专业的数据分析师提升工作效率。

4. 更好用的大数据分析和 BI 工具

FineBI 的 Spider 引擎采用先进的列式存储，具备高效计算能力和强大的数据压缩能力，支撑前端快速数据分析。带来了视觉效果和交互体验的双重升级，真正实现了超大数据量的自助式分析。FineBI 极易上手，通过鼠标单击和拖动即可完成分析，对于新手用户，也能在 30min 内制作出数据报表。用户可以根据自身需求，轻松实现数据处理，探索式 OLAP 分析，如同享用自助盛宴。在精准的数据权限管控下，确保数据安全，分析成果可在全公司内分享并实时更新。

本章小结

本章主要介绍了商业智能的敏捷实现过程，包括面向主题构建数据仓库，即连接多数据源，进行数据集成、加载、转换、清洗等操作，然后在数据仓库基础上开展 OLAP 分析，也可直接建立多维分析报表并发布到网络，实现报表共享与数据定时刷新。对两种商业智能分析平台 Microsoft Power BI、FineBI 的产品及其特点进行了介绍，后续章节将会结合二者的功能开展具体的应用介绍。

本章练习

一、思考题

1. 什么是敏捷商业智能，相比传统的商业智能它有什么特点？
2. 企业为何需要敏捷商业智能？
3. 自助式数据准备过程中，需要做些什么样的数据处理？

二、讨论题

在多款不同的商业智能产品中，如何结合企业实际开展产品选择？

三、实训题

下载 Microsoft Power BI Desktop、FineBI 商业智能平台进行安装，了解产品特点，比较两者共性及优劣。

四、案例分析

步步高集团数字化转型

步步高集团创立于 1995 年，业务主要涉及零售贸易、商业地产、电子商务、互联网金融、物流运输等多个业态。由于步步高存在多种业态，伴随着运营理念与模式的变革、信息技术的发展和大数据时代的来临，正面临着一些问题和挑战，包括面临的竞争进一步加剧，线上线下的融合存在较大的阻碍，全面数字化的程度不深等。

作为一家将"创新"融入自身基因的企业，步步高面对这些挑战，依旧以创新为主导，充分发挥自己本地供应链的优势，在不断学习竞争对手的长处、做好门店运营的同时，开始部署数字化转型。

步步高数字化转型主要分为筑基、加速、优化三个阶段。

2017 年开始的筑基重构阶段：在这一阶段，步步高为了减少信息孤岛，提升业务应用迭代的速度；首先构建数据仓库，确保数据的完整性，同时搭建流式数据架构，将流量、订单数据接入，确保核心数据的实时性；其次开始从顾客角度入手，着手构建会员、营销、商品、库存中台，中台负责与 Oracle 套件及老旧业务系统的对接；然后将前台新兴业务直接接入中台，过往功能则逐渐移动化，移动化的同时逐步接入中台，从而进一步弱化老旧应用的束缚。

2018 年开始的全面提速阶段：本阶段步步高的主旨是广布前台、强控中台。通过广泛布局触点，打造场景闭环，快速复制轻运营。首先，从顾客体验入手，基于顾客的痛点体验构建轻量工具（扫码购、自助收银、停车 ETC），打造私域流量池；其次是商品数字化，通过商品标签的完善及顾客数字化程度的提升，做大数据选品，优化商品配置；同时，构建 OTO 服务，实现销售增量，做流量的初步变现；进而开始发力门店数字化运营，提升线下门店服务水准。

2019 年至今的重点优化阶段：零售业属于劳动密集型、知识粗放型，服务的项目及水平还有待提升，如果不做标准化、系统化，进而提升用工效率，势必带来更高的成本，而零售业本为低毛利行业，如此下去显然无法良性发展，所以步步高在本阶段里重点关注好三大内功的修炼。从顾客服务旅程入手，做好顾客生命周期运营，做精准营销；从收银、理货、盘点、拣货、称重等门店一线运营工作入手，做用工效率的提升；从智能选品、销售预测、库存预警、动态出清、智能订货等入手，做供应链的变革。而这一切需要依赖数据的全面、实时，系统的敏捷、智能，资源的弹性扩展，所以步步高提出系统全面云化，构建数字大脑，将群体智慧固化进系统，通过数据来智能辅助决策。（案例由帆软公司提供，作者：步步高商业连锁智慧零售 CTO 王卫东）

通过以上案例，分析：

1. 步步高数字化转型面临哪些问题与挑战？

2. 步步高数字化转型中有哪些经验值得借鉴？

3. 敏捷商业智能应用平台在企业数字化转型中能发挥什么作用？

応用篇

第5章 商业智能开发工具使用入门

企业数字化建设是一个漫长的过程，选择一款合适的商业智能数据分析产品，对企业数字化建设大有裨益。成熟的商业智能工具可以帮助企业有效实现自助式数据集成、建模与分析及良好的数据展现，使业务人员快速、方便地挖掘数据价值。本书主要以国内外两种流行的自助式大数据 BI 软件 Microsoft Power BI、FineBI 为代表进行应用介绍，便于读者在比较学习中体会商业智能工具的共性，实现触类旁通。本章主要介绍 Microsoft Power BI、FineBI 二者的安装、常用工作界面及基本应用方法。

学习目标
- 了解微软公司基于 Excel 的商业智能实现工具之间的关系；
- 掌握 Microsoft Power BI、FineBI 的安装与启动；
- 熟悉 Microsoft Power BI、FineBI 的常用工作界面，掌握其基本使用方法。

5.1 Microsoft Power BI 使用入门

Microsoft Power BI 最大的优势之一就是在 Excel 中拥有无与伦比的集成商业智能功能，微软自 Excel 2016 版之后将商业智能工具 Power Query、Power Pivot、Power View、Power Map 集成在软件中。因为大量的使用者只要熟悉 Excel 的使用，几乎不用太费力气，就很容易通过 Excel 中的商业智能功能实现商业数据的智能集成、建模、数据可视化分析等。

Power BI Desktop 应用程序则集成了上述四个工具的基本功能，可以摆脱 Excel 的限制独立应用，适合专业分析人员使用。本书考虑让读者了解微软商业智能产品的全貌，编写过程从 Excel 中商业智能工具的应用入手，然后转换到 Power BI Desktop 应用，利用 Power BI Desktop 发布报表，并将 Excel 中建立的查询、数据模型和报表连接到 Power BI 在线版仪表板上，最后通过 Power BI Mobile（移动版）共享业务数据。微软基于 Excel 的商业智能实现工具与相关商业智能产品之间的关系如图 5-1 所示。

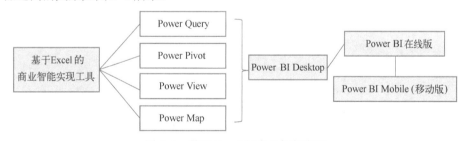

图 5-1　基于 Excel 的商业智能实现

- Power Query：提供 ETL（提取、转换、加载）的自助服务工具，作为 Excel 加载项运行。它允许用户连接各种数据源，将数据按要求从数据源中提取出来，并将其加载到 Excel 中。
- Power Pivot：是微软提供的集成各类数据源的利器，是微软基于 Excel 自助商业智能功能的一部分。通过它，用户可以集成无论是来自文本文件、Excel 文件、Web 服务、

Access 数据库、SQL Server 大型商用数据库，还是来自 Oracle、多维数据库、Reporting Services 等其他数据库的各类数据。支持建立多表之间的关系，形成复杂业务数据模型，加上它自身的 DAX 语言，可以建立更为灵活、强大的度量，用于支持高级透视分析，帮助实现各种复杂的数据分析。简单说，它就是一个数据建模及管理工具，支持高度压缩的数据存储以及极快的聚合和计算。传统 Excel 的最高行数只能存储 100 万行左右，而 Power Pivot 可以存储上千万甚至是上亿的数据行，成为大数据时代处理数据的利器。

- Power View：一种交互式数据探索、可视化和演示体验的工具，支持快速建立有价值的互动式数据分析报告。
- Power Map：一款三维数据可视化工具，通过三维地图展示数据，发现在二维表格和图表中可能看不到的见解。由于该部分内容比较简单，本书略过这个工具应用，感兴趣的读者可以自行学习。
- Power BI Desktop：它是一款功能丰富的数据混合和报表创作工具，可以理解为集合了前四者精华功能的、专门为数据分析师打造的一款桌面软件，使用它更方便集中应用与发布。
- Power BI 在线版：相比 Power BI Desktop 基于本地 Windows 操作系统，在线版基于 Azure 云服务器，无须下载安装，只需在 Power BI 官网注册就可使用。在线版也是面向数据分析报表使用，可以轻松实现报表在云端操作与访问。一般功能免费，但要使用完整功能，就需注册 Power BI Pro 收费版，读者可以在 Power BI 官网注册，在微软限定时间内免费试用。
- Power BI Mobile（移动版）：通过手机端 App 就可以快捷实现数据移动共享及分析，并且提供了一款适用于 Windows、iOS 和 Android 的 Power BI 应用，只需轻触指尖，即可随时随地获取业务数据的 360°全方位视图。

5.1.1 Power Query 的工作界面

如果是 Excel 2010 和 Excel 2013 版本，Power Query 需要以插件形式单独下载安装。没安装 Power Query 的读者，可到微软官网下载 Power Query 插件文件，根据是 64 位还是 32 位操作系统选择安装。Power Query 安装后的界面如图 5-2 所示。

图 5-2　Excel 2013 的 Power Query 界面

如果是 Excel 2016 及之后的版本，Power Query 已经内置，无须安装。打开 Excel 2016，在"数据"选项卡下，多了一个 Power Query 组，其中有"新建查询"下拉菜单，另外还有"联机查询""显示查询""最近使用的源"三个选项，如图 5-3 所示。

选择"新建查询"→"从文件"→"从工作簿"，导入任意一个 Excel 文件后，就会发现选项卡多了一个"查询"选项卡，单击其中的"编辑"选项，则进入 Power Query 编辑器界面，如图 5-4 所示。这是进行 Power Query 操作的主要界面，可以针对数据源数据开展增加列、拆分列、分组数据、数据类型转换等数据处理操作。

图 5-3　Excel 2016 的 Power Query 界面

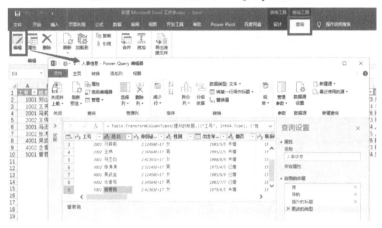

图 5-4　Excel 2016 的 Power Query 编辑器界面

5.1.2　Power Pivot 的工作界面

1．Power Pivot 的启动

Power Pivot 在 Excel 2010 版中是免费插件，需要单独安装。而 Excel 2013 和 Excel 2016 版已经将其内置。如果读者在自己的 Excel 2013 中没发现 Power Pivot 选项卡，则要通过加载项激活 Power Pivot，选择"文件"→"Excel 选项"→"加载项"，在"管理"中选择"COM 加载项"并单击"转到"，从中选择"Microsoft Office Power Pivot for Excel 2013"，单击"确定"按钮。就会出现如图 5-5 所示圆圈标注的"Power Pivot"选项卡。

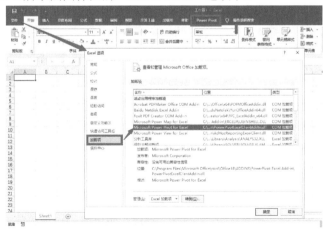

图 5-5　Microsoft Power Pivot for Excel 2013 的加载

2. Power Pivot 的界面

单击"Power Pivot"选项卡，进入如下 Power Pivot 主工作界面，如图 5-6 所示。

图 5-6　Microsoft Power Pivot 主工作界面

单击最左边"管理数据模型"选项卡，进入如下"Power Pivot for Excel"数据建模工作界面，如图 5-7 所示，出现"开始""设计""高级"三个选项卡，包含建模所需的所有功能。单击最左上角图标可以切换回图 5-6 中的界面。

图 5-7　"Power Pivot for Excel"数据建模工作界面

5.1.3　Power View 的工作界面

1. Power View 启动

在"插入"选项卡中找到 Power View 图标，进入 Power View 主界面，如图 5-8 所示。

图 5-8　Power View 启动界面

Excel 2013、Excel 2016 已将 Power View 功能内置。在 Excel 2016 中，如果读者在工具栏中没有发现 Power View 图标，则需要通过"文件"选项下面的"启动 COM 加载项"来启动它。新建的工作表默认名字为"Power View1"，可以右键选择"重命名"对报表重新取名。

2. 熟悉 Power View 工作界面

Power View 的工作界面主要分四大块，如图 5-9 所示。

- Power View 的快捷工具栏：里面的工具按钮可以用来设置报表背景、文字大小、字体；向报表中添加文本框、图片；管理表之间关系；刷新数据等功能。
- Power View 的报表编辑工作区：在这个工作区域，主要实现报表内容的展示。可以添加标题；设置交互式报表图表只需将字段从字段列表中拖入空白区域即可，快捷而方便。
- Power View 报表筛选器：实现报表数据的特定筛选，只需将筛选字段拖入筛选器进行设置。
- Power View 字段列表：列出了通过 Power Pivot 建立的数据模型的数据表及其所有字段，它是报表的数据来源。

考虑到 Power BI Desktop 集成了 Power View 功能，提供的可视化效果图表比 Power View 丰富，本书后面章节不使用 Power View 制作报表，而是直接使用 Power BI Desktop。

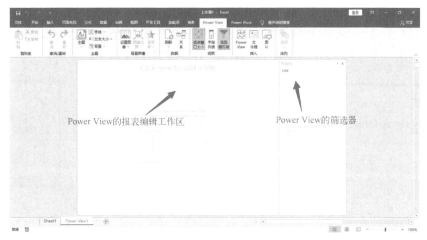

图 5-9　Power View 工作界面

5.1.4　Power BI Desktop 的安装

1. Power BI Desktop 的下载和安装

Power BI Desktop 是微软提供的一款免费软件,它是一款功能丰富的数据混合和报表创作工具,集成了前文所用到的 Power Query、Power Pivot、Power View 的几乎所有功能,有的地方还有强化,比如提供的可视化效果图表比 Power View 丰富。

● 能够快速开展数据的建模与可视化分析并创建内容丰富的交互式报表。

● 能够集成本地和云端的任意数据,包括 Hadoop 和 Spark 之类的大数据源。

● 企业用户可以利用 Power BI 的快速度量值、分组、预测以及聚类等功能深入挖掘数据,并通过功能强大的 DAX 公式语言实现对数据模型的完全控制。

● 可将创建的报表发布到报表服务器、云,嵌入现有应用或网站。

登录微软 Power BI 官网 https://powerbi.microsoft.com/zh-cn/desktop/,可以获取 Power BI Desktop 的免费版,如图 5-10 所示。登录注册,就可以获得免费的 Power BI 在线版使用功能。商业应用则可以通过购买的方式实现,为有协作需求的用户提供易用的自助服务分析、仪表板分享以及报告发布。

图 5-10　Power BI Desktop 官网下载界面

2. Power BI Desktop 主要界面介绍

读者可以通过官网下载并安装 Power BI Desktop,官网会自动识别读者的机器是 32 位还是 64 位操作系统,下载适合的"PBIDesktop_x64.msi"或 PBIDesktop_x86.msi 的版本。安装过程比较简单,本书省略。安装好后,单击桌面 Power BI Desktop 图标,进入 Power BI Desktop 主界面。主要包括五大块，如图 5-11 所示。

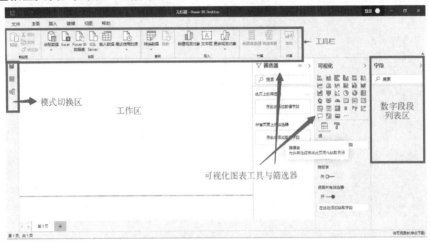

图 5-11　Power BI Desktop 界面

- 工具栏：包括"文件""开始""视图""建模""帮助"五个选项卡，涵盖了数据引入、查询编辑、页面布局、数据建模、帮助学习文档及示例等功能按钮。
- 模式切换区：使得工作区的内容在报表、数据视图、关系视图三者之间切换，三个切换图标从上到下排列，可以来回切换。
- 工作区：可以根据模式切换区选择的按钮在此区域展示建立的报表、引入的数据表、建立的表之间的关系模型。
- 可视化图表工具与筛选器：Power BI Desktop 提供了 20 多个可视化图表，可以依据分析展示数据的需要，选择拖入工作区使用；还可以拖入适当字段，如"页面级筛选器"（对当前页面数据起筛选作用）、"钻取筛选器"（实现钻取）、"报告级别筛选器"（对整个报表中的任意一页都起筛选作用）。
- 数据字段列表区：在此区域展示所建立的数据模型的所有表及其字段，包括建立的计算列、计算字段（度量值）。还可以从这个区域选择需要分析展示的数据。

3. 免费注册一个 Power BI 在线版账号

为下一步报表共享和移动端访问做准备，请读者使用企业邮箱或学校邮箱在 Power BI 官网免费注册一个账号，记住账号名和密码，后面发布报表和登录在线版时都会用到。注册好并登录之后，可以看到如下在线版的界面，如图 5-12 所示。

图 5-12　Power BI 专业在线版界面

从图 5-12 中能看出注册的是专业在线试用版，其试用期限是 60 天，上面有提示目前还剩
58 天。在线版的 Power BI 除了能完成 Power BI Desktop 的主要功能外，还具备仪表板制作、共
享方案实现、管理网关实现数据自动刷新等 Power BI Desktop 中没有的网络端应用功能。

当然，在数据分析建模等方面，在线版功能不如桌面版，一般建议是在 Power BI Desktop
中建好报表，发布到在线版进行分享功能实现。限于篇幅，本书关于 Power BI Desktop、Power
BI 在线版的功能没办法全部详细介绍，更详细的内容读者可在入门的基础上自行学习。

5.1.5 Power BI Desktop 快速入门

前面介绍了 Power BI 的安装及界面，接下来以一个小的例子来实现 Power BI Desktop 的快
速入门。双击 Power BI Desktop 的图标（版本：2.80.5803.1061 64-bit），进入 Power BI Desktop，
之后弹出一个欢迎对话框，已经注册的 Power BI 账户可以登录以进行协作和共享内容，如果还
没有注册账户，可以关掉这个框，暂时先不登录，如图 5-13 所示。注意：在第 8 章介绍的报表
发布中就一定需要登录才能完成。

图 5-13　Power BI Desktop 登录界面

1）选择"主页"→"获取数据"→"Excel 工作簿"，或直接单击工具栏上的 Excel 图标，
选择要导入的分析数据。本部分以企业的人事数据为实例，打开一个名称为"第 5 章数据源—人
事数据分析"的 Excel 表，选择"人事信息"这个表加载过来，如图 5-14 所示。

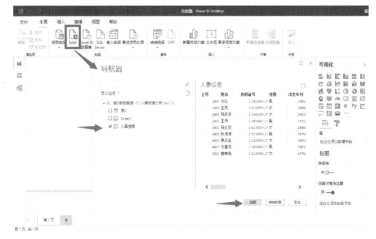

图 5-14　加载人事数据分析 Excel 表

进入之后，看到右边这个字段列出了表里面的字段，主要是员工的基本信息。接下来在此基础上开展一些人事数据的统计分析。

2）在"第一页"的画布里构建一个报表。首先，对这一页的报表格式做一些设置，如图 5-15 所示，单击格式图标，可以看到这里面有好多基础信息设置，包括页面信息、页面大小、页面背景等设置，通过这些设置可以来对报表做一个自定义格式。

图 5-15　报表页面的格式设置

3）右键单击"第一页"，选择"重命名页"，将其重命名为"人事经理报表"。在报表上端增加一个标题，插入一个文本框，输入"人事经理报表"，做好字体、字号的设置。将鼠标指针移向"…"的时候，按住它，将整个文本框移到中间，注意排版的美观（这里选择"居中对齐"），如图 5-16 所示。

图 5-16　设置报表标题

4）接下来就利用人事信息数据开展一些简单的分析，快速打开 Power BI 的应用大门。首先，对企业里面的员工人数进行统计，统计人数可以按照工号计数，因为工号是唯一的，也可以按身份证号计数。把工号从"字段"下面拖入报表画布，然后选择一个可视化的图表来表达该数据。要表达单一的数字，可以用"卡片图"来表示。单击"卡片图"，看到数字变成"25 千"，如图 5-17 所示。

卡片图中显示"25 千"，说明系统把所有的工号进行了累加，但工号数值累加其实没有什么意义。鼠标左键单击工作区的卡片图，在右侧设置"工号"字段的下拉列表框中选择"计数"，这样卡片图就会显示工号的计数为"9"，如图 5-18 所示。

图 5-17　设置工号卡片图

图 5-18　设置工号计数

对这个卡片图可以进行放大、缩小、调整位置等操作。比如"标签类别"原来是开着的，关掉后卡片图中"工号的计数"那几个字就没有了。还可以将数据标签下显示的数据改成红色，包括小数位数、文本大小、间距等也都可以根据需要来修改，如图 5-19 所示。

图 5-19　设置职工人数卡片图的格式

比如要增加一个标题，单击"标题"，在"标题文本"里面输入"职工人数"，选择合适字体、居中，颜色也可以选择。到这里，可以看到，只是简单拖动设置系统就能快速统计出来职工人数，这就是商业智能系统的智能体现。

5）同理，增加平均年龄卡片图。增加性别构成饼图时，先勾选"性别"字段，再选择"可视化"下的饼图，将"值"设置为"工号的计数"，最后完成饼图的标题、图例、详细信息等设置，如图 5-20 所示。

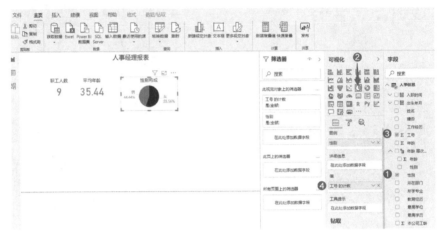

图 5-20　制作性别构成饼图

6）接下来就可以体会到商业智能系统交互式的报表功能，只要单击一下饼图里面的"男"的图块，职工人数就会显示 4 个，平均年龄 35.5，如图 5-21 所示。再点一下空白的地方，回到 9 个总数，这就是商业智能系统带来的交互式动态的查询，不像传统的报表只能统计固定的数据，在商业智能系统里面只需要这么简单的操作，就可以来进行交互式的查询。

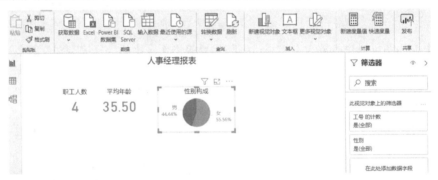

图 5-21　交互式报表功能体验

同样的道理，读者可以根据实际分析需要做出各种各样的可视化报表。

5.2　FineBI 使用入门

5.2.1　FineBI 安装与初始化设置

1. FineBI 的安装与启动

FineBI 支持安装在主流操作系统上，但对操作系统的 CPU、JDK 版本、内存等均有要求。Windows 系统的要求如下。

Windows（仅支持 64 位）

系统：Windows 7 或更高版本

JDK：JDK 1.8（Oracle）

CPU：Intel Core i3-4 代或更快的处理器

内存：4GB 或以上

磁盘：至少 2GB 可用空间

macOS 系统的要求如下。

macOS（64 位）

系统：macOS 10 或更高版本

JDK：JDK 1.8（Oracle）

CPU：Intel Core i3-4 代或更快的处理器

内存：4GB 或以上

磁盘：至少 2GB 可用空间

1）打开 FineBI 官网，在页面上方选择"产品"→"产品下载"，进入 FineBI 安装包下载页面。如图 5-22 所示。安装包下载页面提供了三种版本的安装包，请根据系统选择下载对应版本的安装包。

图 5-22　FineBI 下载界面

2）双击 FineBI 安装文件，会加载安装向导，根据安装向导一步步安装。在弹出设置最大内存对话框时，最大 JVM 内存默认为 2048MB，也就是 2GB，建议将该值设置为 2GB 以上。需要注意的是，最大 JVM 内存不能超过本机最大内存。

3）Windows 版本启动。FineBI 有两种启动方式，一种是通过单击桌面上的快捷图标，另一种是单击 finebi.exe 文件启动。FineBI 安装包本身配置了 Tomcat 的服务器环境，单击此文件即弹出加载页面，随后出现 Tomcat 打开 FineBI 服务器。当 Tomcat 服务器开启以后，会自动弹出默认浏览器地址 http://localhost:37799/webroot/decision，打开 FineBI 平台进入初始化设置。

2. FineBI 初始化设置

在安装启动 FineBI 服务器以后，进入初始化设置引导页面，分为两个步骤：账号设置和数据库选择，如图 5-23 所示。通过账号设置来配置系统管理员的用户名和密码，管理员负责

图 5-23　设置管理员账号

统筹整个系统，包含用户、数据、权限、系统信息等。输入管理员用户名、密码，单击"确定"。管理员账号设置成功。

单击"下一步"进入数据库选择。内置数据库适合个人本地使用，单击"直接登录"，可直接登录系统使用。外接数据库适合企业正式使用，单击"配置数据库"，配置外接数据库。读者学习时一般可以选择内置数据库。

输入用户名、密码，单击"登录"便可登录到数据决策系统。再次登录时，只需打开FineBI，输入正确用户名和密码就可登录。

5.2.2 FineBI 界面介绍

FineBI 是一款纯 B/S 架构的产品，属于浏览器加服务器的结构，在服务器安装完成后，客户端只需要一个浏览器即可开始使用产品。进入 BI 主界面后可以看到界面上左侧分别是"目录""仪表板""数据准备""管理系统"四个大类，上方是提醒和账号设置，如图 5-24 所示。

注：本书界面对应的是 FineBI 5.1 版本。

图 5-24　FineBI 主界面

1. 目录

"目录"节点界面主要分为目录区域和预览区域，如图 5-25 所示。

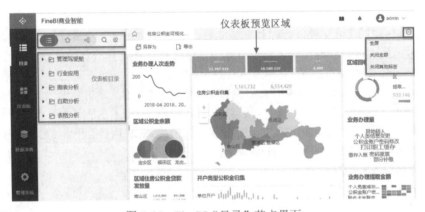

图 5-25　FineBI "目录"节点界面

仪表板目录上方的图标说明见表 5-1。

表 5-1　仪表板目录上方的图标说明

图标	图标说明
	目录按钮，单击该按钮，可以查看已经挂载到目录的仪表板
	收藏按钮，单击该按钮，可以查看之前收藏的仪表板
	查看分享按钮，单击该按钮，可以查看别人分享给此账户的仪表板
	搜索按钮，单击该按钮，可以通过关键字搜索仪表板
	固定按钮，单击该按钮可以固定仪表板目录栏，再次单击可使该目录栏隐藏
	单击出现三个按钮："全屏"——将仪表板全屏展示；"关闭全部"——关闭所有已经打开的仪表板；"关闭其他标签"——关闭除当前仪表板外的所有仪表板

2. 仪表板

"仪表板"节点用于前端的分析，可供业务员创建可视化图表进行数据分析，界面如图 5-26 所示。

图 5-26　FineBI"仪表板"节点界面

3. 数据准备

数据准备的作用是从数据库获取数据到系统并准备数据，业务员也可以通过它对数据进行再加工。"数据准备"节点可进行行业务包、数据表、关联、多路径、数据更新、自助数据集等管理，界面如图 5-27 所示。

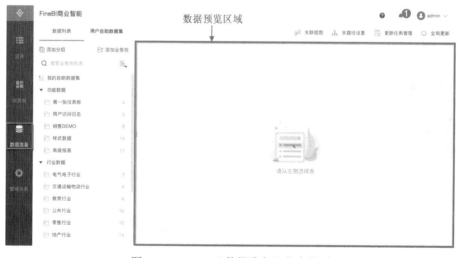

图 5-27　FineBI"数据准备"节点界面

4．管理系统

管理系统的作用是进行数据决策，它支持目录、用户、外观、权限等的管理配置，界面如图 5-28 所示。

图 5-28　FineBI"管理系统"节点界面

5.2.3　FineBI 快速入门

本部分介绍如何在 FineBI 中使用 Excel 数据表来制作仪表板，使读者快速上手 FineBI。

1．准备数据（即上传 Excel 表）

1）依次选择"数据准备"→"我的自助数据集"，选择对应的业务包，如图 5-29 所示。

图 5-29　选择业务包

2）依次选择"添加表"→"添加 Excel 数据集"，如图 5-30 所示。

3）单击"上传数据"，选择需要上传的 Excel 表，如图 5-31 所示。

4）输入表名，单击"确定"，如图 5-32 所示。

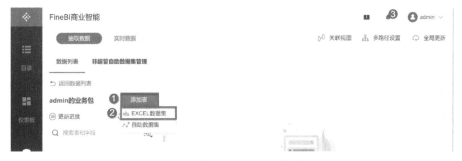

图 5-30　选择"添加 Excel 数据集"

图 5-31　上传 Excel 表

图 5-32　输入表名

2．可视化分析（即制作仪表板）

1）依次选择"数据准备"→"我的自助数据集分组"，选择对应的业务包，选择之前上传的 Excel 数据集，单击"创建组件"，如图 5-33 所示。

2）退出创建组件框，可以为该仪表板输入仪表板名，并选择仪表板保存的位置，如图 5-34 所示。

3）单击"确定"，自动跳转到组件编辑界面，此时可以对 Excel 表进行可视化操作。如图 5-35 所示。

图 5-33　创建组件

图 5-34　命名并保存仪表板

图 5-35　进入组件编辑界面

4）FineBI 可以进行多种可视化分析，展示各种图表，以下以柱形图为例进行介绍。

将维度"合同类型"拖入横轴，指标"购买数量"拖入纵轴，选择图表类型为分区柱形图，如图 5-36 所示。

若需要在柱形图上显示标签，可将左侧"购买数量"拖入标签，如图 5-37 所示。

若图表仅需要展示"服务协议"和"购买合同"，可以单击"合同类型"下拉列表框中的"过滤"，如图 5-38 所示。

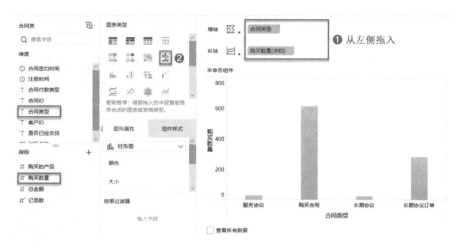

图 5-36　建立分区柱形图

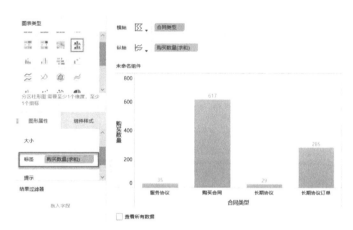

图 5-37　设置标签

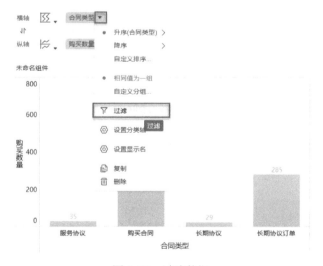

图 5-38　过滤数据

单击"添加条件"，选择过滤字段为"合同类型"，如图 5-39 所示。单击"确定"，可以看到柱形图。

依次选择"进入仪表板"→"预览仪表板"，即可进入仪表板预览界面，如图 5-40 所示。

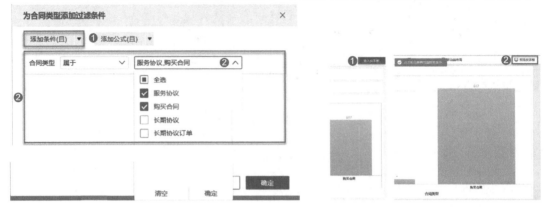

图 5-39　为合同类型添加过滤条件　　　　　　　　图 5-40　预览仪表板

3. 分享仪表板

仪表板完成制作后，保存在"仪表板"节点下，可以创建公共链接分享仪表板。注意只有部署后的 FineBI 才可以分享仪表板。

1）选择要分享的仪表板，单击"创建公共链接"按钮，如图 5-41 所示。

图 5-41　分享仪表板

2）系统自动退出链接分享页面，开启按钮，并单击"复制链接"，如图 5-42 所示。复制链接后，别的用户就可以通过此链接来查看该仪表板。至此，一个简单的 FineBI 分析应用就完成了。

图 5-42　生成分享链接

本章小结

本章主要介绍了微软公司基于 Excel 的商业智能开发工具 Power Query、Power Pivot、

Power View、Power Map、Power BI Desktop、Power BI 在线版、Power BI Mobile（移动版）之间的关系；Microsoft Power BI、FineBI 的安装与启动；Microsoft Power BI、FineBI 的常用工作界面与简单应用入门，为后续具体工具的应用奠定基础。

本章练习

一、思考题

1．Power Query、Power Pivot、Power View 之间是什么关系？

2．Power BI Desktop、Power BI 在线版、Power BI Mobile（移动版）之间是什么关系？

二、讨论题

如何开展商业智能工具的具体选型？

三、实训题

1．依据各自官网报价数据，开展 Microsoft Power BI、FineBI 选型的成本比较。

2．使用提供的人事信息表，利用 Microsoft Power BI、FineBI 做出一份人事数据分析报告报表。

第 6 章　构建数据仓库

从本章至第 9 章，利用雇员销售完成情况实际数据，介绍敏捷商业智能实现的全流程的具体应用技术及方法。本书考虑让读者了解微软商业智能产品的全貌，编写过程从 Excel 中商业智能工具的应用开始入手，然后转换到 Power BI Desktop 应用，利用 Power BI Desktop 发布报表，并将 Excel 中建立的查询、数据模型和报表连接到 Power BI 在线版仪表板上，最后通过 Power BI Mobile（移动版）共享业务数据。本章介绍如何借助 Microsoft Power BI 的组件 Power Pivot 实现异构数据源的集成，通过案例实践快速熟悉 Power Pivot 的功能与应用，迅速掌握构建数据仓库的流程与方法。

学习目标
- 理解数据表之间的关系视图；
- 学会在 Power Pivot 中建立 DAX 计算列、DAX 计算字段（度量值）；
- 了解数据分析表达式 DAX 的具体使用，熟悉常用函数及其典型应用；
- 会根据实际需要构建具体的数据仓库模型。

6.1　通过 Power Query 导入数据

6.1.1　案例数据说明

在实际工作中，经常会遇到数据来自不同的部门，其存储形式和格式各式各样的情况。比如本案例提供的数据，想分析每个雇员的销售任务完成情况，即做雇员销售情况分析，就需要收集其每年实际销售完成额和年度销售目标这两方面的数据。

现实情况是年度销售目标存储在 Excel 文件"雇员年度销售目标表.xlsx"中，如表 6-1 所示；而实际销售完成额等业务数据存储在 Access 数据库"商业数据库.mdb"中，商业数据库各数据表及其关系如图 6-1 所示。

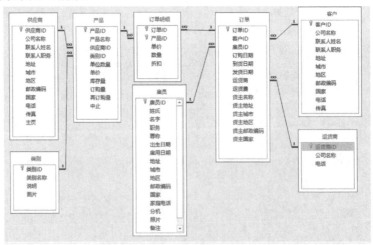

图 6-1　商业数据库各数据表及其关系

以前处理这样的数据会非常头疼，现在好了，有了 Power Pivot 就能快速构建多数据源的数据仓库，诸如此类的数据集成建模与分析便可迎刃而解。接下来本章就带领读者一步步实现这个分析目标。

表 6-1　雇员年度销售目标表

雇员 ID	雇员 姓名	2012 年度 销售目标	2013 年度 销售目标	2014 年度 销售目标
1	张颖	35000	80000	80000
2	王伟	20000	30000	30000
3	李芳	20000	80000	80000
4	郑建杰	50000	20000	30000
5	赵军	20000	20000	20000
6	孙林	16000	50000	50000
7	金士鹏	17000	50000	50000
…	…	…	…	…

雇员销售完成情况整体案例分析思路如图 6-2 所示，本章首先介绍如何利用 Power Query 将前述的"雇员年度销售目标表"和 Access 数据库中的全部表导入，然后在此基础上利用 Power Pivot 开展雇员销售完成情况分析数据仓库的构建。

图 6-2　雇员销售完成情况整体案例分析思路

6.1.2　使用 Power Query 导入雇员各年度销售目标数据

本书采用的是 Excel 2016 版本，Excel 2016 及之后版本的 Power Query 都是内置在"数据"选项卡下。雇员各年度销售目标数据存储在文件名为"雇员年度销售目标表.xlsx"的 Excel 文件中。

1）打开 Excel 2016，单击"数据"选项卡，依次选择"新建查询"→"从文件"→"从工作簿"，导入提供的 Excel 文件"雇员年度销售目标表.xlsx"，如图 6-3a 所示。

注意如果是 Excel 2013，则单击"Power Query"选项卡，"从文件"→"从 Excel"，导入提供的 Excel 文件，如图 6-3b 所示。

Excel 2013 中没有安装 Power Query 的读者，请从微软官网下载 Power Query 插件文件，根据是 64 位还是 32 位操作系统选择并安装。

a)　　　　　　　　　　　　b)

图 6-3　导入源数据

a) Excel 2016 及之后版本　b) Excel 2013 界面

2）在弹出的"导航器"界面依次单击"雇员销售目标表"→"加载"，将雇员年度销售目标数据导入，如图6-4所示。

图6-4　导入年度销售目标表

3）数据导入当前 Excel 工作表后，单击"Power Pivot"选项卡，在工具栏单击"添加到数据模型"，将第一个数据表"雇员销售目标表"导入到模型里，如图6-5所示。

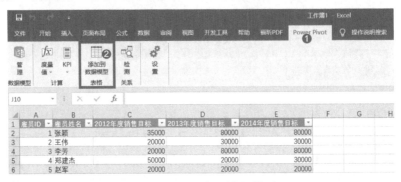

图6-5　将表添加到数据模型

4）这时进入"Power Pivot for Excel"主界面，单击"保存"即可保存数据模型。单击左上角"Excel"图标可以返回 Excel 工作表，如图6-6所示。

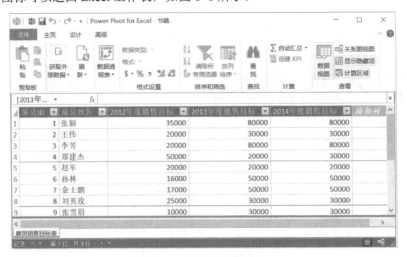

图6-6　保存数据模型

6.1.3　导入来自 Access 数据库的各种销售业务数据

单击"数据"选项卡，在工具栏依次单击"新建查询"→"从数据库"→"从 Microsoft Access 数据库"，将提供的案例数据"商业数据库.mdb"导入，如图 6-7 所示。

图 6-7　导入 Access 数据库

在弹出的"导航器"界面单击"选择多项"，然后勾选所有数据表，单击"加载"，将商业数据库中有关产品、订单、订单明细、雇员、客户、类别、供应商、运货商等数据导入，如图 6-8 所示。

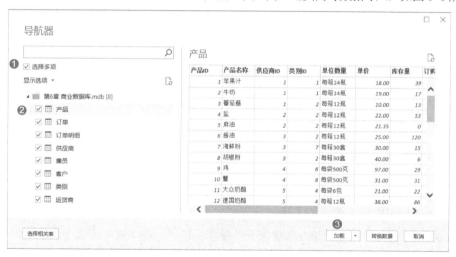

图 6-8　导入 Access 数据库的所有表

6.1.4　在 Power Pivot 和 Excel 工作表之间切换

导入成功后，单击"Power Pivot"选项卡→"管理数据模型"，此时可以发现已将 Access 数据库中的 8 个表和原 Excel 的雇员销售目标表集成到一起了。单击左上角"Excel"图标，回到工作表，如图 6-9 所示。可以将此工作表命名并保存。

保存后，如果重新打开该工作簿，单击左上角"管理数据模型"选项卡，就可以进入 Power Pivot 工作界面，如图 6-10 所示。

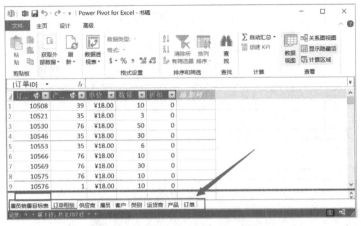

图 6-9　在 Power pivot 和 Excel 工作表之间切换

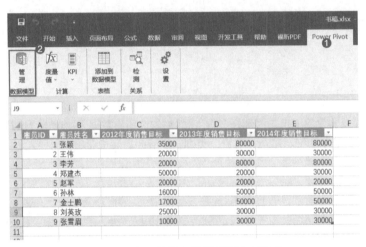

图 6-10　在工作簿和数据模型之间切换

6.2　通过 Power Pivot 进行数据仓库建模

6.2.1　建立各数据表之间的关系

　　Access 数据表中的各个初始数据表都有关键字，通过这些关键字形成了各表之间一对多或一对一的关系，Power Pivot 能够根据这种关系自动识别并建立表间连接。

　　单击"管理数据模型"进入 Power Pivot 工作界面，再单击"关系图视图"按钮，可以查看数据关系模型，如图 6-11 所示。

　　单击"关系图视图"旁边的"数据视图"，可以回到查看数据界面，两者可以根据需要来回切换。

　　在图 6-11 所示的关系图视图中，引入的"雇员销售目标表"并未与其他表建立关系，通过分析"雇员"表中的雇员与"雇员销售目标表"是一对一的关系，因此建立这两个表之间的关系。单击"雇员销售目标表"中的"雇员 ID"，按住鼠标左键，拖动到"雇员"表的"雇员 ID"列，松开鼠标左键。两表之间就多了一条连接线，即成功建立了关系，如图 6-12 所示。如需取消两表之间的关系，单击连接线，按〈Delete〉键即可。

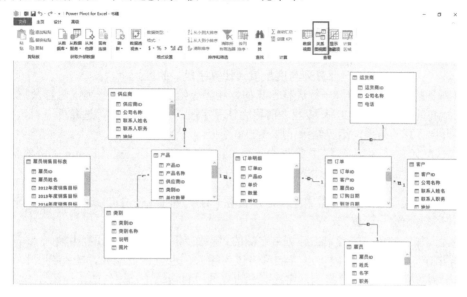

图 6-11　数据模型关系图视图

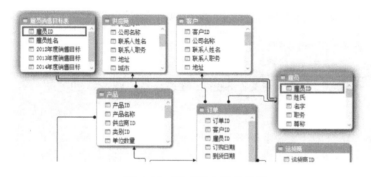

图 6-12　建立表之间的关系

双击连接线，可以编辑关系，如图 6-13 所示，这里不需要修改，单击"确定"按钮即可。

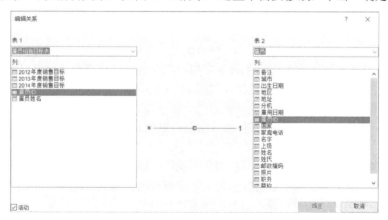

图 6-13　编辑表间关系

6.2.2 新建计算列和度量值

1. 根据需要新建"销售金额"计算列

小知识点

计算列与度量值（计算字段）的区别

计算列是基于数据源的每一行进行运算的，相当于给数据增加了一列，每行数据来自公式运算结果。度量值在 Excel 2013 版及之前称为计算字段，是在一定的筛选条件下对数据源的某一列进行聚合运算的结果，运算结果是唯一的单个值。

本例中，计算列可以得到每单每个产品的销售金额，而度量值=sum（销售额）则可以按筛选条件（比如每年、每个雇员）得到销售金额。

单击"数据视图"，回到查看数据界面，查看"订单明细"表，可以看到里面没有销售金额字段，接下来增加这一计算列。

单击"添加"按钮，或者单击数据最右侧的"添加列"，在中间公式栏中输入"=[单价]*[数量]*(1-[折扣])"。[单价]等字段可以直接单击该列输入，也可键盘输入，输完公式按〈Enter〉键，新的一列数据就自动计算得到，字段名称可以通过直接单击标题修改，如图 6-14 所示。

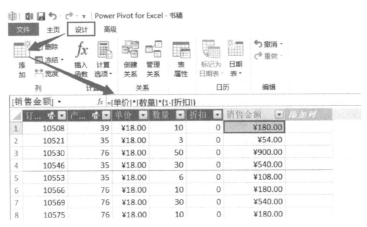

图 6-14 添加计算列"销售金额"

注意按 DAX（数据分析表达式）语法规范，字段都是用[]括起来，本章 6.3 节会详细讲述 DAX 的用法。

同理，在订单表中增加计算列"订购年=YEAR([订购日期])"。

观察"雇员"表的姓氏和名字分为两列存储，在该表增加计算列"姓名=[姓氏]&[名字]"。这里"&"用于实现两个字符字段相连接，如图 6-15 所示。

2. 根据分析需要增加几个必要的度量值（计算字段）

在本例中，我们的分析目标是面向雇员主题，以数据 2014 年为例，假定当前年为 2014年，作为管理者，可以从以下几个方面分析雇员的销售数据。

● 将每个雇员的销售完成额与其目标对比分析，了解其工作完成情况。

● 计算每个雇员当年的销售任务完成度，即到统计时点他完成的百分比。

● 了解每个雇员完成的销售额占总的销售额的百分比。

● 了解每种产品类别的销售情况。

对后两者的实现比较简单，后文会讲解。但对前两者而言，需要有以下两个关键的度量指标，即要建立的度量值，按照筛选年份统计每个雇员的销售金额。

● 2014 年实际完成销售额，即每个雇员当前实际销售完成额。

● 2014 年任务完成度，即（每个雇员当前实际销售完成额/2014 年度任务目标）*100%。

观察前面建立的数据关系模型，如图 6-16 所示，围绕着"雇员"这个事实表，[2014 年度销售目标]存储于"雇员销售目标表"，与"雇员"表直接相连，可以直接引用这个字段。而每个雇员完成的实际销售额存储于"订单明细"表，它并未与"雇员"表直接相连，而是通过"订单"表间接相连。因此，要想获取每个雇员的销售完成额，就需要在"订单"表中建立一个新的计算字段。

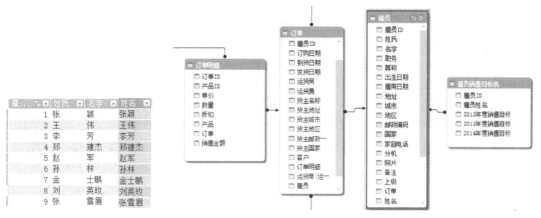

图 6-15　添加计算列"姓名"　　　　　　　　　　　　图 6-16　数据关系模型

1）在"Power Pivot"选项卡下，单击"度量值"→"新建度量值"，在"度量值"对话框中做如图 6-17 所示的设置，建立"实际完成销售额"这一计算字段。

图 6-17　增加度量值"实际完成销售额"

公式=SUM('订单明细'[销售金额])，表示对"订单明细"表的[销售金额]字段求和。

引用某个字段用"[]"，前面加表名，注意表名加单引号。输入时可以在需要的地方按键盘上的单引号，通过"'"或"["启动智能感知，系统会自动罗列表和字段供选择。

2）订单下有了[实际完成销售额]字段，则可以进一步在"雇员"表中建立所需的度量值[2014 年实际完成销售额]，如图 6-18 所示。

图 6-18 增加度量值"2014 年实际完成销售额"

公式=CALCULATE([实际完成销售额],YEAR('订单'[订购日期])=2014)。

这里 CALCULATE 函数是按筛选器上下文对表达式求值，即得到 2014 年实际完成销售额。

3）有了[2014 年实际完成销售额]字段，就可以在"雇员"表中新建度量值"2014 年任务完成度"，其公式=DIVIDE([2014 年实际完成销售额],sum('雇员销售目标表'[2014 年度销售目标]))，DIVIDE 函数用来实现两数相除，如图 6-19 所示。

图 6-19 增加度量值"2014 年任务完成度"

对于建立错误或不需要的度量值可以进入"管理度量值"，选择相应度量值，进行"编辑"或"删除"，如图 6-20 所示。

图 6-20 管理度量值

至此，案例所需要的数据仓库模型就基本建好了。第 7 章将利用此模型，开展具体的数据透视图、数据透视表的构建。

6.3 数据分析表达式

前面章节已经介绍过数据分析表达式（Data Analysis Expressions，DAX）的具体使用。本节主要介绍 DAX，分类介绍其中的 200 多个函数及其部分典型应用。熟悉这些函数，有利于在 Power BI 的各种建模中灵活实现。常用函数用法收录在本书附录中，供读者使用时参考。

6.3.1 什么是 DAX

1. DAX 概念

DAX，即数据分析表达式，是一门由函数、运算符和常量组成的函数语言，可在 Power Pivot for Excel 中组合函数生成公式和表达式。使用它可以通过模型中已有的数据创建新信息。

2. DAX 公式与 Excel 公式区别

DAX 公式与 Excel 中的公式非常相似，熟悉 Excel 函数有助于读者运用 DAX 函数。时间和日期函数两者有 17 个函数共用，信息函数 6 个，逻辑函数 7 个，数学和三角函数 24 个，统计函数 14 个，文本函数 16 个共用。DAX 多了关系函数、筛选器函数、时间智能函数等。两者之间也有一些重要区别，如表 6-2 所示。

表 6-2　DAX 公式与 Excel 中的公式对比

对比方面	Excel 公式	DAX 公式
公式引用单元格数据	可以引用单个单元格或部分单元格，比如： A3= SUM(A1+A2) A6= =SUM(A3:A4)	在 Power Pivot 中，只能引用完整的数据表或数据列，如果要用到列的一部分，还需向公式中添加筛选器
在公式中可以使用的数据类型	主要有文本、数值、日期、时间、货币等	比 Excel 的数据类型多了布尔型（Boolean）、空白（Blank）类型。数值类型分整数（I8）、未定义小数点后的位数的实数（R8）

DAX 公式中可以使用的数据类型：布尔型（Boolean）数据为"False 和 True，或者 1 和 0"；空白（Blank）类型代表空值或空字符串；信息函数 ISBLANK 用来判断是否为空值。DAX 未提供可对已导入 Power Pivot 工作簿中的现有数据进行数据类型更改、转换或强制转换的函数。

6.3.2 深入理解 DAX 的重要概念"上下文"

"上下文"是 DAX 函数中又一个非常重要的概念，所谓上下文，简单理解就是应用 DAX 函数建立的度量值是在建立数据透视表、报表等特定筛选条件下应用的，它有"上下文"，包括"行上下文"和"筛选上下文"。就好像中文里的一些话，单独理解可能有问题，需要结合"上下文"（即语境）进行理解。数据的分析也是这样，需要在"上下文"的环境下进行。如果还不是很理解，也别着急，可以具体应用一下这个函数，看看是不是会豁然开朗。

本部分将在第 8 章建立的报表基础上进行应用讲解，打开包含报表即"2014 年销售数据多维分析报表"的 pbix 文件。读者可以等学习了后面章节再回来具体操作，这里先做理论的学习，通过阅读本部分先来理解 DAX。

1）在 Power BI Desktop 中新建一度量值（计算字段）"季度最后日期销售额"。用它来计算当前条件下所在季度的最后一个日期（数据的最后一个日期）的销售额，比如当前是 2014 年第二季度，数据里面最后一天的销售日期是 2014-05-06，这个计算字段就可以取得 2014-05-06 这天的销售额。这需要用到 CLOSINGBALANCEQUARTER 函数，其主要功能为计算当前"上下文"下季度最后日期的表达式的值。

公式为=CLOSINGBALANCEQUARTER(SUM('订单明细'[销售金额]),'订单'[订购日期])。

其中，CLOSINGBALANCEQUARTER 函数的第一个参数为一个返回计算值（销售金额）的表达式，第二个参数为包含日期的列，可以有第三个参数指定"上下文"，即筛选器表达式，也可以不指定，在报表中它用来自动接收报表筛选器上下文，如图 6-21 所示。

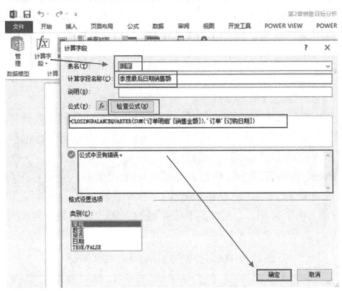

图 6-21　CLOSINGBALANCEQUARTER 函数的使用

2）应用一下这个计算字段。在工作簿中新建一个报表，选择刚刚建立的"订单"表下的计算字段"季度最后日期销售额"，将其拖入报表空白区，系统自动算出数据库中最新日期 2014 年第二季度的最后一个销售日期 2014-05-06 的销售额是 2778.66 元。

这里可以验证一下这个函数的计算，就会更加了解它了。将"订单"表中的订单 ID、订购日期以及"订单明细"表中的销售金额拖入同一区域，构建一个数据表格。并将订购日期拖入筛选器，选择订购日期 2014-05-06，可以看到该日的销售金额是 2778.66，如图 6-22 所示。

图 6-22　计算字段"季度最后日期销售额"结果

该计算字段能够自动得到这个结果，这样就可以方便地用它来再次参与其他参数的计算等，解决复杂的数据分析需要。

注意这里选取的示例数据是为了考虑连贯性，避免过度跳跃。主要是帮助理解函数及函数上下文，读者难免会感觉这个函数用处不大，但实际的会计处理中会出现这样的数据，如果取季度最后一天的数据就可以方便季报的数据处理。

3）删除"订购日期"筛选器，将"日历表"的"年"和"季度"拖入筛选器，选择有数据的 2012—2014 任意年份，选择不同季度，就可以得到该季度数据最后日期的销售额。比如选择 2014 年第一季度，就可以得到 2014-03-31 这一天的销售额是 7700.40 元。这就说明函数能根据**筛选**上下文来进行计算。

4）如何理解函数计算中的"行上下文"？

接下来，修改一下刚才建立的"季度最后日期销售额"。因为刚才的计算字段中直接使用了在 Power Pivot 中建立的计算列"销售金额"来进行销售额的计算，但原始数据中并没有这个列。现在假如没有建立这个计算列，根据源数据，销售金额的公式='订单明细'[单价]*'订单明细'[数量]*(1-'订单明细'[折扣])。接下来嵌套另一个函数 SUMX 来获得每行的计算值之和。

SUMX(<table>, <expression>)的作用是返回表中每一行计算的表达式之和。

因此，将计算字段"季度最后日期销售额"的公式修改为"=CLOSINGBALANCE-QUARTER(SUMX('订单明细','订单明细'[单价]*'订单明细'[数量]*(1-'订单明细'[折扣])),'订单'[订购日期])"，如图 6-23 所示。

图 6-23　计算字段"季度最后日期销售额"的公式

这样就通过两个函数的嵌套，先进行行数据的计算，再计算特定范围的列数据的计算。等于是获得了一个"上下文"条件下季度最后日期的订单数据集，并计算出当天订单的销售额，如图 6-24 所示。

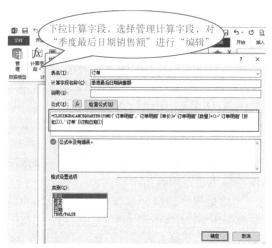

图 6-24　计算字段"季度最后日期销售额"的公式设置

5）返回到刚才创建的报表，看到修改后的"季度最后日期销售额"也同样计算出来了。数据结果与之前计算办法相同，只是这里面应用函数 SUMX 进行了行的计算汇总，它计算出来的值是根据"行上下文"得到的。

"行上下文""筛选上下文"其实就是为函数的计算提供特定的计算条件。

总结：充分利用 DAX 各种函数（DAX 公式可以包含多达 64 个嵌套函数），在"行上下文""筛选上下文"的条件下可以灵活实现行上、列上特定数据集的计算，从而获得所需要的各种数据范围的计算结果。

6.3.3　DAX 函数分类介绍

微软官网将 DAX 函数分类为日期和时间函数、时间智能函数、筛选器函数、信息函数、逻辑函数 、数学和三角函数、父/子函数 、统计函数、文本函数、其他函数共十类。熟悉这些函数，有利于读者在 Power BI 中实现灵活数据建模。各类函数列表见本书附录，读者可以通过它查看其主要功能及语法。

以下简要介绍几类函数及部分典型应用。

1．日期和时间函数

DAX 中的大多数日期和时间函数与 Excel 日期和时间函数非常相似。差别是 DAX 函数使用 Datetime 数据类型，采用列中的值作为参数。

在日期时间函数中，前面的函数都比较好理解，最后一个函数 YEARFRAC 如何取参数 basis 要注意。

YEARFRAC 函数可以用来计算两个日期之间的完整天数占全年天数的比例。使用 YEARFRAC 函数可计算要从整年的收益或负债中分配给特定期限的比例。

语法如下：YEARFRAC(<start_date>,<end_date>,<basis>)。其中参数 basis 可选 0～4。

假定需要将 2014 年年初 10000 元短期借款及其年利息（年利率为 12%）按日分摊到一月份，则可以通过此函数实现。

● 如果不输入参数 basis，则默认按"US (NASD) 30/360"计算：
=YEARFRAC(2014-01-01,2014-01-31)*10000*0.12=30/360*10000*0.12=100

● 如果输入参数 basis 为"3"，则按"实际/365"计算：
=YEARFRAC(2014-01-01,2014-01-31,3)*10000*0.12=30/365*10000*0.12=98.63

依此分析，在我国将参数 basis 设置为"3"符合实际。

2．时间智能函数

DAX 函数比 Excel 函数多了一组"时间智能函数"，利用这些函数，可以定义或选择日期范围，实现某一时间段（包括日、月、季度和年）的数据智能动态计算。

前文提到一个时间智能函数 CLOSINGBALANCEQUARTER，其主要功能为计算当前上下文中季度最后日期的表达式的值。掌握了它的用法，举一反三，时间智能函数的应用问题就不会很难了。

有了智能时间函数，统计时间范围的数据时就方便多了。比如要计算每年的销售额。

● 不用时间智能函数的情况下是这样做的：

在 Power Pivot 中建立一个度量值"2014 年实际完成销售额"，其公式为

=CALCULATE([实际完成销售额],YEAR('订单'[订购日期])=2014)

这里 CALCULATE 函数是按第二个参数的条件对第一个参数表达式求值，即得到 2014 年实际完成销售额。

其中，[实际完成销售额]是一个建立在"订单"表的度量值，公式=sum('订单明细'[销售金额])。这里只能固定计算 2014 年的年度销售额。

● 用时间智能函数的情况下，可以这样做：

建立一个度量值"年度实际完成销售额"，公式为

=CALCULATE(SUM('订单明细'[销售金额]), DATESYTD('订单'[订购日期]))

使用时间智能函数的好处是，可以根据上下文得到时间范围，比如这里利用 DATESYTD 函数返回一个表，该表包含当前上下文中本年度到现在的日期列。假如上下文筛选时间是 2013 年，则这个函数返回的表就包括 2013 年的所有订购日期。

这样做的最大好处就是，可以灵活计算不同年份的年度实际完成销售额。

● 还可以用其他的时间函数，达到同样的目的。

比如使用时间智能函数中的年累计 TOTALYTD 函数，则公式可以写为

=TOTALYTD([实际完成销售额], '订单'[订购日期])

或不用嵌套计算字段，直接写为

=TOTALYTD(SUM('订单明细'[销售金额]), '订单'[订购日期])

再看一个函数 PARALLELPERIOD，该函数可以返回一个表，该表包含由日期构成的一列，这些日期表示与当前上下文中指定的 dates 列中的日期平行的时间段，该列中具有在时间中前移或后移某个数目的间隔的日期。

利用这个函数，可以通过设置参数"-1"和"year"获取上一年度的日期列。建立一个度量值"上年度实际完成销售额"，公式为

=CALCULATE(SUM('订单明细'[销售金额]), PARALLELPERIOD('日历表'[日期],-1,year))

到此，可以将上面的几个计算字段放入报表中，将日历表的"年"字段拖入筛选器，可以看到在筛选器中设定为 2013 年时，使用不同的时间智能函数可以实现不同年份的数据统计，还可以动态实现上年度数据的统计，不同函数的计算结果，如图 6-25 所示。在实际工作中，可以灵活选择这些函数应用。

图 6-25　不同函数的计算结果

3．筛选器函数

筛选器函数帮助返回特定数据类型、在相关表中查找值以及按相关值进行筛选。查找函数通过使用表和表之间的关系进行工作。筛选函数可用于操作数据上下文来创建动态计算。

4．信息函数

信息函数用来查找作为另一个函数的参数提供的表或列，并且指示值是否与预期的类型匹配。例如，如果引用的值包含错误，则 ISERROR 函数将返回 TRUE。

PATH、PATHCONTAINS、PATHITEM、PATHITEMREVERSE、PATHLENGTH 这五个数据分析表达式（DAX）函数可以帮助用户来管理在其模型中显示为父子层次结构的数据。

5. 逻辑函数

逻辑函数用来返回有关表达式中的值的信息。例如，通过 TRUE 函数可以了解正在计算的表达式是否返回 TRUE 值。

6. 数学和三角函数

DAX 中的数学函数类似于 Excel 的数学和三角函数。但是，DAX 函数使用的数值数据类型存在一些差别。

7. 统计函数

统计函数执行聚合。除了求和与平均值，或者查找最小值和最大值外，还可以通过 DAX 在聚合之前筛选列或基于相关表创建聚合。

8. 文本函数

文本函数实现返回部分字符串、搜索字符串中的文本或连接字符串值。提供给其他函数用于控制日期、时间和数字的格式。

本章小结

本章通过一个雇员销售完成情况实际数据建模与分析的案例，讲述了如何通过 Power Query 导入异构的数据源数据，通过 Power Pivot 的功能来构建数据仓库模型，并学习建立 DAX 计算列、DAX 度量值（计算字段），根据实际需要修改具体的数据仓库模型。重点是理解数据表之间的关系视图、DAX 计算列、DAX 计算字段（度量值）。另外，本章还介绍了数据分析表达式（DAX）的具体使用，通过具体例子讲解了 DAX 的重要概念"上下文"，介绍了 DAX 常用函数及其典型应用。

本章练习

一、思考题

1. 数据仓库的模型主要有哪几种？
2. 理解计算列和度量值，并思考如何依据实际分析决策需求建立计算列和度量值。
3. 理解数据表之间一对一、一对多、多对多的关系。
4. 思考 DAX 函数与 Excel 常见函数之间的异同。

二、讨论题

结合企业具体业务情况构建数据集市，数据主要来自哪里？

三、实训题

熟悉 DAX 时间智能函数的应用，利用案例数据，使用时间智能函数实现销售金额同比增长率折线图制作。

第7章 开展 OLAP 分析

从第 6 章至第 9 章，利用雇员销售完成情况实际数据，介绍敏捷商业智能实现的全流程的具体应用技术及方法。本章在第 6 章的实际数据建模基础上，利用 Power Pivot 建立数据透视表、数据透视图，建立一个完整的销售目标分析报告，开展 OLAP 分析。

学习目标

● 了解数据透视表、透视图这些数据展现的利器，学会在 Power Pivot 中建立数据透视表、数据透视图；

● 掌握 OLAP 的切片、切块、旋转、钻取等操作；

● 掌握 KPI 指标数据预警的实现。

7.1 构建联机销售目标分析报表

7.1.1 建立数据透视图和表

1. 建立销售额完成情况数据透视图和表

数据透视表是一个非常好的数据分析工具，利用它能很方便地洞察数据，特别是有了 Power Pivot 这个强大的工具之后。

在 "Power Pivot" 选项卡下，单击 "管理数据模型" 按钮，进入 Power Pivot for Excel 工作区，如图 7-1 所示。单击 "数据透视表"，可以看到有八种选择，考虑只做数据透视表，还是只做数据透视图，或者两者同时做（水平放置、垂直放置）等。这里先选择 "图和表（垂直）"，建立垂直放置的透视图和透视表。

图 7-1 建立数据透视表

注意：Power Pivot 里建立的数据透视图、数据透视表都是建立在 Power Pivot 的数据模型基础上，不同于传统的数据透视表。

选择放于"新工作表"，如图 7-2 所示。

进入数据透视表和透视图设置界面，如图 7-3 所示，下一步将需要在透视表和透视图中显示的字段拖入相应轴、图例、值和筛选器中。

图 7-2　存放数据透视表

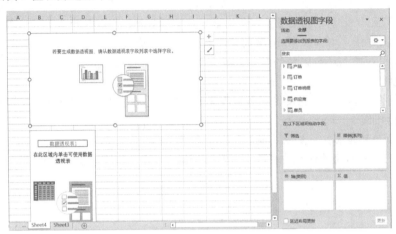

图 7-3　数据透视表和透视图设置界面

2．设置数据透视表

单击图 7-3 所示下方的数据透视表，这里计划在这个表中显示每个雇员 2014 年的实际完成销售额、销售目标与任务完成度。

1）建立的二维表里，行字段是[雇员 ID]、[姓名]，于是在右侧"数据透视表字段"选项卡中，将"雇员"表中的这两个字拖入行区域。

2）列值是[2014 年度销售目标]、[2014 年实际完成销售额]、[2014 年任务完成度]。前一个是在"雇员销售目标表"里（即导入的 Excel 数据表中），后两个是在"雇员"表里（见第 6 章）建立的两个度量值（计算字段）。将这三者依次拖入值区域，如图 7-4 所示。

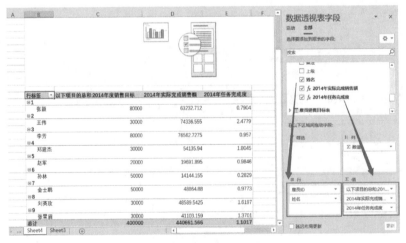

图 7-4　数据透视表设置

126

3）对数据透视表进行美化。

选择"设计"→"报表布局"→"以表格形式显示"，如图 7-5 所示。

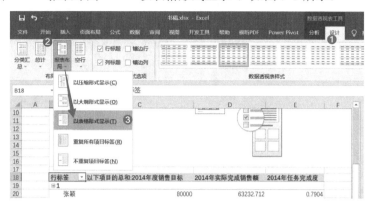

图 7-5　数据透视表以表格形式显示

选择"分类汇总"→"不显示分类汇总"，如图 7-6 所示。

图 7-6　数据透视表不显示分类汇总

调整字段标题和单元格格式，将"小数位数"设为 2 位，"2014 年任务完成度"单元格的格式设为"百分比"，如图 7-7 所示。

图 7-7　设置透视表单元格格式

7.1.2　设置数据透视图

接下来在数据透视图中显示每个雇员的实际完成销售额与销售目标数据对比簇状条形图。

单击如图 7-8 所示的数据透视图区域，依次选择"分析"→"字段列表"，在界面右侧将会显示数据透视图字段。与数据透视表类似，将需要建立图的字段拖入相应的轴、图例、值区域。

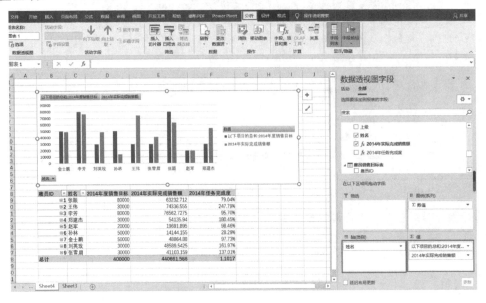

图 7-8　数据透视图设置

将"雇员"表里面的[姓名]拖入轴区域，"雇员销售目标表"里的[2014 年度销售目标]和"雇员"表里的[2014 年实际完成销售额]拖入值区域。单击"设计"选项卡，选择"更改图表类型"，选择簇状条形图，如图 7-9 所示。经过修改，数据透视图的对比展示会更符合阅读习惯，数据透视图就做好了。

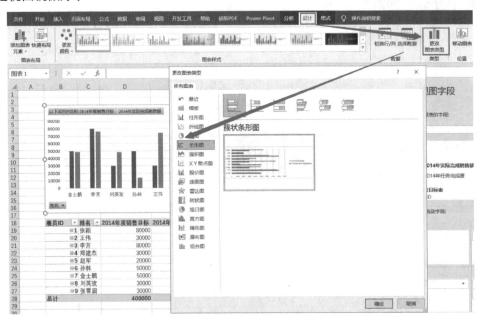

图 7-9　更改透视图类型

单击图 7-10 右上角的笔的图标，可以选择自己喜欢的图表样式，但要记得修改图表标题。

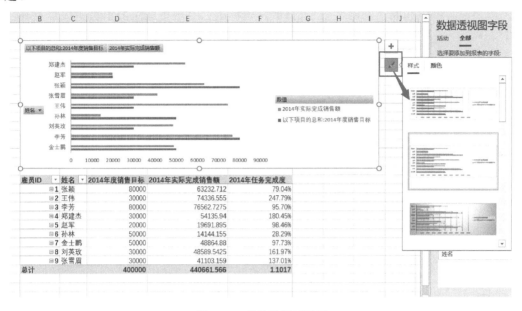

图 7-10　美化数据透视图

7.1.3　增加另外两个数据透视图

为更丰富数据的分析功能，本小节将在前面的基础上，再建立两个透视图，来反映 2014 年商品总的销售额和每个雇员完成的销售额的占比情况。

1）将前文制作的透视图复制后粘贴两份，排列在原图表右侧，如图 7-11 所示。

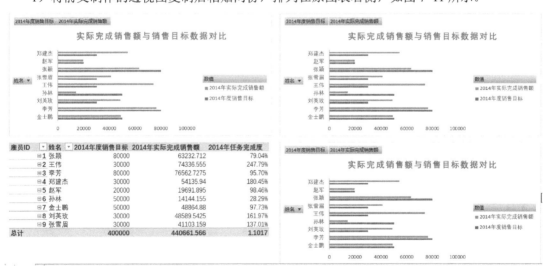

图 7-11　复制透视图和透视表

2）将图 7-11 右上角的透视图修改为全企业总的销售完成额及其目标对比图。

鼠标单击右上角透视图，单击"设计"选项卡，选择"更改图表类型"，选择其中的

"簇状柱形图"。

如图 7-12 所示，单击"分析"选项卡下的"字段列表"，右键单击轴区域里的字段[姓名]，从弹出菜单中选取"删除字段"。修改图表标题为"全企业总的销售完成额及其目标对比图"。

图 7-12 删除字段

3）将图 7-11 右下角的透视图修改为个人实际完成销售额占比分析图

鼠标单击右下角的透视图，单击"设计"选项卡，选择"更改图表类型"，选择"饼图"里面的"圆环图"。

单击"分析"选项卡下的"字段列表"，右键单击值区域里的字段[以下项目的总和：2014年度销售目标]，从弹出菜单中选取"删除字段"。单击图右上角的笔的图标，可以选择自己喜欢的图表样式。修改图表标题为"个人实际完成销售额占比分析"。重命名工作表标题为"2014年度销售目标分析"，得到如下分析报告，保存整个工作簿，如图 7-13 所示。

图 7-13 2014 年度销售目标分析报告

至此，本小节在 Power Pivot 建好的数据模型基础上，采用数据透视图、数据透视表构建好了一份销售分析报表。

7.2 利用 Power Pivot 开展 OLAP 分析

切片器

切片，是联机分析处理（OLAP）的基本多维分析操作之一。OLAP 有钻取（Drill-up 和 Drill-down）、切片（Slice）和切块（Dice）以及旋转（Pivot）等操作。

切片器就是实现切片操作的工具，它可以实现选定维度的数据获取。通俗讲，切片就是将已有数据沿其中一维进行分割。比如本例通过建立产品类别切片器来实现按某产品类别统计销售额。

7.2.1 插入切片器实现从产品维度分析销售数据

1. 插入切片器

选择一个透视图，在数据透视图工具下面选择"分析"选项卡，单击"插入切片器"，依次选择"全部"→"类别"→"类别名称"，单击"确定"按钮，如图 7-14 所示。

图 7-14　插入切片器

鼠标单击添加的切片器，按住右下角边框并拖动可以改变其大小，将切片器放在报告顶部，长度适合报告宽度，如图 7-15 所示。

图 7-15　美化切片器

单击切片器，在"切片器工具"选项卡中，修改按钮组里面的"列"，将列数设置为"8"，或增加合适数目直到看见所有类别为止，如图 7-16 所示。

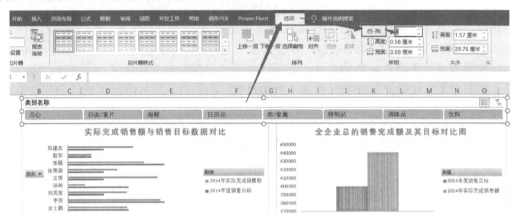

图 7-16　调整切片器

2. 切片器与其他报表连接

完成上一步中对"列"的修改之后，就可以单击不同的类别，比如单击"海鲜"，看到"实际完成销售额与销售目标数据对比"图中每个人完成的数据都发生了改变，变为 2014 年相应类别的销售数据，鼠标指向某个数据条，会显示相应具体数据。单击切片器右上角的"清除筛选器"图标，就可以取消筛选，回到全部数据状态，如图 7-17 所示。

图 7-17　切片器使用

但此时，只看到"实际完成销售额与销售目标数据对比"图数据的变化，而其他两个图的数据并没有联动。如果想看类别总的销售数据，该怎么办呢？

单击切片器，在"切片器工具"选项卡中，选择"报表连接"，在弹出的"数据透视表连接"对话框中勾选另外两个要与该切片器联动的图表，单击"确定"按钮，如图 7-18 所示。

这时，再单击任意类别，就可以了解到该类别的总的数据、每个雇员在这个类别的销售占比等数据，非常灵活！

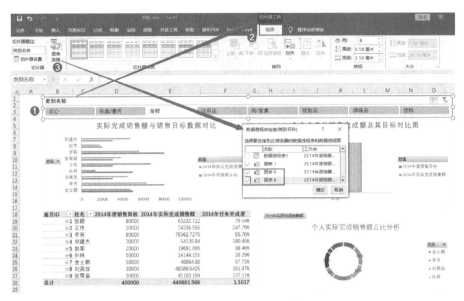

图 7-18　切片器与报表连接

7.2.2　利用 OLAP 分析将数据透视表转换为数据魔方

复制前文建立的数据透视表，将其粘贴到新的工作表。单击"分析"→"OLAP 工具"→"转换为公式"。这时就快速建立了一个数据魔方（也可以称为多维数据集自由报表），如图 7-19 所示。

图 7-19　将数据透视表转换为数据魔方

这时可以看到，数据透视表里的单元格都自动转换为一个多维数据立方体，俗称"打CUBE"。公式一般包含连接到联机分析处理（OLAP）的 CUBEVALUE、CUBEMEMBER 函数。数据值转换为 CUBEVALUE 函数，行列标签转换为 CUBEMEMBER 函数，如图 7-20 所示。

接下来，就可以应用这个多维数据集，实现灵活的查询。假设雇员很多，想要快速定位到某个人的数据，只需鼠标单击"姓名"列中第一个人，将其公式中的雇员 ID改为"6"，姓名改为"孙林"，按〈Enter〉键，则可以快速查询到孙林的相关数据，如图 7-21 所示。

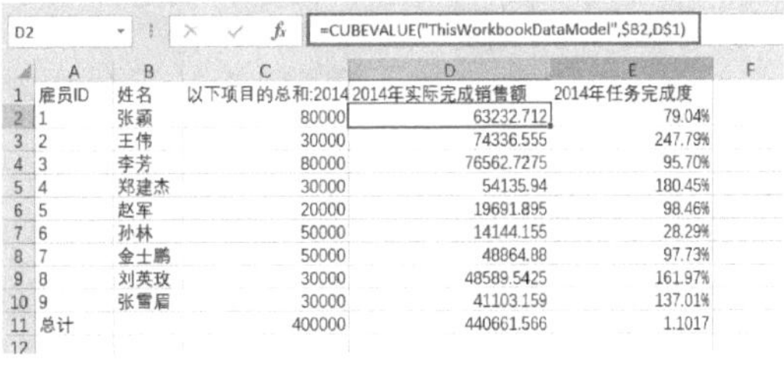

图 7-20　数据魔方

图 7-21　数据魔方应用

7.2.3　建立 KPI 指标实现数据预警

小知识点

KPI（关键绩效指标）

关键绩效指标（Key Performance Indicator，KPI）是通过对组织内部流程的输入端、输出端的关键参数进行设置、取样、计算、分析，衡量流程绩效的一种目标式量化管理指标，是把企业的战略目标分解为可操作的工作目标的工具。

在 Power Pivot 中通过设定 KPI 度量值以及某个重要业务目标进度的提示，可帮助管理者迅速对业务绩效进行判断或预警。

第一步，建立 KPI 指标。

回到"2014 年度销售目标分析"报表，在"Power Pivot"选项卡下，单击"KPI"→"新建 KPI"，如图 7-22 所示，通常设定关键绩效指标的目标值、状态值及其图标样式，从而为一些关键指标设定一目了然的状态预警。比如本例选择"2014 年任务完成度"，其目标值为 100% 完成，即数值 1，调整状态阈值，低于 0.6（即 60%）用红色突出显示，高于 0.8 用绿色显示，并选择圆圈图标，类似红绿灯信号。

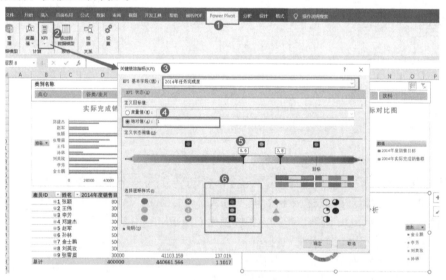

图 7-22　新建 KPI

第二步，单击透视表，增加 KPI 指标的状态列。

将"度量值"转化为 KPI 之后，原来的"2014 年任务完成度"度量值，将自动从"管理度量值"的字段列表中移到"管理 KPI"的字段列表中。

单击透视图，选取"分析"选项卡下的"字段列表"，然后选取"雇员"表下的 KPI 指标

"2014年任务完成度",可以看到它的前面加上了一个KPI指标图标,分"数值""目标""状态"三种字段,选择"状态"拖入到值字段后面,数据透视表中即会根据完成度显示红黄绿预警的图标状态列,如图7-23所示。

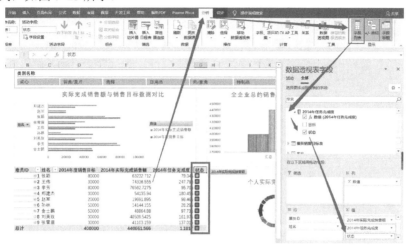

图 7-23   增加 KPI 指标状态列

这样,带预警图标的数据透视表就完成了。利用切片器可以灵活实现数据的多维分析。

7.3   OLAP 钻取操作

7.3.1   利用 Power Query 新建一个日历表并添加到数据模型

1. 通过 Power Query 新建空查询添加日历表

日历表有多种建立方式,本书推荐通过新建空查询来实现。

打开上一节建立好的"销售目标分析表.xlsx",选择"数据"选项卡→"新建查询"→"从其他源"→"空白查询",如图7-24所示。注意:如果是Excel 2013版本,界面则略有差异,单击"Power Query"选项卡下面的"启动编辑器",进入查询编辑器窗口"Query Editor",单击新建查询工具栏中的"新建源"→"其他源"→"空查询",建立一个空查询。

图 7-24   新建空查询

进入查询编辑器窗口"Power Query 编辑器"，在原来列出的 9 张表的下面添加一个新查询，名称默认为"查询1"。在公式栏里输入"=List.Dates"，注意字母大小写。进入如图 7-25 所示的查询设置界面。

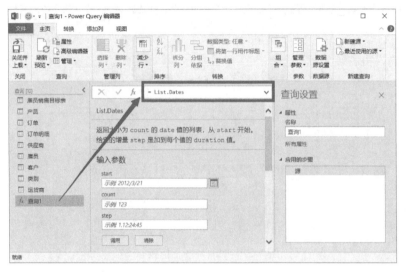

图 7-25　查询设置界面

在输入参数中设置参数"start"（开始时间），考虑本书所用业务数据为 2012 年至 2014 年数据，建立的开始时间设为"2012-01-01"，"count"设为 3650，即长度为 10 年的日历数据，"step"（时间间隔）为 1 天，设为 1。单击"调用"按钮。系统自动建好的从 2012-01-01 开始到 2021-12-31 的序列日期表，如图 7-26 所示。

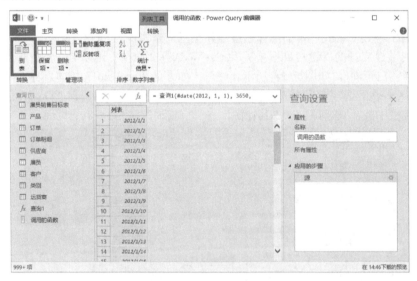

图 7-26　得到序列日期表

单击图 7-26 界面左上角"到表"按钮，将列表转换为数据表，默认名称为"调用的函数"，右键单击该名称，重命名表名为"日历表"。这样就初步建立好了一个日历表。

2. 完善建立的日历表

进一步完善刚刚建立的日历表，添加年、季度、月、星期等列，便于灵活应用日期开展钻取等分析。

单击"日历表","添加列"选项卡→"日期"→"年"→"年",给日历表添加单独一列,修改现有两列的名称分别为"日期"和"年",如图 7-27 所示。

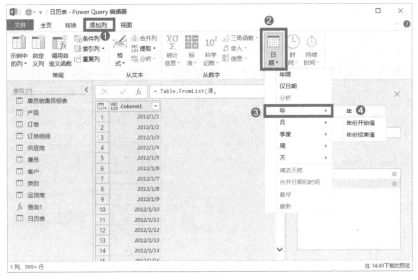

图 7-27　日历表修改

同理,添加其他"季""月""星期""星期几"等列。记得添加时要先单击"日历表"列,"日期"按钮才可选。每个下面都有多个选择,比如要添加带有"月"字样的月份,就选择"月份名称"。如果选择"月份"就只有数字,读者可以根据需要尝试,如图 7-28 所示。

日历表各字段建好后,单击"Power Query 编辑器"的左上角,选择"文件"→"关闭并上载"。回到 Excel 界面,如图 7-29 所示。

3. 将建立的"日历表"添加到数据模型

日历表建好后,要与其他有日期的表建立关系才能使用,即在数据关系模型中建立两表的关联。本例是建立订单表的"订购日期"字段与日历表的"日期"字段之间的关联。

选择"Power Pivot"选项卡,单击"添加到数据模型",将日历表添加到数据仓库模型中。选择"管理数据模型",单击工具栏上的"关系图视图",按前面讲述的方法,按住鼠标左键将日历表的"日期"字段拖动到订单表的"订购日期"字段上后再松手,构建如图 7-30 所示的关系。

图 7-28　月份设置　　　　图 7-29　保存日历表　　　　图 7-30　将日历表添加到数据模型

7.3.2 在 Power Pivot 中使用日历表实现数据钻取

1. 建立数据透视表利用日历表钻取数据

继续保持在 Power Pivot 数据模型界面下，单击工具栏上的"数据透视表"，在新工作表中新建一个销售数据透视表，单击"分析"选项卡→"字段列表"，启用"数据透视表字段列表"，从"数据透视表字段列表"中选择字段，如图 7-31 所示。

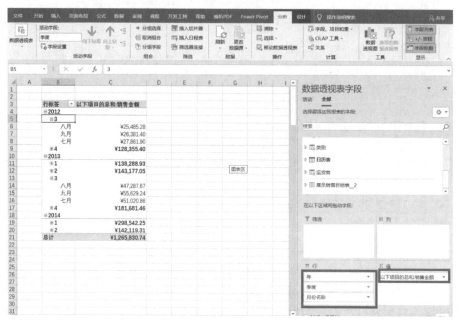

图 7-31　使用日历表钻取数据

从"日历表"选择"年""季度""月份"字段到数据透视表行区域；从"订单明细表"选择"销售金额"字段到数据透视表值区域。得到如图 7-31 所示的透视表。通过该表，可以轻松获知每年的销售金额数据。单击行标签中任一年左边的"+"号，往下钻取数据，可以看到每季度的数据，再单击季度旁边的"+"号，可以看到每月的数据。通过日历表的年、季度、月字段，可以轻松实现数据在日期维度上的钻取。

2. 检验是否符合要求

虽然利用"日历表"实现了销售数据的钻取分析，但观察 2012 年第三季度的数据后会发现，月份数据排序是"八月、九月、七月"。不是习惯上的中文月份排序。这是因为它是按照拼音字母排序的，还需要调整一下。

第一步，在 Power Pivot 数据模型中给"月份"字段添加按"月"排序。因为"月"字段里面只有数字，月份里面的汉字排序就会按照数字排序。

单击"Power Pivot"选项卡，选择"管理数据模型"，选择"日历表"，单击"月份"列，在"主页"选项卡下找到"按列排序"，选择"按列排序"，设置排序依据为"月份"这一列，单击"确定"按钮，如图 7-32 所示。如果没有给"日历表"增加"月份"这一列，则需要回到 Power Query 编辑器另行添加。进入"Power Pivot"选项卡的日历表界面中找到"查询"选项卡，单击"编辑"，再次进入 Power Query 编辑器，给"日历表"添加"月份"这一日期列。

图 7-32　排序设置

保存后回到刚才建立的数据透视表界面，可以发现月份已经正确排序了，如图 7-33 所示。

⊟2013	¥617,085.20
⊟1	¥138,288.93
一月	¥61,258.07
二月	¥38,483.64
三月	¥38,547.22
⊟2	¥143,177.05
四月	¥53,032.95
五月	¥53,781.29
六月	¥36,362.80
⊟3	¥153,937.77
七月	¥51,020.86
八月	¥47,287.67
九月	¥55,629.24
⊞4	¥181,681.46
⊟2014	¥440,661.57
⊟1	¥298,542.25
一月	¥94,225.31
二月	¥99,415.29
三月	¥104,901.66
⊟2	¥142,119.31
四月	¥123,798.68
五月	¥18,320.63
总计	¥1,265,830.74

图 7-33　正确排序数据

本节快速建立了一个灵活的日历表，实现了时间维度上的简单钻取。

本章小结

本章在第 6 章构建的数据仓库基础上，讲解了数据透视表、数据透视图的运用，建立了一个完整的销售目标分析报告。在销售目标分析报告中，介绍使用切片器等开展联机分析查询，实现数据的多维度、切片、钻取等分析；使用 OLAP 分析工具建立自由式报表；利用 KPI 指标实现数据预警。最后，介绍了如何添加日历表，实现按日期维度的数据深入钻取分析。

本章练习

一、思考题

1．Power Pivot 中的数据透视表和透视图与非 Power Pivot 环境下的数据透视表和透视图在功能上有什么不同？

2．OLAP 的多维分析操作在 Power Pivot 上应如何具体实现？

3．在数据模型中单独增加一个日历表有什么作用？

二、讨论题

1．讨论企业不同部门有哪些主要的 KPI 指标？

2．开展 KPI 指标数据预警在实际工作中有什么好处？

三、实训题

围绕给定的数据，利用 Microsoft Power BI 开展物流主题数据分析。

第8章 建立多维交互式分析报表与发布

从第6章至第9章，利用雇员销售完成情况实际数据，介绍敏捷商业智能实现的全流程的具体应用技术及方法。本章在前面章节数据建模的基础上，学习利用 Power BI Desktop 建立面向不同主题的多维交互式分析报表，并借助 Power BI Desktop 进行报表发布，实现云端报表的共享和移动端的访问。

学习目标
- 能够面向不同的分析主题通过数据可视化工具展示分析数据；
- 熟悉 Microsoft Power BI Desktop 商务智能产品的具体应用，会构建面向不同主题的多维交互式分析报表；
- 掌握如何在 Power BI Desktop 中进行报表发布，实现云端报表的共享和移动端的访问。

8.1 构建两张不同主题多维交互式分析报表

8.1.1 导入数据模型和新建销售数据多维分析报表

1. 导入已建好的数据模型

将 Power Pivot 中建好的数据模型直接导入到 Power BI Desktop 中使用。当然，前文介绍的在 Power Query、Power Pivot 中所做的工作在 Power BI Desktop 中也都可以实现，本书是为了让读者了解 Excel 内置商业智能功能，才特意如此安排。

1）启动 Power BI Desktop，在"文件"选项卡下选择"导入"→"Power Query、Power Pivot、Power View"，单击"启动"，选择前文做好的 Excel 工作簿，将工作簿中的内容迁移完成。如图8-1所示。

图8-1 导入 Excel 工作簿

在 Power BI Desktop 界面中，可以发现前面建立的数据模型的所有表及字段都已经导入进来了，如图 8-2 所示。

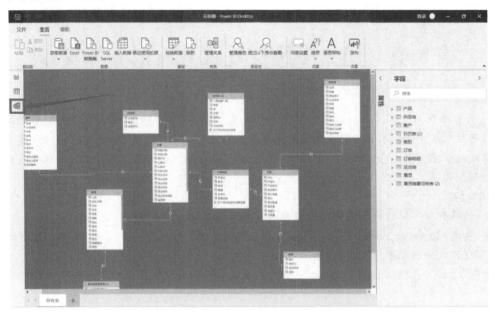

图 8-2　导入的销售数据分析模型

2）请读者仔细观察，有没有发现问题？

前面建立的如图 8-3 所示包含数据透视图、透视表的"2014 年度销售目标分析"报表并没有导入。说明 Excel 中建立的报表不可以直接导入 Power BI Desktop 直接使用（除非是在 Power View 中建立的）。为此，接下来会再在 Power BI Desktop 中建立"2014 年度销售目标分析"报表。

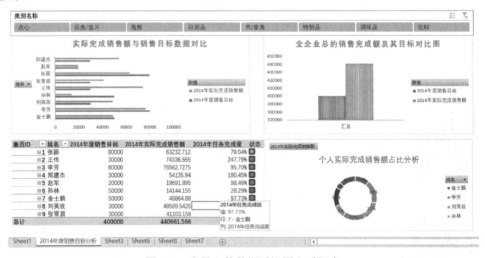

图 8-3　未导入的数据透视图和透视表

2．构建一个区域销售总量图

预处理含地理位置的数据。Power BI Desktop 中用到的地图是基于 Bing 地图，虽然支持中文，但中文对省市的要求是全称，如上文提到的城市不能只写"天津"，而应该是"天津市",这样才会显示正确。经常显示不正确的有海口、天津、黑龙江等省市,实际工作中需要特别关注。

考虑所使用的位置字段是"订单"下的"货主城市",里面存储的城市名称都没有包含"市"这个汉字,考虑新建一个计算字段来解决这个问题。

1)将工作区切换到"数据"视图,在右侧"字段"列表中找到"订单"表。单击"新建列",在公式行输入公式:货主所在城市=[货主城市]&"市",按〈Enter〉键。即建立一个新建列,名字为"货主所在城市",各数据行取值为"货主城市"的取值加上了一个汉字"市",通过&运算实现了两个字符的相连,如图8-4所示。

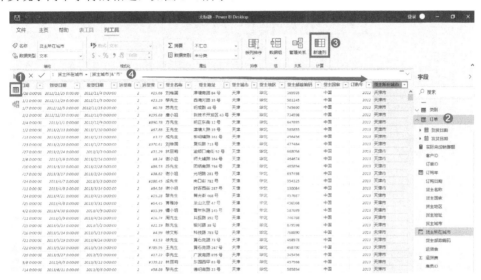

图8-4 新建"货主所在城市"列

2)单击左侧"报表"图标,将工作区切换回到"报表"视图。单击"可视化"工作区下的"地图",将刚建立的"货主所在城市"字段拖入可视化工作区下的"位置",将"实际销售完成额"字段拖入"可视化"工作区下的"大小"。可以看到实际完成销售数据就按城市显示在地图上了,鼠标指针移上去能显示具体数值,如图8-5所示。

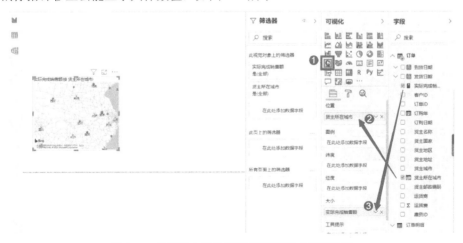

图8-5 在报表中用地图显示实际完成销售数据

因为做的是 2014 年销售数据多维分析，所以只需 2014 年的数据。于是需要给刚建立的这个图表添加一个筛选器，将"订购日期"字段拖入到筛选器区域，注意是拖入到"此视觉对象上的筛选器"下面，只对当前视觉对象的数据发生作用，而不是拖入到"此页上的筛选器"和"所有页面上的筛选器"。对建立的订购日期筛选器，单击第一个图标切换到高级筛选器模式，设定条件：晚于 2014-01-01，早于 2015-01-01，即为 2014 年的范围。单击"应用筛选器"。地图中的数据就变为 2014 年度的数据了，如图 8-6 所示。

图 8-6　应用筛选器选定特定数据

3）美化一下报表。选择"插入"→"形状"，下拉插入"线条"，单击线，选择"设置形状格式"→"旋转"，设置旋转 90°，使其横放。单击"文本框"添加报表标题"2014 年销售数据多维分析报表"，设置好文字字体、大小等格式，移动鼠标指向文本框，指针变为手型时按住文本框，可以移动文本框到报表右上角合适位置（报表中建立的其他图表都是同样移动），如图 8-7 所示。插入"文本框"，输入文字"金额单位：元"。在"可视化"工作区下面可以对报表中的对象做各种格式设置，读者可以自行尝试不同效果。

图 8-7　Power BI Desktop 设置报表格式

144

4）右键单击工作区左下角"第 1 页"，选择"重命名页"，将其命名为"2014 年度销售数据多维分析报表"。

3．构建一个销售总额卡片图

1）在右侧字段列表中找到"雇员"表的度量值"2014 年实际完成销售额"字段，勾选该字段，报表画布中就会出现实际完成销售额及其数值，选择卡片方式作为该数据表的展示效果，如图 8-8 所示。也可以按住该字段将其拖入画布，两种方式效果相同。

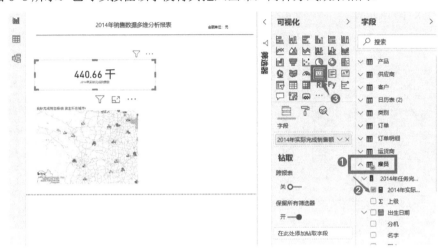

图 8-8　卡片字段选取

2）设置卡片样式。关闭"类别标签"，打开"标题"设置。将"标题文本"设置为"实际销售额"，设置合适的字体大小，如图 8-9 所示，其他格式也类似设置。

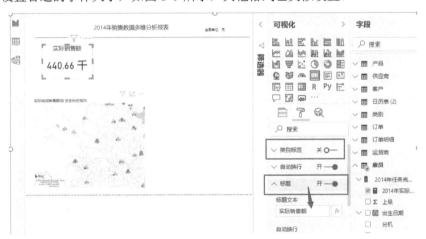

图 8-9　卡片样式设置

4．构建一个销售额增长率卡片图

实际分析工作中，仅看一个销售总额，有时说明不了问题，难以判断销售情况是好是坏。于是需要构建一个销售额增长率卡片图，来反映截至报表日期，2014 年的销售完成额比 2013 年的增长了多少。

回忆一下，前面章节建模阶段在"雇员"表中建立了度量值"2014 年实际完成销售额"，现在同理在 Power BI Desktop 中，建立一个新的度量值"2013 年实际完成销售额"。然后利用这两个计算字段，创建一个新的计算字段，即销售增长率=（2014 年实际完成销售额-2013 年实际完成销售额）/2013 年实际完成销售额。

1) 建立一个新的度量值"2013 年实际完成销售额"。报表区域左侧切换到"数据"视图，选择"雇员"表，单击工具栏"新建度量值"，在公式栏输入如下公式：

2013 年实际完成销售额 = CALCULATE([实际完成销售额],YEAR('订单'[订购日期])=2013)，如图 8-10 所示。

图 8-10　建立新的度量值"2013 年实际完成销售额"

2) 创建一个新的度量值"销售增长率"，如图 8-11 所示。

找到"订单"表，单击"新建度量值"，建立"销售增长率"这一度量值。公式使用 DAX 函数"DIVIDE"得到两数相除结果。

第一步，选择度量值添加的表名为"订单"，就是将新建的度量值放在该表中。

第二步，单击"新建度量值"。

第三步，设置度量值名称为"销售增长率"。

第四步，设置计算公式如下，保证公式没有输入错误。

销售增长率= DIVIDE(([2014 年实际完成销售额]-[2013 年实际完成销售额]),[2013 年实际完成销售额])

图 8-11　创建"销售增长率"度量值

3）将计算字段"销售增长率"用卡片图表示。

从订单中找到刚刚建立的计算字段"销售增长率"，将其拖入报表中，并将"销售增长率"字段做成卡片图表示，设置好格式，如图 8-12 所示。

图 8-12 "销售增长率"卡片图

5. 构建一个客户偏好分析图

在做销售分析时，需要了解不同区域不同客户对不同产品的消费偏好，此时可以构建一个客户偏好分析图。

1）将"产品"表中的"产品名称"字段、"订单"表中的"实际完成销售额"字段拖入到报表同一区域，建立表格。同前文，添加"订购日期"筛选器，并设定筛选条件为 2014 年范围，如图 8-13 所示。

2）单击表格，选择"可视化"工作区下的第一个"堆积条形图"，将各产品销售数据用条形图展示，如图 8-14 所示。

图 8-13 客户偏好分析表

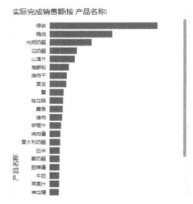

图 8-14 客户消费偏好图的设置

3）试试单击地图里面的任一城市，其他图表的数据都会自动交互式变化，这就是多维角度旋转分析，非常方便、智能。比如单击地图上的"南京"，就会看到 2014 年南京的销售金额是 33285.8 元，销售增长率相比前一年下降了 41%，有销售的产品是海鲜粉、花奶酪、番茄酱、蛋糕等（注意：产品很多，可以在该条形图上按住鼠标左键通过拖动上下查看）。将鼠标移到图上可以查看到具体数额，这样就能详细开展不同区域客户的消费偏好分析，如图 8-15 所示。

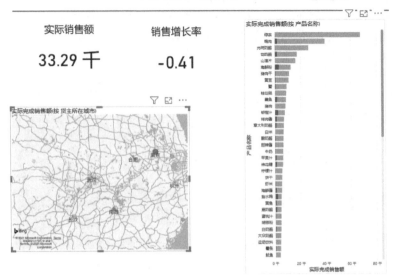

图 8-15 最终销售数据分析报表

6. 增加"产品分类"切片器

本案例中，如果想了解每类产品的销售情况及其与前一年相比的销售增长情况，只需在刚才建立的分析报表的基础上增加"产品分类"切片器。

从"类别"表中选取"类别名称"字段，将其拖入报表编辑工作区空白处，选择"设计"选项卡下的"切片器"，将"类别名称"字段设为切片器。将其摆放到适当位置，还可以在它旁边增加一个文本框提醒"如需按类别查询，请单击类别名称"，如图 8-16 所示。

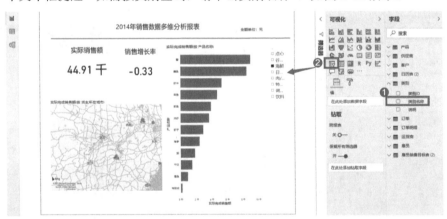

图 8-16 添加切片器

如单击"海鲜"，就可了解到海鲜类产品 2014 年的销售额为 44911.30 元，比去年下降 33%，各城市的海鲜类产品销售额也可以通过移动鼠标到地图来查看相应城市，具体的海鲜产品销售额则可以通过移动鼠标到条形图来显示查看。假如再想了解南京地区的海鲜销售情况，只需在地图上再次单击南京即可，所有数据变为南京的了。

想要取消筛选，单击地图空白区，单击切片器图右上方的"清除筛选器"图标，数据就恢复到全部数据状态。

如果想了解客户的信息，只需将客户名称做成切片器即可。读者可以根据实际工作的要求灵活运用切片器。

通过本部分学习，读者应该已经掌握智能交互式报表的制作了。接下来将介绍如何在企业内部分享数据报表，让领导和同事能实时看到，不用天天找你要数据。这一切都将有效促进企业管理能力的提升。

8.1.2 新建年度销售目标分析报表

1）单击报表区域左下角"+"，增加一页报表，将其重命名为"2014年度销售目标分析报表"。单击"格式"→"页面大小"，设置宽度为1280像素，高度为1000像素，如图8-17所示。

图8-17 新建报表

2）建立"个人实际完成销售额与销售目标数据对比"条形图。

在报表上部增加一个文本框，输入"2014年度销售目标分析报表"作为报表标题，增加一形状→"线条"，横放。

单击"可视化"工作区中第一排第三个"簇状条形图"，将"雇员"表的"姓名"计算字段拖入"可视化"工作区中的"轴"，将"雇员"表的"2014年实际完成销售额"计算字段和"雇员销售目标表"的"2014年度销售目标"字段分别拖入"可视化"工作区中的"值"。这样"实际完成销售额与销售目标数据对比"条形图就建好了。在"格式"下修改图表标题为"个人销售目标完成情况"，居中对齐，如图8-18所示。

图8-18 "个人实际完成销售额与销售目标数据对比"条形图

149

3）建立全企业总的销售完成额及其目标对比图。

单击"可视化"工作区中第一排第四个簇状柱形图，将"雇员"表的"2014年实际完成销售额"计算字段和"雇员销售目标表"的"2014年度销售目标"字段分别拖入"可视化"工作区中的"值"。柱形分析图就建好了，如图8-19所示。

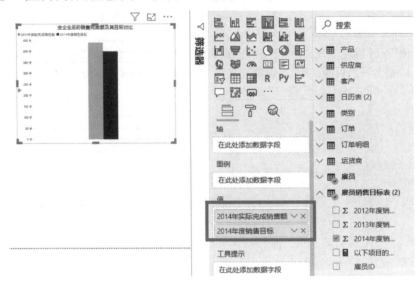

图8-19　全企业总的销售完成额及其目标对比图

4）建立一个表格，列表显示每位员工的2014年度销售目标、2014实际完成销售额及2014年度任务完成额。

单击"可视化"工作区中第五排第二个"表"图，将"雇员"表的"雇员ID""姓名""2014年实际完成销售额"度量值以及"2014年任务完成度"这一KPI指标的"值"和"状态"拖入"可视化"工作区中的"值"。

将"雇员销售目标表"的"以下项目的总和 2014年度销售目标"计算字段拖入"可视化"工作区中的"值"。这样，分析列表就建好了，如图8-20所示。

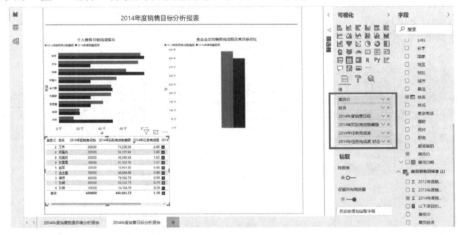

图8-20　列表显示每位员工的数据

5）建立个人实际完成销售额占比分析环形图。

单击"可视化"工作区中第三排第五个"环形图"，将"雇员"表的"姓名"字段拖入可视

150

化工作区中的"图例"，将"2014年实际完成销售额"字段拖入可视化工作区中的"值"。建立个人实际完成销售额占比分析环形图。

单击"可视化"工作区中的"格式"图标，在"详细信息"标签中选择"标签样式"为"类别，总百分比"，从而为图表加上数据百分比显示。还可以改变显示的颜色、字号等，使其更清晰。同理，其他几个图表标题、显示内容的字体等都可以做适当设置与调整，如图8-21所示。

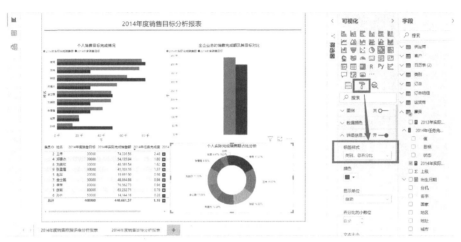

图8-21 个人实际完成销售额占比分析环形图

6）建立"产品类别"切片器。

要想了解每个人或每类产品的销售情况，可以按"产品类别"进行数据切片。

单击"可视化"工作区中第五排第一个"切片器"，在空白位置建立一个切片器图，将"类别"表的"类别名称"字段拖入可视化工作区中的"字段"中。对切片器的格式进行设置，选择"格式"→"常规"→"方向"→"水平"，打开"响应"。在下面的"选择控件"选项下，打开"显示全部选项"，添加一个"全部"，便于回到所有数据，如图8-22所示。

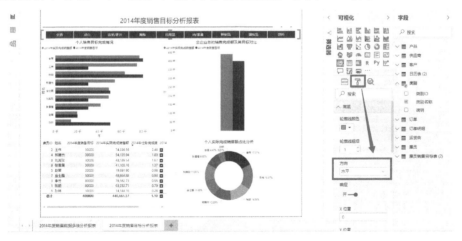

图8-22 添加"产品类别"切片器

通过以上简单的6个步骤，就建立了所需要的报表。报表总体效果如图8-23所示，是不是与运用数据透视表、透视图做有着异曲同工之妙？

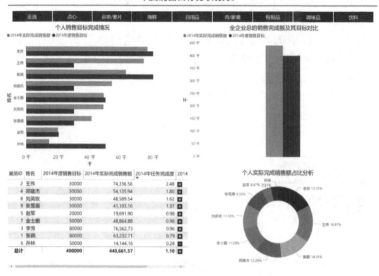

图 8-23　最终销售目标分析报表

8.2　发布分析报表

8.2.1　发布已有报表

针对销售主题分析，我们做了两张报表。接下来将这两张报表发布到 Power BI 网页版（也可叫在线版）。单击"主页"选项卡下的"发布"，如图 8-24 所示。

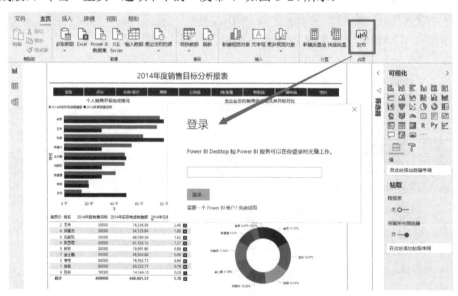

图 8-24　发布报表

输入预先在 Power BI 注册的用户名，然后输入密码。接下来系统会询问发布到的目标，默认是"我的工作区"，如果在网页版有多个工作区，也可以在这里选择（见图 8-25），类似于文件夹的概念。接下来就是发送成功的提示，成功发布到 Power BI！

图 8-25　发布到工作区

8.2.2　在 Power BI 在线版中查看发布的报表

登录 Power BI 官网在线版，可以在"我的工作区"看到刚刚发布的报表文件"书稿-销售分析案例"。如图 8-26 所示。

图 8-26　在线版中查看报表列表

选中某个报表后可以在网页版 Power BI 中将其打开，如图 8-27 所示，与在桌面版中一样可以交互访问，如图 8-27 所示。

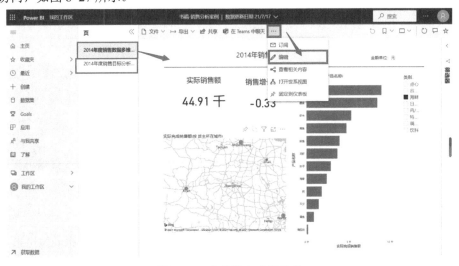

图 8-27　在线版中查看报表

单击"编辑"，可以进入与桌面版几乎一致的编辑界面，并进行报表的修改编辑，如图 8-28 所示。单击工具栏上的"阅读视图"，可以回到刚才的报表列表界面。

图 8-28　在线报表编辑

本章介绍了如何利用 Power BI Desktop 导入报表、修改报表以及发布报表，接下来，将会介绍报表的共享访问。

本章小结

本章结合具体数据，详细介绍了利用 Microsoft Power BI Desktop 商务智能产品开展多维交互式报表的制作过程。首先，在前文构建的 Power Pivot 数据模型基础上，利用 Microsoft Power BI Desktop 快速构建销售数据多维分析报表、销售目标分析报表。然后，介绍了利用 Power BI Desktop 将前文构建好的销售主题的多维交互式分析报表进行发布，在部门或全企业内部分享，让领导或其他同事能够快速根据报表结果做出业务的准确判断，有效支持管理决策。

本章练习

一、思考题

1．Power BI Desktop 的主要功能有哪些？

2．相比传统的报表，多维交互式分析报表有什么优点？

3．Power BI Desktop 与 Power Pivot 之间是什么关系？

二、讨论题

1．举例说明，在实际业务工作中，面向不同的分析主题，经常需要通过数据可视化工具展示哪些分析数据？

2．发布报表时，如何保障数据的安全性？

三、实训题

1．在 Power BI Desktop 中，将销售数据多维分析报表和销售目标分析报表做出来。

2．请根据已有数据自主设计一个新的报表，分析主题不限。

第 9 章 共享报表与数据刷新

本章在上一章建立的多维交互式动态报表的基础上，利用 Power BI 在线版实现报表在部门或全企业内部的共享，并介绍如何根据需要刷新报表或仪表板的数据。

学习目标

● 理解报表共享、数据刷新的意义；
● 掌握将交互式报表在部门或全企业内部共享的四种常用方式；
● 掌握刷新报表或仪表板的数据方式。会依据实际业务数据的变化情况，设置实时的计划更新。

9.1 报表共享方式

9.1.1 生成 QR 码分享

将要共享的报表在 Power BI 在线版中生成 QR 码（一种二维码），这是收费、免费的在线版都具有的一种分享方式。

进入 Power BI 在线版，从左侧"我的工作区"找到报表下需要分享的某个报表，这里是"书稿-销售分析案例"报表，单击"文件"→"生成 QR 码"，即可以创建 QR 码，如图 9-1 所示。

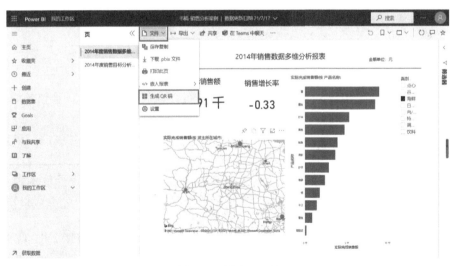

图 9-1 创建 QR 码

可以从移动设备上扫描此二维码来直接访问此报表，当然要求对方拥有 Power BI 在线版账号而且只能从网页打开，或者安装了 Microsoft Power BI 的 APP 应用，即 Microsoft Power BI

移动版。如图 9-2 所示是手机扫码后通过 APP 打开。

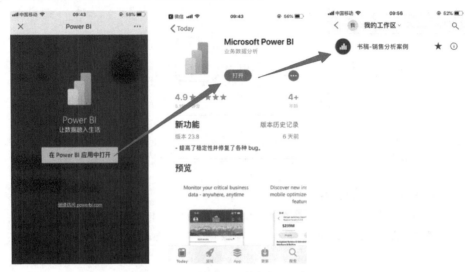

图 9-2　手机扫码后通过 APP 打开

手机扫码后打开的报表效果如图 9-3 所示，可以在手机端查看报表并添加批注等。

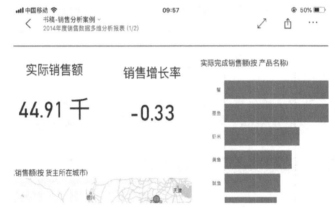

图 9-3　手机扫码后打开报表

若要下载保存 QR 码图像，单击"下载"按钮即可。也可以在办公室、会议等面对面场合进行分享。

9.1.2　发送链接或嵌套到网页中

如果是可以公开发表的报表，则可以直接发送链接共享，也可以将其嵌入到企业网页中。这个操作比较简单，打开报表，进入报表编辑界面，单击"文件"→"发布到 Web"，如图 9-4 所示。

系统将自动生成链接代码和嵌入代码，用户可以在电子邮件中发送链接，也可以将其粘贴到博客或网站的 HTML 中，还可以设置网页大小，直接复制该链接即可，如图 9-5 所示。注意为了数据安全，Power BI 默认是不允许将报表发布到 Web 的，企业购买的账号需要联系管理员开放权限。如果只是个人学习使用，可使用带管理员权限的账号，在后台自行设置。

图 9-4　发布到 Web　　　　　图 9-5　系统自动生成链接代码和嵌入代码

单击复制的链接，就可以直接访问该报表。报表下方会显示页数，可以翻页。

9.1.3　输入对方账号分享仪表板

在 Power BI 在线版中输入对方账号，将要共享的仪表板直接分享给对方，这是收费在线版才具有的一种分享方式，免费版没有。

首先，要注意这是仪表板分享方式，不是报表分享方式。

那什么是仪表板呢？大家都熟悉汽车的仪表板，它展示了汽车运行的速度、油量等关键参数，驾驶员可以据此快速做出一些驾驶决策行为。同理，BI 中的仪表板就是集成关键绩效指标，协助管理者迅速对业务做出判断的数据指标集合。

在 Power BI 中，仪表板的图表要从建立的报表中抽取，即先在报表中选取需要在仪表板中展示的图表，将其定义为"磁贴"，然后在仪表板中将磁贴组合在一起，使得展示更灵活、也便于阅读。

1. 创建仪表板

进入 Power BI 在线版，选择"我的工作区"，已经建立的仪表板会在这里展示。如果需要新建一仪表板，可单击右上角的"+新建"，在弹出的对话框中输入仪表板的名称"销售主管"，这样便建立了一个提供给销售主管查阅的仪表板，如图 9-6 所示。

图 9-6　创建仪表板

2. 创建媒体磁贴

在"编辑"下拉菜单中单击"添加磁贴",可以在这里创建四种媒体磁贴:Web 内容、图像、文本框、视频。这里以文本框磁贴为例,输入磁贴需要的"标题""字幕""内容"等,设置好字体和字号,如图 9-7 所示。

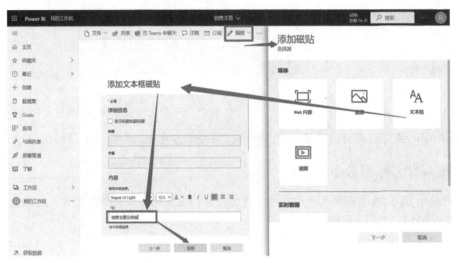

图 9-7　创建媒体磁贴

这样就创建了一个媒体磁贴。单击磁贴右上角可以选择在此编辑、固定或删除磁贴,如图 9-8 所示。固定磁贴,是指将磁贴添加到其他现有或新仪表板使用。

图 9-8　编辑磁贴

3. 在报表中将合适对象固定为磁贴

单击左侧"我的工作区",打开报表"2014年度销售数据多维分析报表",选择"实际完成销售额"卡片图,看到上面有一个"图钉"图标,单击它,弹出"固定到仪表板"对话框,将其固定到现有仪表板"销售主管",如图 9-9 所示。

图 9-9　固定磁贴到仪表板

同理，可以选择其他需要的图表固定为磁贴。

回到"销售主管"仪表板，可以看到刚才固定的各种磁贴，在仪表板中调整磁贴大小，排列磁贴，使其美观，如图9-10所示。

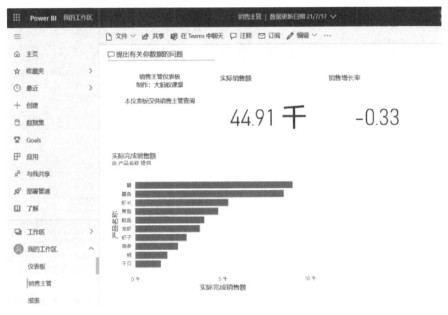

图 9-10　排列磁贴

4．将仪表板共享给同事

建好仪表板之后，单击左上角"共享"图标，弹出"共享仪表板"对话框，输入对方注册账号的电子邮件地址，设置是否允许对方再次共享该仪表板、是否需要给对方发送电子邮件通知，如图9-11所示。

共享后，对方只要进入Power BI在线版，就能在"与我共享"下面找到该仪表板，如图9-12所示。

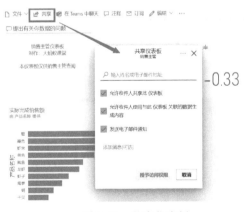

图 9-11　共享仪表板

图 9-12　打开共享的仪表板

9.1.4　通过移动端分享仪表板（专业版）

在Power BI在线版中打开需要共享的仪表板，单击"编辑"下拉菜单，选择"移动布局"，切换到"电话视图"，在该界面下，可以调整磁贴大小、显示顺序，如图9-13所示。

在Power BI APP中，就可以看到"销售主管"仪表板了。这样便实现了手机移动端之间的数据分析共享，如图9-14所示。

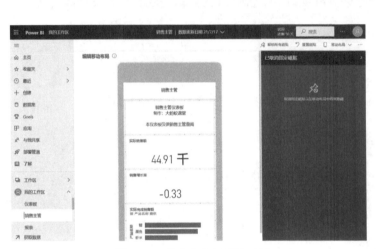

图9-13 分享仪表板到移动端　　　　　　　　图9-14 在手机移动端查看仪表板

至此，已经介绍了如何在移动端共享仪表板。但现在的仪表板是本地发布的，然后本地访问。**如果是免费版就只能通过本地的移动端看。**

如果要实现本地发布的仪表板别人也能够访问，还是需要专业版。可以利用"直接通过输入对方账号分享仪表板（专业版）"的方式，通过输入对方邮箱地址，对方就能看到自己的仪表板。假如是企业的数据分析员，那么可以定制出面向不同主题的仪表板，分享给不同的人。

到此，我们通过实际销售主题分析案例分析结合系统操作，讲解了企业商业智能系统应用的全流程。通过系列学习，加上自己勤加练习，应付一般的企业数据分析工作是不会有大问题了。学无止境，有了实践的了解与掌握，要成为企业商业智能领域的专家，还是要继续前进！

9.2 数据刷新

9.2.1 直接刷新再次发布

数据源数据发生变动，最简单的方式就是在Power BI Desktop中直接刷新，数据报表刷新后，再次单击"发布"。

可以在原来的Access数据库中做一修改，来测试一遍。如果忘了数据源路径，可以在Power BI Desktop中打开pbix文件，通过"转换数据"下的"数据源设置"进行查看，如图9-15所示。

1）找到本书提供的源数据，打开"订单明细"表，找到最后一条订单ID为11077的记录，将其数量改为1，这样总销售金额就应该减少13，即2014年实际完成销售金额就应由440674.57变化为440661.57。保存修改后，退出Access数据库系统，如图9-16所示。

图 9-15 查看数据源

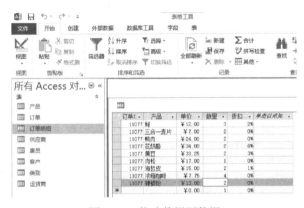

图 9-16 修改数据源数据

2）在 Power BI Desktop 中打开前文建立的"书稿.pbix"（包含前面建立的两张报表）文件，单击"开始"选项卡下的"刷新"，如图 9-17 所示。

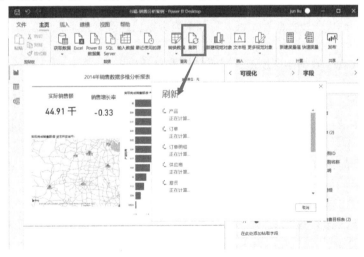

图 9-17 刷新数据

刷新后，可以看到数据变为了改过后的 440661.57。当然，其他分地区、分产品的数据也会相应发生改变，如图 9-18 所示。

图 9-18　查看刷新后的数据变化

3）单击"发布"，如果曾经发布过，在弹出对话框中会提示已存在该数据集，是否将其替换，选择"替换"，如图 9-19 所示。

图 9-19　发布报表

4）登录 Power BI 在线版查看，可以看到报表数据已经改过来了。进入手机端查看，数据也就实时改过来了。

这样就简单实现了数据动态刷新，只是还不够自动化。

9.2.2　自动刷新

前一种方法不够自动化，如果是 Power BI 在线版（专业版）用户，可以每隔一段时间自动从数据源读取数据，实现自动刷新。这个功能可以通过给计算机设置网关来实现。网关（Gateway）又称网间连接器、协议转换器，网关在 Power BI 中提供在线版本数据集与本地计算机之间的网络互连。

1）在 Power BI 在线版（专业版）中，单击"我的工作区"→"数据集"，选择想要刷新数据的数据集，单击名称右侧"..."弹出快捷菜单，选择"安排刷新时间"。进入计划刷新相关设置，如图 9-20 所示。

图 9-20　计划刷新设置

2）单击"网关连接"，如果是初次使用，会提示安装网关，并提供个人网关下载链接，如需企业网关则应从微软官网下载企业版网关程序，如图 9-21 所示。这里建议下载并安装个人网关。下载过程中，系统会提示用户关联已注册的 Power BI 账号，如图 9-22 所示。

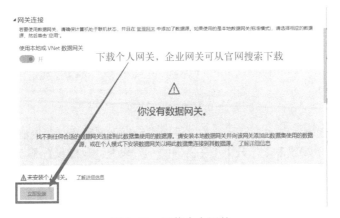

图 9-21　下载个人网关

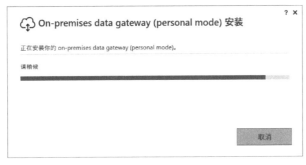

图 9-22　个人网关安装

3）重新进入 Power BI 在线版（专业版），单击"我的工作区"→"数据集"，选择想要刷新数据的数据集，单击名称右侧"…"弹出快捷菜单，选择"安排刷新时间"。可以看到个人网关已有了，单击"应用"，如图 9-23 所示。

图 9-23　应用网关连接

4）对每一个"数据源凭据"，单击"编辑凭据"。身份证验证方法选择默认的 Windows 身份验证，允许刷新时"登录"计算机。设置后那个"⊗"标志就会消失，如图 9-24 所示。

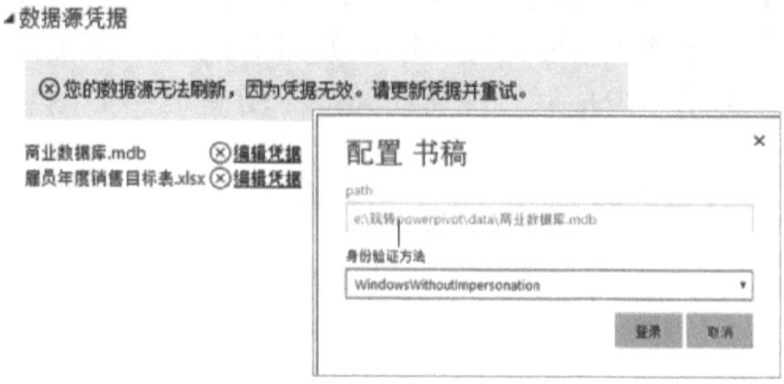

图 9-24　编辑凭据

5）往下设置计划刷新时间，打开开关，可以设定每天刷新还是每周刷新，时区按默认的北京时区，刷新时间可以设置多个，分上下午各 12 小时设置，只能设置整点或半点。可以选择要不要发送失败通知邮件。练习时不要选择，因为如果计算机在关机时没刷新成功，系统就会给邮箱发邮件。完成设置后，单击"应用"，如图 9-25 所示。

在设定的时间，数据集就会自动刷新。可以通过计划刷新界面看到在设定的时间点刷新成功，还可以单击"刷新历史记录"来查看，如图 9-26 所示。

图 9-25　设置刷新时间　　　　　　　　图 9-26　查看刷新后的历史记录

如果是企业级网关，就单击上面的设置图标，在下拉菜单中找到"管理网关"进行设置，如图 9-27 所示。

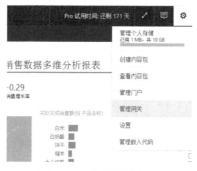

图 9-27　企业网关管理

通过本章，我们学会了报表数据刷新的两种方式，通过设置自动刷新的时间，让报表数据集自动从业务数据库系统中读取当前最新业务数据，这样就可以实现报表的无人值守，实时动态地反馈业务信息。

至此，主要介绍了基于 Power Pivot 的 Power BI 的实现流程，围绕这条主线，我们初步了解了商业智能系统技术的基本应用。

本章小结

通过本章，我们学会了共享报表和仪表板的多种方式，实际工作中往往是多种方式并用，所以都需要好好练习掌握。至于更加复杂的分享方法，比如同一个仪表板的数据，让一个工作组的人看到、抑或是不同的人看到不同的局部数据等，读者可以进一步通过微软官方文档学习，实现高端商业智能技术的提升。另外，本章还介绍了数据的手工刷新和自动刷新两种方式。

本章练习

一、思考题

1．共享报表主要有哪几种方式？

2．刷新数据的方式主要有哪几种？

3．如何依据不同人的权限限定其查阅报表的不同内容？

二、讨论题

相比自动刷新，手动刷新报表数据有什么不足之处？

三、实训题

1．对第 8 章建立的报表采取本章介绍的四种方式实现共享。

2．对数据源数据做一更改，体会数据刷新的两种方式的不同。

案例篇

第 10 章　商业智能在物流货源数据管理中的应用——基于 Microsoft Power BI Desktop

大数据时代，数据来源多种多样。网络后台数据库数据是其中一种重要数据来源，这些数据按规范形式展示在网站网页上，包括许多业务数据、新闻数据、客户评论反馈数据等，收集和分析这些数据早已成为大数据时代决策工作中必不可少的步骤。本章以物流网络货源数据的收集与处理为具体案例，介绍利用 Microsoft Power BI Desktop 批量爬取网络数据的方法，并结合所获取的物流货源数据开展具体的数据分析。

学习目标
- 了解常用网络爬虫软件工具；
- 掌握 Microsoft Power BI Desktop 抓取网络数据方法；
- 能够根据数据特点，选择数据可视化的具体展现方式，快速达成获得具体数据分析结果的目标。

10.1　案例概述

1）掌握如何利用 Microsoft Power BI 从 Web 收集数据。

2）会应用 Microsoft Power BI 开展物流货源数据的一般处理与分析，了解物流行业数据的典型决策应用。

10.2　批量爬取 Web 物流货源数据

网络爬虫（Web crawler）是一种按照一定的规则，自动地抓取万维网信息的程序或者脚本，目前市场上有不少专门的网络爬虫软件工具。Microsoft Power BI 也可以较方便地实现自动抓取万维网信息。

10.2.1　分析网址结构

本书以林安物流网络的货源数据为例，读者也可以根据需要选择其他网址练习。打开 http://www.0256.cn/网站，单击"货源信息"。下拉页面到最下面，找到显示页码的地方，选择前 3 页，网址分别如下。

http://www.0256.cn/goods/?PageIndex=1
http://www.0256.cn/goods/?PageIndex=2
http://www.0256.cn/goods/?PageIndex=3

可以看出最后一个数字就是页码的 ID，它是控制分页数据的变量。注意到该网站第 2 页没有数据，后面具体采集从第 3 页开始。

10.2.2　采集第一页的数据

1）打开 Power BI Desktop，单击“获取数据”，选择“Web”，弹出从 Web 获取数据的对话框，如图 10-1 所示。

2）弹出的对话框中有“基本”和“高级”两个选项，选择“高级”，根据上面分析的网址结构，把除了最后一个页码 ID 之外的网址输入第一行，页码输入第二行。

从“URL 预览”中可以看出，系统已经自动把上面两行的网址合并到一起；这里分开输入只是为了后面更清晰地区分页码变量，其实直接输入全网址也是一样可以操作的。如果实际采集网站的页码变量不是最后一位，而是在中间，则应该单击“添加部件”，增加一行，分三行输入网址。

3）单击“确定”按钮。

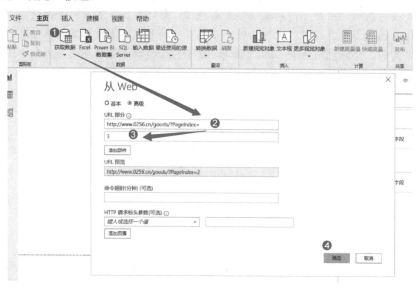

图 10-1　从 Web 获取首页数据设置

4）选择 Table1。单击“加载”按钮，如图 10-2 所示。

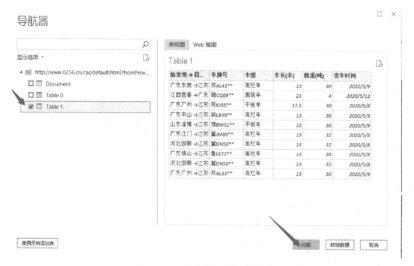

图 10-2　选择需要加载的表

5）单击界面左侧的表格图标（见图 10-3 所示的界面中的①），进入"数据"界面，在数据界面单击鼠标右键，选择"编辑查询"，进入 Power Query 查询编辑器。

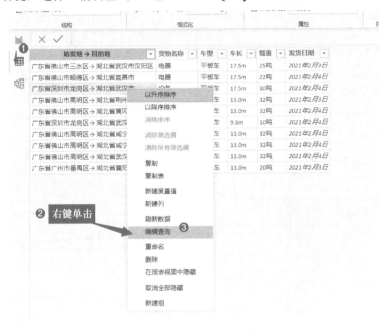

图 10-3　选择进入 Power Query 查询编辑器

6）数据预处理

可以在 Power Query 编辑器中整理好第一页数据，再次采集其他页面时，数据结构都会和第一页整理后的数据结构一致；数据多时最好先整理好，否则会需要两次加载数据，浪费时间。

考虑未来要分析始发地和目的地的不同货源情况，在数据预处理环节将"始发地→目的地"这一字段通过"拆分列"中的"按分隔符拆分列"分开为两个字段，如图 10-4 所示。

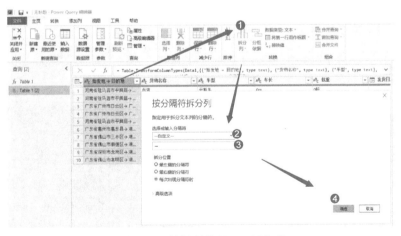

图 10-4　数据预处理——拆分列

10.2.3　获取多页数据

1）建立自定义函数，设置页码参数 page_a。

在第一页数据的 Power Query 编辑器窗口，打开"高级编辑器"，在 let 前输入

(page_a as number) as table =>

并在 let 后面第一行的网址中，将&后面的"3"改为（注意包括引号在内）

(Number.ToText(page_a))

更改后"源"的网址变为

Web.Page(Web.Contents("http://www.0256.cn/goods/?PageIndex=" & (Number.ToText(page_a))))

具体界面如图 10-5 所示。

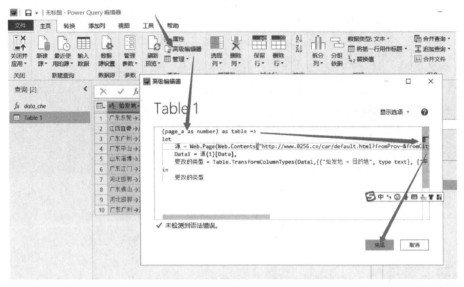

图 10-5　设置页码参数 page_a

2）将自定义函数重命名为 data_che，如图 10-6 所示。

3）单击鼠标右键，在弹出的快捷菜单中，选择"新建查询"→"空查询"，输入＝{3..100}，表示建立范围是 3～100 的页码参数，未来从网页取 3～100 页的数据，具体范围视读者需要设定，如图 10-7 所示。

图 10-6　函数重命名

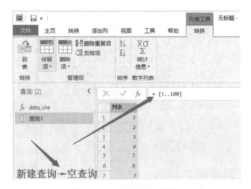

图 10-7　新建空查询

4）在列表处，单击鼠标右键，在弹出的快捷菜单中，选择"到表"，转为表格并重命名为"页码数据"，如图 10-8、图 10-9 所示。

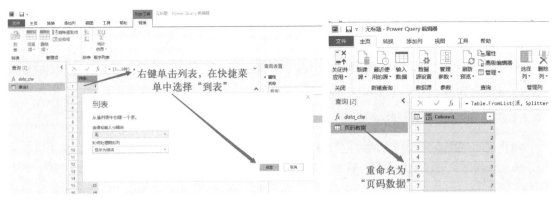

图 10-8　转换为表格　　　　　　　　　　图 10-9　重命名查询

5）单击"添加列"工具栏，选择"调用自定义函数"，为页码数据查询调用自定义函数 data_che，如图 10-10 所示。

图 10-10　为页码数据查询调用自定义函数

6）展开数据，关闭并应用做好的查询。如图 10-11、图 10-12 所示。

图 10-11　展开数据　　　　　　　　　　图 10-12　关闭并应用

稍等片刻，即可得到所需要的 3～100 页的物流货源数据。下一步即可利用这些数据开展分析。

10.3 分析货源数据

接下来讨论数据收集完之后，如何在 Microsoft Power BI 中实现不同始发地或目的地的货源数据的快速查询。

10.3.1 导入自定义视觉对象

单击"可视化"工具栏下的"…"，选择"获取更多视觉对象"进入 Power BI 视觉对象界面，在这个界面中可以通过选择、搜索来添加微软和第三方组织开发的各类视觉对象，从而丰富 Power BI 的数据分析表现形式。这里选择添加文字云（Word Cloud），如图 10-13 所示。文字云又称词云，主要用于大量文本数据的展示，其造型新颖独特。

图 10-13　添加自定义视觉对象文字云（Word Cloud）

10.3.2 设置视觉对象

单击"可视化"工具栏下刚刚添加的视觉对象"W"，在报表编辑界面添加文字云视觉对象，将字段下面的"始发地"拖入"类别"和"值"框中，在"值"的下拉列表框里设置"始发地"字段，选择"计数"，用来在文字云中反映每一个始发地的发车数量。将鼠标指针移到每一个始发地城市，就能显示该数据。同理，再添加一个文字云视觉对象，设置好"目的地"字段，如图 10-14 所示。

图 10-14　使用文字云视觉对象

172

10.3.3 查询数据

接下来就可以智能查询始发地与目的地之间的货运数据了，比如在左边的文字云上单击"广东省佛山市"，右边的文字云就会显示以佛山市为始发地的湖北省武汉市等 13 个目的地城市，说明货物发往这 13 个城市，鼠标指针移动到"湖北省武汉市"文字上面，则会显示从佛山市到武汉市的发货车次是 46 趟，如图 10-15 所示。反过来也可以开展目的地货源数据的智能查询。

图 10-15 使用文字云开展数据分析

读者可以举一反三，在此基础上添加日期等其他字段，开展更多具体的分析，这些数据的智能分析将有效支持实际物流调度工作中的决策支持。

本章小结

本章主要以林安物流网络货源数据为例，讲解了如何利用 Microsoft Power BI 从 Web 收集多页数据。在收集数据的基础上，简要讲解了利用 Microsoft Power BI 开展物流货源数据的一般处理与分析，读者通过本案例能够有效结合物流行业数据开展具体决策支持应用。

本章练习

一、思考题

1．什么是网络爬虫？

2．目前市场上都有哪些专门的网络爬虫软件？

二、讨论题

与通过 Python 编程实现本章案例的同一过程相比，利用 Microsoft Power BI 从 Web 收集多页数据有什么优势？

三、实训题

选取另一物流信息平台的公开数据网址，利用 Microsoft Power BI 从 Web 收集多页数据，开展具体决策支持分析。

第11章　商业智能在库存管理中的应用——基于 FineBI

本章以一家大型的零食连锁专卖店为例，介绍如何利用 FineBI 这一大数据自助式 BI 工具来开展库存控制，以及介绍商业智能在库存管理中的应用。通过案例数据准备、商品有效性分析、商品 ABC 分析、商品大中小类分析、商品补货量分析、商品明细分析等具体分析过程，帮助读者了解商业智能技术在实际库存管理工作中的应用思路，建立整体分析思维，从而将管理思维与商业智能技术在应用中完美融合。

学习目标
- 了解商业智能技术在库存管理中的具体应用；
- 掌握合理控制库存的分析流程；
- 会应用 FineBI 开展实际库存数据分析应用。

11.1　案例介绍

A 是一家大型的零食连锁专卖店，在上海市有 28 家门店，以经营进口食品、零食、休闲食品为主，A 公司的商品有 1300 多种，分为 9 大类。各门店的商品由 A 公司的总部仓库进行统一派送，由于商品品类繁杂、数量大，过去仅仅对部分重点商品进行库存的管理与分析，而没有对整体商品的库存进行管理，因此时常出现缺货与库存积压的情况。

为了达成下季度的大区业绩增长目标，提升 10% 的利润率，总经理打算这个季度重点从库存控制入手，合理控制库存，减少缺货与库存积压现象，加速资金周转，来达成此次的大区业绩增长目标。

为了更好地分析商品库存情况，总经理使用 FineBI 进行数据分析，希望通过数据分析得到一些库存控制的方向。

11.2　分析思路

库存对于一个企业来说是非常重要的一环，经常会出现进太多又卖不出去，导致资金周转高、库存成本大，或者一个商品一直缺货导致消费者因此流失。这些问题都会给企业的经营带来非常大的困扰，如何科学合理管理库存一直是众多企业遇到的一个实际的问题。

本案例的具体分析思路如图 11-1 所示：

1）弄清分析目的：本案例目的是要研究如何优化库存。

2）提出假设：针对分析目的，可以简单地分为两个方面，第一是看是否会缺货，哪些商品现在缺货；第二是分析哪些商品因库存过大而占用了资金，然后再考虑优化。当然不做分析也就不会知道是否存在上述问题，所以先假设这些问题是存在的，然后验证这些假设。

3）选取分析方法：采取一定方法查看各类商品的库存金额、库存量、库存天数、库存周转率等指标，验证假设是否真实。商品种类众多，可以按照不同的维度对商品的结构进行分析。可以从宏观到微观做层层的深入分析。本案例采取 ABC 的分类方法，按照大类、中类、小类和明细对品类进行分析，从而查看整个的库存情况。

4）选取分析数据：需要收集哪些数据才能支撑上述分析？结合本案例的分析目标，需要的数据包括库存的事实表、商品品类的维度表、销售预测表等。

以上是数据分析的一个通用的思路，而实际的数据分析过程是反过来，就是从下往上的。首先是收集到了需要的数据，再根据这些数据制作对应的图表，通过图表展现出来的信息来验证假设是否正确，然后再得到问题的原因或是答案，最后依据分析结论采取相应业务行动，从而促进企业业务的提升，给企业创造价值。

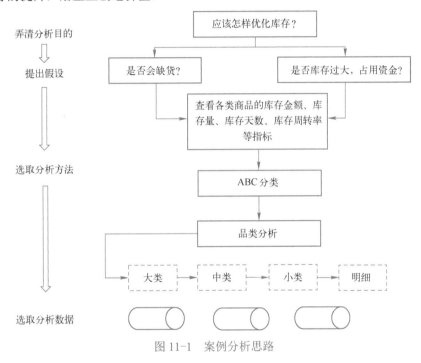

图 11-1　案例分析思路

11.3　分析流程

11.3.1　案例数据准备

1）进入大数据分析软件 FineBI，打开"数据准备"。业务人员可以自己准备业务包，进行数据加工和数据的处理。也可以让企业 IT 人员根据业务的需求做好数据的加工和处理，再将业务包分配给业务人员。

单击"添加业务包"，将业务包命名为"库存分析"。单击"库存分析"进入业务包，单击"添加表"，将本书提供的 Excel 数据表"零售库存分析表.xlsx"添加到业务包。如图 11-2 所示。

图 11-2　添加业务包及数据表

2）回顾一下之前的分析思路，首先是想了解整个库存的有效和无效的情况。现有数据中虽然有"是否有效商品"字段，但它存储的数据是"1"时表示有效，是"0"时表示"无效"。为了后面显示，可以新增一个字段，将数据转换为用中文"有效""无效"显示。

单击"创建自助数据集"，进入"自助数据集"编辑界面，将"自助数据集"命名为"零售库存分析自助表"，全选所有字段。新增列名为"有效商品类型"，添加如下函数

if(是否有效商品=1,"有效","无效")

注意函数里的标点符号是英文状态的符号，单击"确定"按钮，如图 11-3 所示。

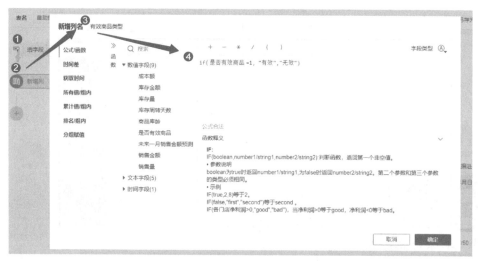

图 11-3　添加"有效商品类型"列

11.3.2　商品有效性分析

1）选择"零售库存分析自助表"，单击"创建组件"，将创建的组件增加到"库存分析"仪表板。

2）将组件命名为"商品有效性分析"，分别将"有效性商品类型"维度拖入组件"维度"，

将"库存量"指标拖入组件"指标",选择"库存量"→"快速计算"→"占比",勾选界面下方的"查看所有数据",选择图表类型为"饼图"。按前面步骤再拖入一个"库存量"并将其设置为库存量占比,然后将其和"有效商品类型"一起拖入图形属性下面的"标签",由此便得到有效商品类型分析图,如图11-4所示。

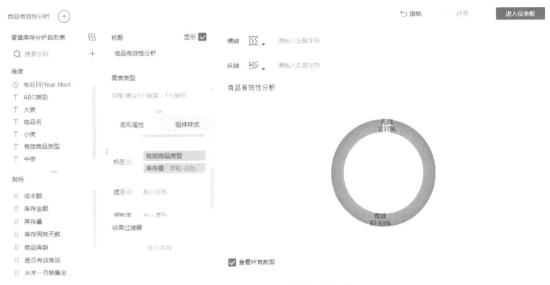

图11-4　商品有效性分析组件

3)单击"进入仪表板",将"商品有效性分析"组件调整为适当大小,如图11-5所示。

图11-5　库存分析仪表板

4)为了对有效商品与无效商品做更进一步的细分,需要运用细粒度进行分析。在如图11-5所示的仪表板中,单击"+"增加一新组件,选择前述"零售库存分析自助表"。分别将"有效性商品类型"维度拖入组件"维度",将"库存量"指标拖入组件"指标",并将"大类"拖入图形属性下面的"细粒度",将"有效商品类型"拖入"颜色"。选择图表类型为"矩形树图"。得到如图11-6所示分析结果图。

通过图表分析可以知道,仅有2.37%的库存是无效的,说明无效库存控制得不错。其中无效库存多分布在进口食品,主要由于进口食品库存量大,运输过程中存在一定的损耗以及过期商品,因此需要继续对商品库存保持有效性的控制。

5)添加时间过滤组件。

为了方便后期查看,需要添加日期组件。选择"过滤组件",将"日期区间"添加到仪表板,将"年月日"拖入字段,如图11-7所示。单击"确定",得到如图11-8所示的仪表板。

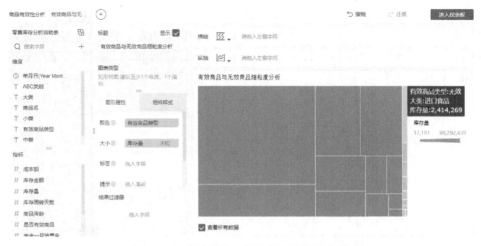

图 11-6　有效商品与无效商品细粒度分析

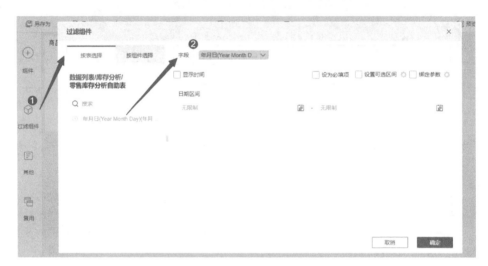

图 11-7　添加时间过滤组件

图 11-8　包括两个组件的仪表板

11.3.3 商品 ABC 分析

1）在如图 11-8 所示的仪表板中，单击"+"增加一新组件，选择前述"零售库存分析自助表"添加新的组件，将组件命名为"商品 ABC 数量分析"。将"ABC 类别"字段拖入组件"维度"，将"库存量"字段拖入组件"指标"。选择图表类型为"多系列柱形图"，勾选"查看所有数据"，如图 11-9 所示。单击"进入仪表板"，调整组件大小，使其摆放美观。

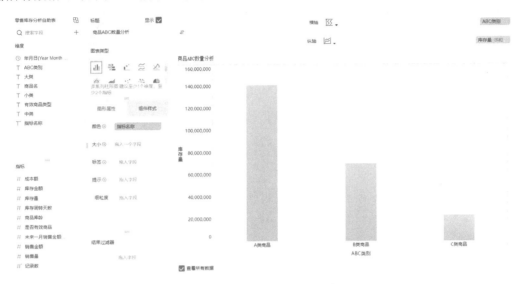

图 11-9　商品 ABC 数量分析

2）同理，继续添加组件"商品 ABC 库存金额分析"，将"ABC 类别"维度拖入横轴，将"库存金额"拖入"纵轴"，并选择"快速计算"→"占比"，选择图表类型为"饼图"，勾选"查看所有数据"，如图 11-10 所示。单击"进入仪表板"，调整组件大小。

图 11-10　商品 ABC 库存金额分析

3）同理，继续添加组件"商品 ABC 库存周转分析"，将"ABC 类别"拖入横轴，将"库存周转天数"拖入纵轴，并选择"汇总方式"→"求平均"。勾选"查看所有数据"，如图 11-11 所示，然后单击进入"仪表板"。

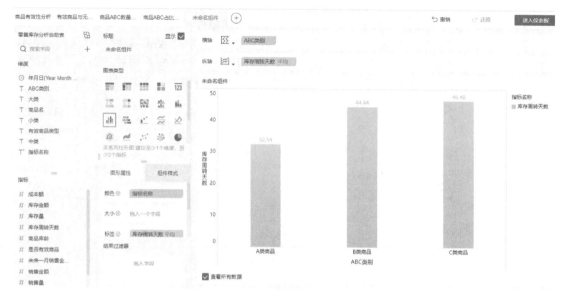

图 11-11　商品 ABC 库存周转分析

通过以上分析可以知道：A 类商品的库存量和库存金额最多，而周转天数较低，说明其较少占用资金。而 C 类商品虽然周转天数较大，但是库存量少，占用资金少，对整体的资金占用也不大。所以接下来可以重点分析 B 类商品的库存情况。

11.3.4　商品大类分析

1）添加新组件，将其命名为"商品大中类分析"，选中"中类"维度，将其拖入"大类"，出现"创建钻取目录"对话框，修改名称为"大类，中类"，如图 11-12 所示，单击"确定"按钮。

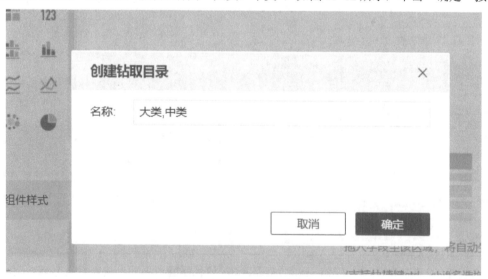

图 11-12　创建大中类商品钻取目录

2）将"大类，中类"拖入组件"维度"，将"成本额""库存金额"和"库存周转天数"拖入组件"指标"。选择图表类型为"分区柱形图",如图 11-13 所示,单击"进入仪表板"。

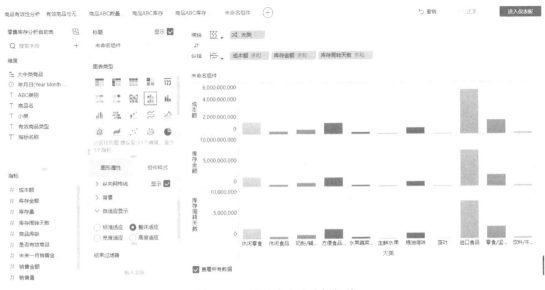

图 11-13　商品大中类分析组件

11.3.5　商品小类分析

1）添加新组件,将其命名为"商品小类词云分析"。将"小类"拖入横轴,将"库存量"拖入纵轴。选择图表类型为"词云"。

为了更好地凸显库存量最大的商品,可以选择渐变的方式。将"库存量"拖入颜色框,渐变类型选择"连续渐变",渐变方案选择"炫彩",如图 11-14 所示。

图 11-14　商品小类词云分析组件

2）再添加一个组件,将其命名为"可售天数预测分析"。添加指标命名为"预测可售天数",输入函数"SUM_AGG（库存金额）/（SUM_AGG（未来一月销售金额预测）/30）",如

图 11-15 所示，单击"确定"按钮。

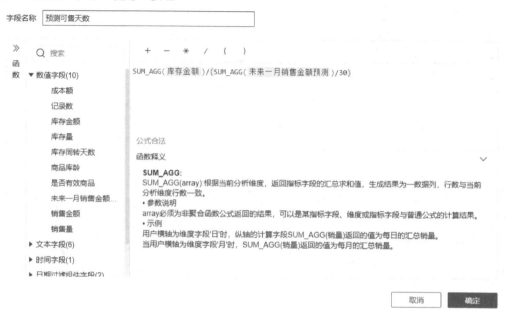

图 11-15　添加"预测可售天数" 指标

3）选择图表类型为"散点图"，将"库存周转天数"拖入组件横轴，下拉选择"汇总方式"→"求平均"；将"预测可售天数"拖入纵轴；单击"图形属性"，将维度"小类"拖入"图形属性"里面的"颜色"，如图 11-16 所示。

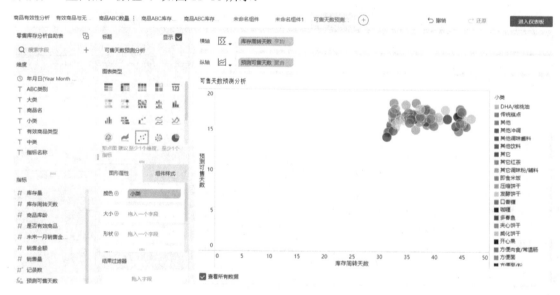

图 11-16　小类预测可售天数分析

4）单击"库存周转天数"，选择"设置分析线"里的"警戒线"，添加库存周转天数警戒线，并选择警戒线的平均值，如图 11-17 所示。

同理，添加"预测可售天数"平均值警戒线，如图 11-18 所示。

图 11-17　添加库存周转天数警戒线

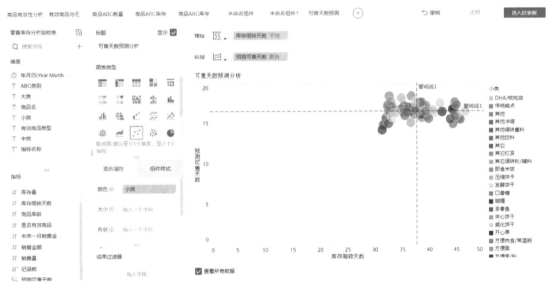

图 11-18　添加预测可售天数平均值警戒线

11.3.6　商品补货量分析

1）复制上一组件，编辑组件，清除组件横轴和纵轴上的字段，将组件命名为"商品补货量分析"。图表类型选择"自定义图表"，将"小类"拖入横轴，"预测可售天数"拖入纵轴，勾选"查看所有数据"。依次选择"预测可售天数"→"设置分析线"→"警戒线（横向）"，如图 11-19 所示，添加"预测可售天数"警戒线，设置数值为 14，单击"确定"按钮。

2）添加指标，命名为"预测需进货量"，输入函数为"（未来一月销售金额-库存金额）/（库存金额/库存量）"，如图 11-20 所示，单击"确定"按钮。

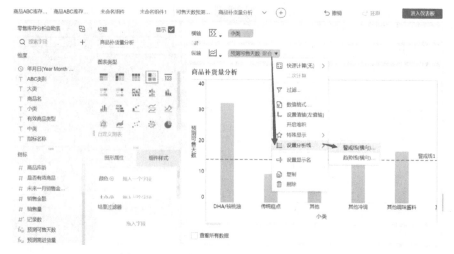

图 11-19　添加预测可售天数 14 天警戒线

图 11-20　添加"预测需进货量"指标

3）将指标"预测需进货量"拖入纵轴，依次选择"预测需进货量"→"设置值轴"，在"共用轴"下拉列表框中选择"右值轴"，如图 11-21 所示，单击"确定"。

图 11-21　设置"预测需进货量"指标值轴

4）添加"预测需进货量"警戒线，数值设置为0。单击"确定"。得到商品补货量分析组件，如图 11-22 所示。

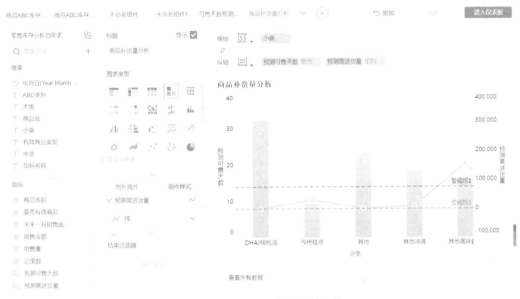

图 11-22 商品补货量分析组件

11.3.7 商品明细分析

新建组件，选择图表类型为"明细表"，并将"商品名""有效商品类型""库存金额""库存量""库存周转天数""商品库龄""未来一个月销售金额预测""销售金额"以及"销售量"拖入数据列表。即可进行商品明细分析，如图 11-23 所示。

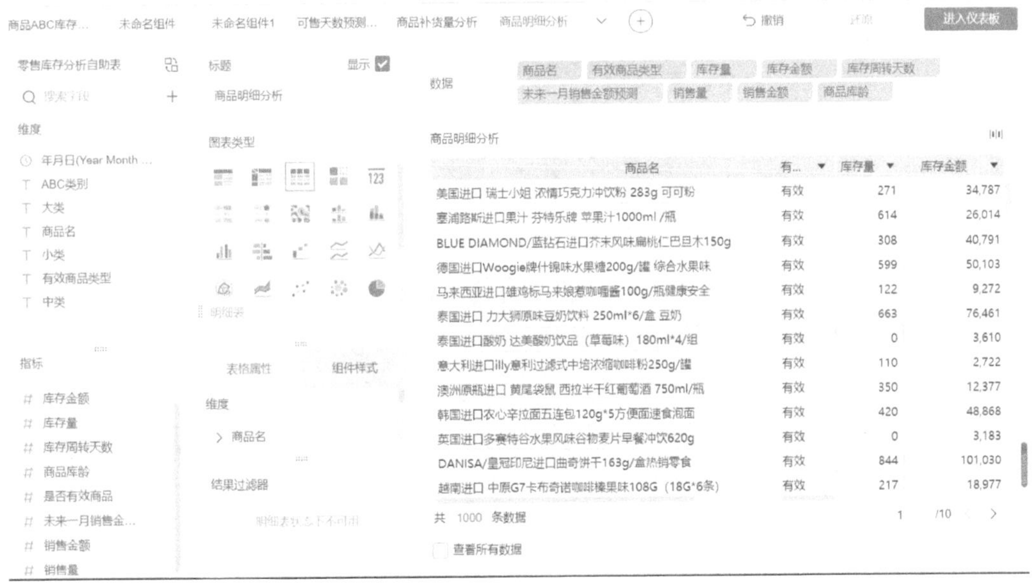

图 11-23 商品明细分析组件

11.3.8 分析结果

通过图 11-24 的最终分析仪表板，可以得到如下结论：

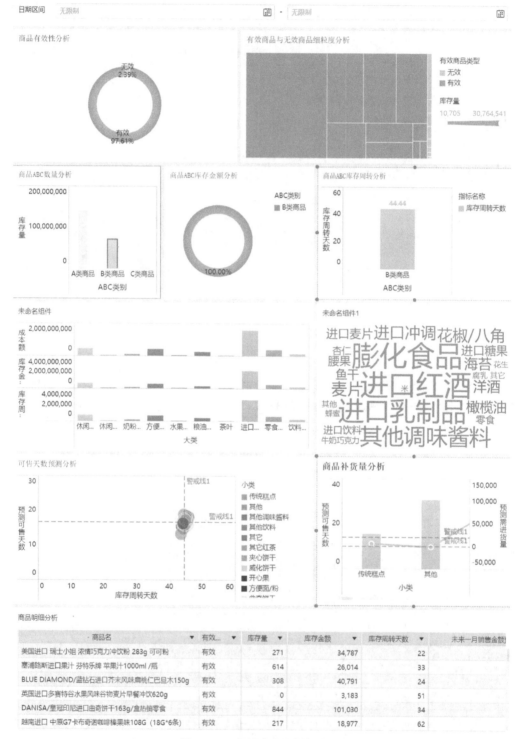

图 11-24 商品库存分析仪表板

1）B 类商品中，进口食品的库存金额和库存量较大，其中进口红酒和进口乳制品的库存量、库存金额，以及库存周转天数较大，需要重点关注。

2）花生油、蜂蜜等库存周转慢、可售天数长的商品，需要重点关注库存，防止库存过剩；而对于进口矿泉水、调味酱等可售天数短，库存周转快的商品，也需要重点关注，避免出现缺货现象。

3）根据销售预测，需要对调味酱、进口矿泉水、进口果蔬快速补货；暂停可售天数较长的商品的进货，并适当进行促销。

本章小结

1. 通过 FineBI 的分析模板，建立库存分析的仪表板，并设置预警机制，每日实时对库存进行全品类的监控，对库存进行精细化的控制。

2. 对库存过少、周转较快的商品，如进口矿泉水、调味酱等商品应及时补货，并根据历史销售额确定补货量，实现精准补货。

3. 对库存过多、周转较慢的商品，如蜂蜜、花生油，应暂停补货，并根据库存动态情况，适当做几次促销活动。

本章练习

一、思考题

1. 开展库存分析对企业而言有什么必要性？

2. 库存管理中除了 ABC 分类，还有哪些分类方法？

二、讨论题

本案例中所建立的各个组件间，如何合理设置联动？

三、实训题

结合案例数据，利用 FineBI 开展具体的库存分析。

第 12 章　商业智能在零售管理中的应用——基于 FineBI

零售企业基本都已建立了完备的业务信息系统，积累了大量的数据。而对这些数据的深度分析和利用，从中挖掘有用的信息来支持有效决策，是当前零售业信息化中的重要工作。本章以某一大型连锁超市经营管理中的毛利率异常分析为案例，介绍如何综合运用各子系统的数据，通过 FineBI 构建毛利额变化、销售额和销售额环比增长率、毛利额及其环比趋势分析、区域毛利率分析、门店毛利率分析等分析模型，寻找数据异常背后的原因，从而为管理决策提供更有效的帮助。

学习目标
- 了解毛利率异常分析的思路；
- 掌握具体开展递进式毛利率异常原因分析的流程；
- 熟悉 FineBI 的基本应用，体会不同商业智能系统产品的使用特点，寻找其共性。

12.1　案例介绍

Tomas 是一家大型连锁超市的总经理，早上 7:40 他的手机收到一条公司数据中心推送的上月经营分析月报。他发现公司近期总体经营状况不佳，8 月出现赤字，三季度存在达标风险。他随即圈出异常值并分享到管理群组，敦促运营总监 Jack 找到异常原因并及时调整运营策略。

Jack 打开 Fine Report 的经营分析管理月报，他发现 8 月总毛利环比下降，但是销售额却是环比增长的，问题可能出现在成本控制方面。于是 Jack 找到运营部的数据分析师 Rebecca，希望她能够充分考虑门店、商品等情况，利用 FineBI 的自助多维分析找出影响毛利的原因。Rebecca 接到任务后，首先检查了 Spider 引擎的运转状态，并查看权限内的业务数据包，确保数据更新到最新状态。然后使用自助数据集，对门店、商品、库存等相关数据表建立关联并进行自助数据清洗，为即将进行的分析做好数据准备。

一切就绪，Rebecca 首先将门店分布地图与门店毛利率进行联动展示，通过省域到城市的逐层钻取，她发现湖南省长沙市梅溪湖店的毛利率出现明显异常。问题出在哪里呢？进一步探索，她分别从品类和商品角度，以销量和毛利率作为指标参考制作气泡图，通过预设的警戒线，她发现该店的零食类巧克力远超出预警值，呈现高销售负毛利率的情况。

通过对异常订单的进一步排查，原来 8 月 17 日正好是七夕节，当天的巧克力出现大量异常销售，疑似内部员工买空卖空，集中使用优惠券套取利益，需交由审计部门跟踪追查。

那么如何预防此类问题再次出现呢？Rebecca 与 Jack 考虑将以上分析过程常规化，以门店、品类、商品为监测维度，通过销量与毛利率预警线的设置，建立异常销售预警模型，及时监控高销售低毛利的情况。这个异常解决了，接下来需要再排查是否还有其他成本问题。通过品类损耗成本的对比分析，她发现生鲜类损耗成本在 8 月出现明显上升，需要进一步找出原因。于是 Rebecca 对生鲜品类的进货量和销量数据进行对比分析，发现 8 月该品类进货量偏多，加上天气炎热以致库存损耗严重，需要更加精准地进行每天进货量和销量的预测匹配。

那有什么建议呢？Rebecca 拿出了历史销量数据，采用时序预测功能做出了未来一段时间内不同生鲜商品进货量的调整建议，以降低该品类的损耗成本。

随后在 FineBI 决策系统内她将完整的毛利异常分析报告分享给 Jack 和 Tomas，作为下一步的运营调整建议。按此执行的第二个月，毛利率便出现显著提升。

12.2　分析思路

在本章案例中，我们将模拟一个大型零售集团的数据分析师，分析毛利率下滑的原因并给出建议。

案例分析流程归纳为 4 步，如图 12-1 所示。

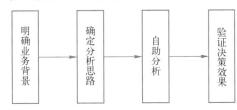

图 12-1　案例分析流程

1）明确业务背景。

本案例的背景就是集团总体营业的业绩不佳，8 月份集团毛利率出现整体下滑，而销售额却是增加的。分析师希望通过分别对历史数据进行探索和多维分析，找出毛利率下滑的原因。

2）确定分析思路。

在明确了业务背景以后，通过"相互独立、完全穷尽"（Mutually Exclusive Collectively Exhaustive，MECE）原则，即把一个工作项目分解为若干个更细的工作任务的方法进行问题的拆解，通过结构化的思维把复杂的问题分解成多种单一的因素。

本案例通过拆解从业务中得到对应的指标公式，比如目标是毛利率下滑，毛利率计算的公式为：毛利率=销售额/毛利额。

接下来继续拆解，销售额和毛利额分别等于什么。得到：销售额=销售单价×销售数量；毛利额=销售额−成本额。

然后找到影响以上几个对应指标的变量，因为是观测毛利率为何下滑，所以可以拆解成时间、地区、产品等三个维度对毛利率进行拆解分析。

3）FineBI 自助分析。

整理时间、地区、产品这些维度以及销售额、成本额、毛利额这三个指标，利用 FineBI 进行自助分析。

4）验证决策效果。

12.3　FineBI 自助分析流程

12.3.1　建立"商品销售总表"自助数据集

本案例主要面向的是业务人员。在 FineBI（本书使用的是 5.1 版）中导入本案例提供的三张营销数据表，一张是"商品销售明细表"，即事实表，表里面有门店编码和商品编码；另两张为维度表，即"门店信息维度表"和"商品信息维度表"，通过门店编码和商品编码与销售明细表进行一一对应。

1）进入 FineBI，首先打开"数据准备"→"添加业务包"，添加新的业务包，并将业务包命名为"异常销售分析"。双击打开该业务包，选择"添加表"，将本案例提供的三张表添加到数据包，得到如图 12-2 所示的结果。

图 12-2　给"异常销售分析"业务包添加三张表

2）接下来对三张表进行关联，构建数据仓库模型。

单击"关联视图"，给商品销售明细表添加商品信息维度表，二者是 1:N 的关系，即在商品信息表里面一个商品编码在商品销售明细表里面会对应有多条记录。同理，添加门店信息维度表，结果如图 12-3 所示。

图 12-3　建立三张表之间的关联关系

3）创建自助数据集并新增计算字段"毛利额"。

根据前文分析，希望分析销售额、成本额、毛利额，而商品销售明细表所有的字段里只有"成本额"和"销售额"，所以需要创建自助数据集并新增一个字段来计算毛利额。

选择商品销售明细表，单击"创建自助数据集"，取名为"商品销售总表"，如图 12-4 所示。

图 12-4　创建自助数据集

进入"自助数据集"创建界面，单击"全选"，选择所有字段。然后选择左侧的"+"号，为自助数据集添加"商品信息表"的所有字段，如图 12-5 所示。

图 12-5　为自助数据集添加"商品信息表"的所有字段

同理，为自助数据集添加"门店信息维度表"。然后选择"+"号添加一个"新增列"，如图 12-6 所示。

进入"新增列"界面，毛利额=销售额-成本额，直接单击"销售额"这个字段，添加减号，再单击"成本额"这个字段，将列名命名为"毛利额"，单击"确定"，如图 12-7 所示。

图 12-6　新增列

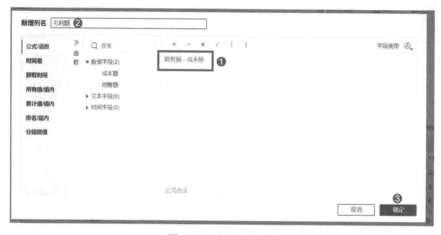

图 12-7　新增列设置

单击"保存并更新",这个自助数据集就已经完成了。关闭窗口回到业务包界面,自助数据集"商品销售总表"和新增的列"毛利额"就已经做好了。

12.3.2　建立毛利额变化折线图

1)创建仪表板,选择"创建组件",输入组件名称后,单击"确定"按钮,如图 12-8 所示。

图 12-8　创建组件

2）新建的仪表板一般保存在默认的文件夹下。进入了组件分析的区域，更希望观察到不同月份毛利额的变化。将"日期"拖入维度，将"日期"改成"年月"的格式，再选择将"毛利额"拖入指标，这个时候展示的是前5000条的默认数据，勾选下部"查看所有数据"，查看全部的数据。默认的展现方式是分组表，但这种方法不够直观，接下来将表格转化为折线图，在图表类型里面选择"折线图"，就得到一张随着时间变化的毛利额变化折线图，如图12-9所示。

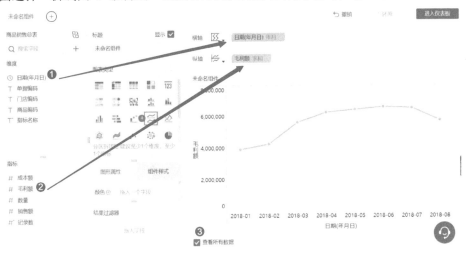

图 12-9 毛利额变化折线图

这个时候就能够看到，2018年8月份的毛利额相比以往是降低的，接下来对这个问题进行进一步的探究。

12.3.3 建立销售额和销售额环比增长率图

1）在异常销售分析的业务包里面找到"商品销售总表"，在这里创建一个组件，并将其命名为"集团商品销售环比分析"。将"日期"字段拖入维度，通过下拉菜单将其格式修改为"年月"，同时将"销售额"拖入指标，默认展示前5000条数据，勾选"查看所有数据"，系统会加载所有数据。由于销售额的单位数值非常大，因此单击指标"销售额求和"，选择"数值格式"，将数量单位修改成"万"，这样显示就能够更加直观，如图12-10所示。

图 12-10 销售额月份数据

2）销售额的环比增长率。

在指标"销售额"的下拉菜单中选择"复制"，复制另一个"销售额"指标。单击新得到的指标的下拉菜单，选择"快速计算"→"同比/环比"→"环比增长率"，就得到每个月份销售额环比上一个月的增长率，单击新指标，将指标重命名为"环比增长率"。这样所需要的数值就已经分析好了，如图12-11所示。

图12-11　销售额及销售额环比增长率

3）将销售额的环比增长率转化成图表的类型。先选择"自定义图表"，发现销售额和环比增长率都已经用柱状图显示出来了，但是因为它们共用了一个纵轴，所以环比增长率并没有显示出来。因此，将"环比增长率"中的"设置值轴"设置为"右值轴"，如图12-12所示。

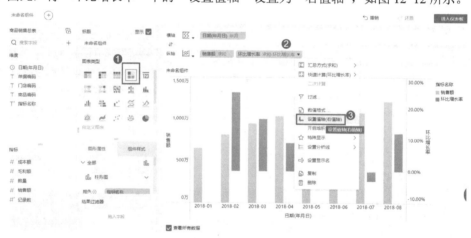

图12-12　设置销售额环比增长率右值轴

4）然后在左侧"图表类型"下面的"图形属性"中，将"销售额"的"柱形图"设为"线"图，结果如图12-13所示。

5）为了让图形更加直观，将环比增长率为正数的和为负数的区分成两种颜色。首先复制一个环比增长率，将复制出来的字段拖入环比增长率的"颜色"里面，再打开"环比增长率"的"颜色"详细设置，选择"区域渐变"，将默认的渐变区间的"自动"换为"自定义"，在"自定义区间"里面将区间类型设置为"2"，选择小于"0"的时候设置为"红色"，大于"0"的时候设置为"绿色"。同理，也可以对折线图进行颜色的设置，结果如图12-14所示。

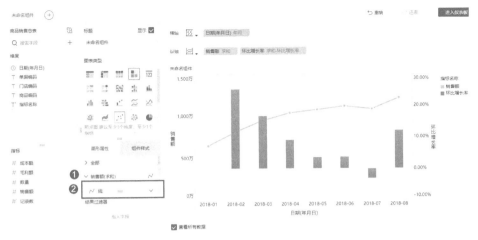

图 12-13　设置销售额环比增长率折线图

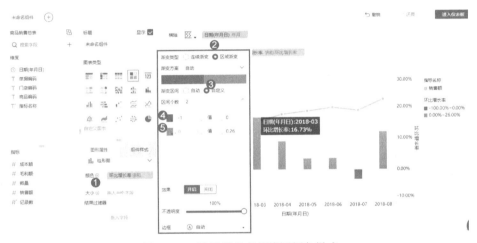

图 12-14　设置增长率折线图颜色样式

6）接下来对组件样式进行优化，单击"图形属性"旁边的"组件样式"。首先，设置标题，直接单击组件上方的"标题"，编辑标题为"月度销售额&&环比趋势分析"；然后取消"图例"勾选，即不显示图例。进入仪表板，将组件调整至一个合适的位置，如图 12-15 所示。

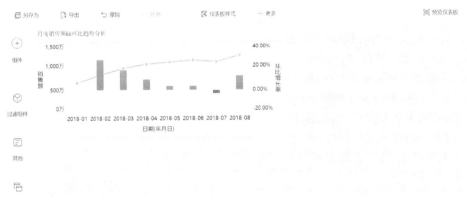

图 12-15　设置组件样式

观察这组数据，可以看到随着时间的变化月度销售额基本上是有序上涨的，只有 2018 年 7 月份的环比增长率呈现下滑，8 月份已经追赶回来了。仅从销售额变化看不出具体什么问题，那么接下来观察销售毛利额是不是有变化。

12.3.4 建立毛利额及其环比趋势分析图

1）在"异常销售分析"里面创建一个新的组件，与上一组件的制作过程类似，只是这次选择的是"毛利率"字段。单击"+组件"，在"添加组件"对话框里选择"商品销售总表"，增加"月度的毛利额&&毛利环比的趋势分析"组件。进入仪表板，调整组件大小，得到如图 12-16 所示的结果。

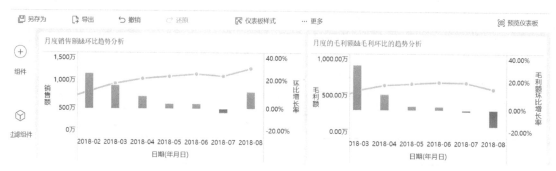

图 12-16　添加"月度的毛利额&&毛利环比趋势分析"组件

2）观察一下"月度的毛利额&&毛利环比的趋势分析"组件，从 2018 年 7 月起，毛利额的环比增长率开始降低，并且在 2018 年的 8 月份环比增长率大幅降低，而同时在第一个"月度销售额&&环比趋势分析"组件里面，销售额在 8 月份却是大幅上涨的。那么究竟是什么原因导致 2018 年 8 月份销售额大幅增长的同时，毛利额却开始大幅减少呢？这就是接下来要分析的问题。

12.3.5 建立毛利率及其环比分析图

1）前面做了销售额和毛利额及其环比趋势分析，接下来分析毛利率及其环比趋势。

添加一个新的组件，还是选择"商品销售总表"，然后用到一个新功能，需要在"商品销售总表"里面添加一个新的字段"毛利率"，如图 12-17 所示。通过使用聚合函数实现毛利率计算，将这个字段拖到指标栏，则该指标可以随着它的分析维度而切换，数据会动态调整。比如说现在维度是"年月"，则指标是分析月毛利率，如果把维度切换成"日"，那就是按照日来计算毛利率。设置"毛利率"计算字段公式，如图 12-18 所示。

图 12-17　添加"毛利率"计算字段

196

图 12-18　设置"毛利率"计算字段公式

2）将"毛利率"拖入到指标，选择"查看所有数据"，将数据格式切换成"百分比"。与前面步骤类似，复制一个毛利率的指标，将其重命名为"毛利率环比增长率"，在"快速计算"里面选择"环比增长率"；选择"自定义图表"，将"毛利率"图形选择为"折线图"，将"毛利率环比增长率"的值轴设置为"右值轴"；复制"毛利率增长率"，将新的指标拖拽到原"毛利率增长率"指标的"颜色"上，打开"颜色"的详细设置，在"区域渐变"里面设置两个区间，小于 0 的设置为"红色"，大于 0 的设置为"绿色"；打开"毛利率"的图形属性，将毛利率的指标拖入到标签上，随后将组件名称命名为"月度毛利率&&环比趋势分析"。在"组件样式"里面勾选"图例"，得到如图 12-19 所示结果，还可以进入仪表板对这个组件进行一个布局。

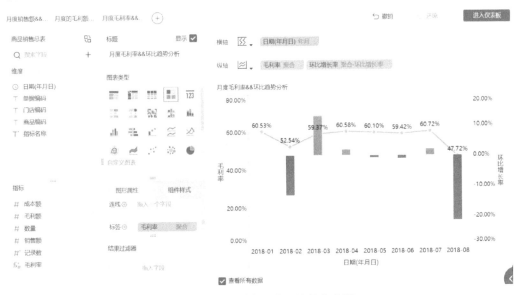

图 12-19　毛利率及其环比趋势分析

3）观察已做好的几个组件能够发现，从 2018 年 1 月份一直到 8 月份，销售额趋势一直是上涨的，但是毛利额在 2018 年 8 月份出现下滑，尤其是毛利率出现大幅的下滑，同比下降了22%，问题应该就出现在毛利率上。那么毛利额可能受什么影响呢？毛利额等于销售额减去成本额，既然销售额没有问题，那么问题可能会出现在成本控制上。但是在前面已做的分析里面并没有办法发现成本额有什么变化，因此接下来就要分析一下成本。

12.3.6 区域毛利率分析

为了更明显地定位到毛利率下滑的具体原因，接下来将通过地理维度来寻找毛利率下滑的具体原因。

1）因为要分析毛利率，所以在仪表板里单击刚刚创建的组件左边的下拉按钮，选择"复制"，这样就复制了一个一模一样的"月度毛利率&&环比趋势分析"组件，编辑此组件，清空横轴和纵轴上的全部数据。

将"商品销售总表"里的"省份"字段变成地理维度的字段，选择"省份"→"地理角色"→"省/市/自治区"，将字段转化成可以适配地图的经纬度，如图 12-20 所示。

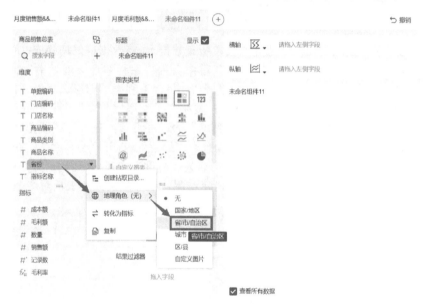

图 12-20　将字段转化成可以适配地图的经纬度

2）选择图表类型为"区域地图"，分别将省份的经度和纬度拖到横轴、纵轴上，并且将毛利率拖到"颜色"上。现在在已经能看到随着毛利率的不同，地图的颜色也有所区分。还可以对颜色做进一步的区分，选择一个比较合适的"渐变"方案，毛利率越高的颜色越深，毛利率越低的颜色越浅。为明显区分，将毛利率最低的一个数值设置成红色。如图 12-21 所示，可以看出湖南省的毛利率是最低的。

3）接下来探究湖南省的哪一个城市毛利率最低。

为"城市"字段创建一个新的地理角色，数据里有一些没有匹配到的数值，暂时先忽略。随后将"城市"拖到"省份"字段下，FineBI 会自动创建一个"省份，城市"字段。

现在将"省份，城市"拖入到"细粒度"上，就可以实现按城市钻取了。单击"湖南省"，钻取到湖南省各个城市的毛利率情况，如图 12-22 所示，观察到湖南省的长沙市毛利率是最低的。

图 12-21　毛利率分省份地图显示

图 12-22　毛利率按城市钻取

4）为了在组件中更直接地观察到每个城市的毛利率是多少，将"省份，城市"和"毛利率"拖到"标签"中，并且将毛利率的数值格式设置为百分比。

最后，将组件标题修改为"区域毛利率分析"。

12.3.7　门店毛利率分析

由长沙市毛利率异常，自然想要进一步观察长沙市有哪些门店的毛利率比较低。因此创建一个新的组件开展门店的毛利率分析。

1）同样是复用之前的毛利率分析的结果，复制一个新组件。首先清空维度和指标上的全部数据，拖动"门店名称"和"毛利率"到分析区域，用柱形图来展示数据，翻转横轴和纵轴将它变成条形图。

接下来，在"门店名称"下面选择按照"毛利率"降序排列。再将"毛利率"拖到图形属性的标签上，将数值格式调整为百分比。这样就得到了一张门店的毛利率排行图。参考之前的规则，把毛利率为负的标记成红色，同样将"毛利率"拖到图形指标上，在颜色里面选择"区域渐变"，在自定义渐变区间时将区间调整为两个，将小于零的数值调整为红色，大于零的数值调整为绿色。

将组件标题修改为"门店毛利率分析"，得到了一张门店毛利率分析的组件，如图 12-23 所示，进入仪表板。

图 12-23　门店毛利率分析

2）进入仪表板后就可以进行联动分析了，先选择并单击"月度毛利率&&环比趋势分析"组件中的 2018 年 8 月份，其他的组件就会自动关联到 2018 年 8 月份的数据。

接下来在"区域毛利率分析"组件中单击"湖南省"，钻取到"长沙市"，再单击"长沙市"，选择"联动"，则"门店毛利率"以及其他的组件就会自动关联到长沙市的数据。由此可以看到长沙梅溪湖店相比于其他的门店毛利率低很多，为-13.83%，如图 12-24 所示。从图中可以明确地知道长沙梅溪湖店的毛利率下降影响了整体的数值。

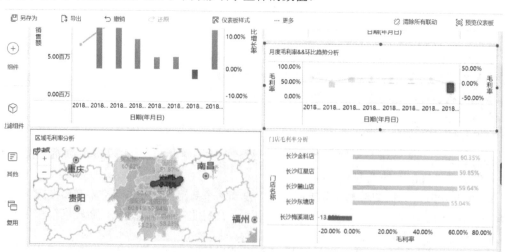

图 12-24　毛利率联动分析

如果在仪表板中不想通过某一组件的联动影响特定的组件，可以在该组件右方的小三角里面选择"联动设置"，从而在联动设置里取消影响到的组件。

分析到这里，已经离发现真相解决问题越来越近了。当然解决问题还需要足够明细问题，接下来还需要在商品的维度进行分析。

12.3.8 商品维度的毛利率分析

1）首先创建一个组件，复制原有的毛利率分析组件，并编辑该组件。清除横轴、纵轴字段。

接下来采取一个在零售行业或者商品分析师经常用到的分析模型，它叫作四象限分析图，也叫作波士顿矩阵图。

将毛利率和销售额分别拖到横纵轴上，将毛利率的数值格式修改为"百分比"，再将销售额的单位设置为"万"。图表类别选择"散点图"，分别将商品类别拖到"颜色""形状"还有"标签"中，得到了商品类别在毛利率-销售额散点图里面的分布。

为了让它显示得更加清晰，设置一个警戒线。首先打开纵轴"销售额"右边的小三角，选择"设置分界线"→"警戒线（横向）"，添加一个警戒线，如图 12-25 所示。

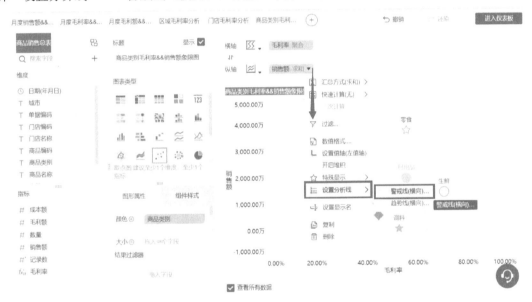

图 12-25 添加销售额警戒线

添加"销售额平均值警戒线"，在函数里面直接选择平均值即可，如图 12-26 所示。

2）同理，在"毛利率"里添加第二条警戒线，命名为"毛利率 0%警戒线"，数值选成 0。对毛利率小于 0 的增加一个突出显示，做成闪烁动画，如图 12-27 所示。

将本组件的名称修改为"商品类别毛利率&&销售象限图"，返回仪表板。选择长沙梅溪湖店，设置只对刚建的这个图表进行联动。

这个时候看到"零食"品类的销售额平均值远大于其他的品类，但是毛利率反而是负的。接下来需要进一步查看商品类别下面究竟有哪些零食具有这样的特征。

3）在仪表板里面，再复制一个"商品类别毛利率&&销售象限图"，编辑这个新的组件。将"颜色""形状"还有"标签"中的"商品类别"全部修改为"商品名称"，其他的配置完全一样，将组件标题修改为"商品名称毛利率&&销售象限图"。

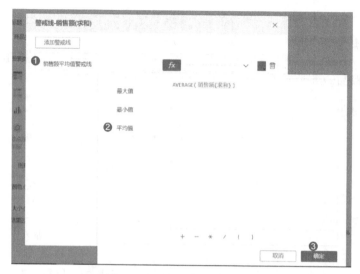

图 12-26　设置销售额警戒线

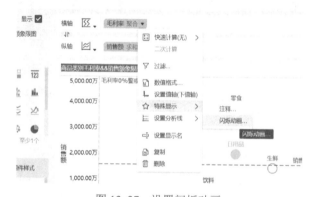

图 12-27　设置闪烁动画

进入仪表板，设置好联动组件，如图 12-28 所示。选择"长沙梅溪湖店""零食"品类，注意到德芙巧克力的毛利率明显小于 0，而且与其他商品的差距是非常大的。接下来需要了解德芙巧克力究竟是在哪一天出现了问题。

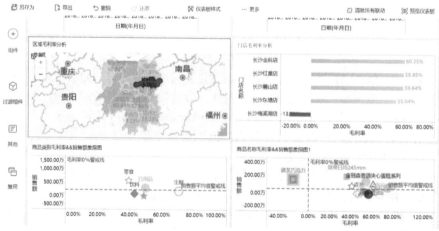

图 12-28　商品维度的毛利率分析

12.3.9 商品毛利率走势分析

1）首先创建一个组件，复制原有的毛利率分析组件，编辑该组件。清除横轴、纵轴字段。把"日期（年月日）"拖到横轴，再把"毛利率"拖到纵轴上。选择折线图，再选择"查看所有数据"，由于横轴特别长，可以在"组件样式"的"自适应显示"里选择"整体适应"。

然后再调整一下图形的属性，在标记点选择"无"，线型选择"曲线"，再将"毛利率"拖到"标签"上，将数字格式调整为百分比。将组件命名为"毛利率走势图"，如图 12-29 所示。

图 12-29　毛利率走势图

2）再进入仪表板，调整好大小。由于横轴日期显示不全，在横轴"日期（年月日）"字段里选择"设置分类轴"，将文本方向调整至适合的角度，如图 12-30 所示。

图 12-30　设置分类轴数据的显示方向

单击"德芙巧克力"，可以了解到是 2018 年 8 月 17 日长沙梅溪湖店的德芙巧克力的毛利率出现了问题，如图 12-31 所示。

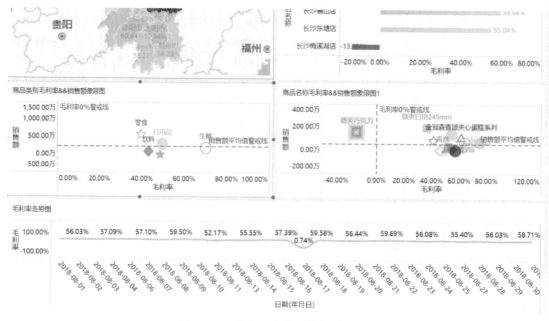

图 12-31　德芙巧克力毛利率走势分析

12.3.10　商品明细数据查询分析

接下来拉出明细表来观察一下商品数据，单击"+"增加组件，单击"确定"。

1）在图表类型里面选择"明细表"，选择维度上的第一个字段，按住〈Shift〉键，选择最后一个，全选所有的数据并拖到分析区域。勾选"查看所有数据"，并将组件命名为"集团销售商品明细表"，如图 12-32 所示。单击"确定"，再回到仪表板。

图 12-32　集团销售商品明细表

2）将组件拖到合适的位置，设置好联动组件。选择 8 月 17 日长沙梅溪湖店的所有数据。

观察一下它的数据量，注意到 8 月 17 日长沙梅溪湖店的德芙巧克力毛利额一直为－3000.17，而且是批量为负，这可能就是影响整个集团毛利率下降的根本原因，如图 12-33 所示。

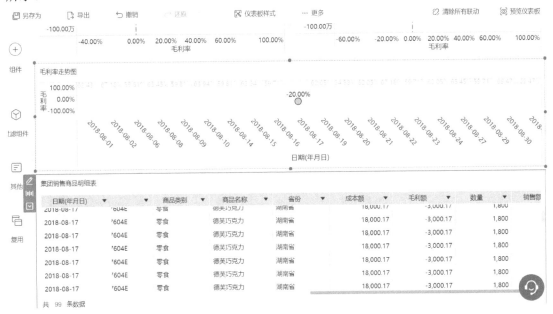

图 12-33　毛利率为负数日的明细数据

接下来就可以拿着这一组数据去找该店的相关负责人进行追责，询问到底是什么原因导致了大量的毛利率亏空。

最后，通过以上这些联动分析发现，在七夕情人节当天，长沙梅溪湖店的员工违规使用优惠券进行买空卖空，从而导致毛利率的亏空。

本章小结

本章主要介绍了一个企业毛利率异常分析案例。案例根据集团数据中心发布的上个月的经营月报发现近期集团的总体营业额情况不佳，8 月份的毛利率整体出现下滑，但是销售额总额是增加的（增加了 12.2%）。为了充分考虑各省市商品的影响因素，分析师通过 FineBI 对历史数据进行多维探索分析，找出集团毛利率下滑的原因。

首先是集团在 8 月的销售额提升了，但是毛利却下降了。选择 2018 年 8 月份，对整体的数据进行过滤，并且将视角分解到各地区，发现湖南省的毛利率异常。继续下钻，发现长沙市的毛利率异常。通过联动，定位到异常门店是长沙梅溪湖店。选择长沙梅溪湖店进行联动，发现商品类别里面"零食"品类的毛利率为负，并且呈现高销售的情况。继续选择"零食"品类联动，发现德芙巧克力的销售额过高并且毛利率为负，呈现明显的高销售低毛利的情况。继续联动查看每日商品毛利率的监控，发现 8 月 17 日呈现明显的毛利率为负。联动到 8 月 17 日的明细数据发现，有 99 条异常销售数据，疑似是内部员工违规使用优惠券进行买空卖空。

本章练习

一、思考题

1. 开展毛利率异常分析对企业而言有什么必要性？
2. 销售管理中还可以开展哪些类似的分析工作？

二、讨论题

简述 FineBI 产品的特点，该产品在哪些方面表现很好？

三、实训题

结合案例数据，利用 FineBI 开展具体的毛利率异常分析。

第13章　商业智能在医药销售管理中的应用——
基于FineBI

商业智能技术能应用于各行各业，但各个行业数据各有特点，实际应用过程需要结合具体业务过程开展。本章以某制药企业在广东地区的销售业务为例，介绍利用FineBI开展数据准备、医院覆盖数量分析、覆盖医院的纯销业绩增长迟缓分析等分析流程，使读者能够举一反三，使用自助式BI工具，通过多维动态分析与报表智能钻取，可以直观发现、分析和预警数据中所隐藏的问题，及时应对业务中的风险，发现增长点，解决企业应用数据难题，提升利用商业智能技术分析各类业务问题的能力。

学习目标
- 了解商业智能技术在医药行业销售业绩分析中的具体应用；
- 掌握医药销售业绩下滑分析的流程；
- 会应用FineBI开展医药销售业绩下滑分析的应用。

13.1　案例介绍

某制药企业，去年推出一款新药A产品，根据2019年的纯销（纯销是经销商或者小经销商把货供应到零售或者医院终端的过程）业绩情况，2020年公司将A产品作为主打产品进行市场推广。该制药企业的营销总部在5月初复盘A产品的业绩达成情况时，发现广东地区2020年的整体业绩达成差距较大，连续3个月未达成公司下达的纯销指标。为探寻A产品在广东地区销售业绩受阻的原因，进一步改善策略，营销总部的销售专员小张利用FineBI进行问题的追溯。

13.2　分析思路

纯销业绩分析对于制药企业销售来说是非常重要的一环，通过纯销业绩数据分析，可及时反映销售目标的完成情况，有助于公司分析销售过程中所存在的问题，为提高销售业绩提供依据和参考。

本案例对A产品在广东地区的纯销业绩较目标差距较大进行整体分析，具体分析思路如图13-1所示。

1）明确分析目的。

本案例的目的是要研究A产品在广东地区的纯销业绩较目标差距较大的原因。

2）提出假设。

针对分析目的，先提出问题原因的假设，然后验证这些假设。可以将该药品纯销业绩较目标差距较大的原因假设为两个方面，第一是它所覆盖的医院数量不够；第二是它所覆盖医院的纯销业绩增长迟缓。

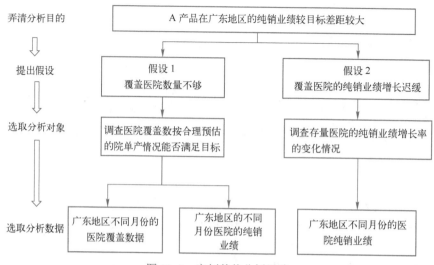

图 13-1　案例整体分析思路

3）选取分析对象。

采取的分析对象分为：第一是调查当前医院覆盖数按合理预估的院单产情况（院年平均销售额度）能否满足目标；第二是调查存量医院纯销业绩增长率的变化情况。

4）选取分析数据

需要收集哪些数据才能支撑上述分析？结合本案例分析目标，需要的是客户覆盖数据统计表、医药代表产品时间投入表、医院纯销变化数据统计表、医院纯销数据及覆盖表、医院潜力及代表拜访统计表、医院潜力及代表能力统计表和医院新开_休眠_流失表等数据。

以上 4 个步骤是数据分析的通用思路，而实际进行数据分析时使用的是该通用思路的逆过程。首先是收集到分析对象所需要的数据，再根据这些数据去制作对应的图表，通过图表展现出来的信息来验证假设是否正确，然后再得到问题的原因或是答案，最后依据分析结论采取相应业务行动，从而促进企业业务的提升，给企业创造价值。

再对图 13-1 中整体分析的假设 2（覆盖医院的纯销业绩增长迟缓）的原因进行进一步追溯，分析思路如图 13-2 所示。

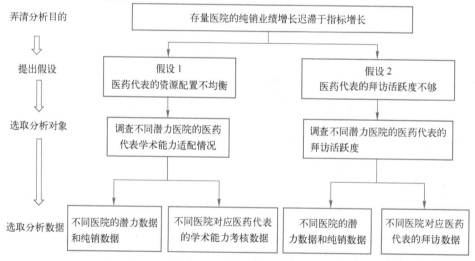

图 13-2　覆盖医院的纯销业绩增长迟缓的分析思路

13.3 分析流程

13.3.1 案例数据准备

进入大数据分析的 FineBI 软件，打开"数据准备"。业务人员可以自己准备业务包，进行数据加工和数据的处理，也可以让企业 IT 人员根据业务的需求做好数据的加工和处理，再将业务包分配给业务人员。

单击"添加业务包"，将业务包命名为"医药销售业绩分析"，如图 13-3 所示。单击"医药销售业绩分析"进入业务包，单击"添加表"，将本书提供的"客户覆盖数据统计.xlsx""医药代表产品时间投入.xlsx""医院纯销变化数据统计.xlsx""医院纯销数据及覆盖.xlsx""医院潜力及代表拜访统计.xlsx""医院潜力及代表能力统计.xlsx""医院新开_休眠_流失.xlsx"，共七个 Excel 数据表添加到业务包，如图 13-4 所示。

图 13-3 添加业务包

图 13-4 添加 Excel 数据表

13.3.2 医院覆盖数量分析

回顾一下前面假设 1 的分析思路，首先要想验证覆盖医院数量不够的假设，需要调查当前医院覆盖数按合理预估的院单产下能否满足目标，如无法完成，则说明假设 1 成立。这里，我们求出今年纯销目标与今年预估纯销的差距值，即差距值=今年纯销目标-当前医院覆盖数×去年院均单产值，即可清楚地查看医院覆盖数量的情况。

1. 计算今年 A、B、C 级医院的覆盖数

1）选择"医院纯销数据及覆盖"表，单击"创建自助数据集"，在"名称"框中输入"本年医院覆盖情况"，在"位置"框中选择"医药销售业绩分析"，如图 13-5 所示。

图 13-5　创建本年医院覆盖情况自助数据集

2）在图 13-5 的界面中单击"确定"按钮，勾选"医院""医院级别""是否覆盖"三个字段后，单击左侧的"+"按钮，选择"过滤"，单击"添加条件"按钮，再单击"请选择字段"中的"是否覆盖"，选择"属于"右侧选项框中的"是"选项后，单击"确定"按钮，将覆盖的医院过滤出来，如图 13-6 所示。

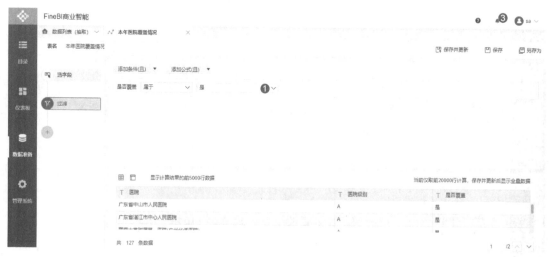

图 13-6　过滤本年已覆盖医院

3）单击左侧的"+"按钮，选择"分组汇总"，依次将"医院级别"和"医院"分别拖入"分组"和"汇总"中，并将汇总框中的医院重命名为"本年医院覆盖数"。单击"保存"按钮，对已覆盖医院按照 A、B、C 级进行汇总计数，如图 13-7 所示。

图 13-7　分组汇总本年医院覆盖情况

2. 计算去年院均单产值与今年纯销目标预估值

1）再利用"医院纯销数据及覆盖"表创建自助数据集，并将其命名为"今年纯销目标差距预估"，位置为"医药销售业绩分析"，并勾选"去年纯销""去年覆盖情况""医院""医院级别"四个字段，如图 13-8 所示。

图 13-8　创建今年纯销目标差距预估自助数据集

2）单击左侧的"+"按钮，选择"过滤"，单击"添加条件"，选择"去年覆盖情况"字段，选择"属于"右侧选项框中的"是"选项后，单击"确定"按钮，将覆盖的医院过滤出来，如图 13-9 所示。

图 13-9　过滤今年纯销目标差距预估自助数据集

3）单击左侧的"+"按钮，选择"分组汇总"，将"医院级别"拖入"分组"中，再将"去年纯销"和"医院"依次拖入"汇总"中，并将其中的"医院"重命名为"去年医院覆盖数"，按照 A、B、C 三个医院级别对去年的医院覆盖数及去年的纯销额进行汇总，如图 13-10所示。

图 13-10　分组汇总去年的医院覆盖数及去年的纯销额

4）单击左侧的"+"按钮，选择"新增列"，单击"数值字段"中的"去年纯销"，选择"/"运算符，再单击"去年医院覆盖数"，将新增列名设为"去年院均单产"，如图 13-11所示。

图 13-11　添加"去年院均单产"字段并计算

5）在图 13-11 中，单击"确定"按钮。单击左侧的"+"按钮，选择"左右合并"，在数据列表中选择"医药销售业绩分析"业务包中的"本年医院覆盖情况"数据集，将字段全选，并单击"确定"按钮，将本年医院覆盖数合并到"今年纯销目标差距预估"表中，结果如图 13-12 所示。

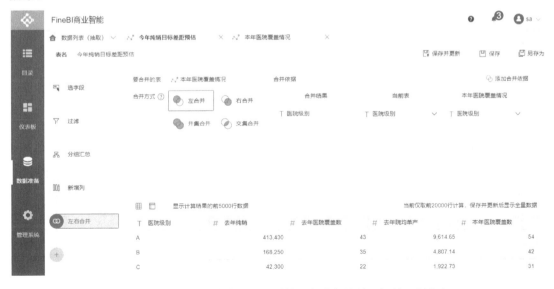

图 13-12　左右合并本年医院覆盖情况与今年纯销目标差距预估表

6）单击左侧的"+"按钮，选择"新增列"，单击"数值字段"中的"本年医院覆盖数"，选择"*"运算符，再单击"去年院均单产"，将新增列名设为"本年预估纯销"，单击"确定"按钮，得到各级医院的本年预估纯销额，结果如图 13-13 所示。

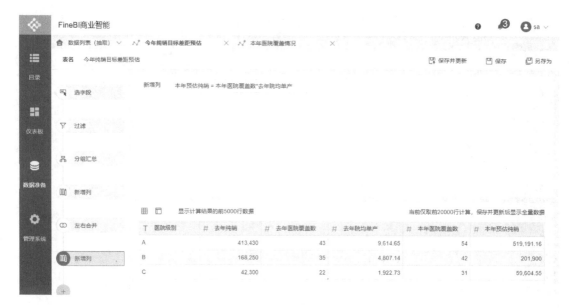

图 13-13　新增"本年预估纯销"列

3．计算今年纯销目标值

1）在图 13-13 中，单击左侧的"+"按钮，选择"新增列"，在"常用函数"中选择"IF"函数，输入表达式 IF(医院级别="A",600000,IF(医院级别="B",200000,100000))，其中"医院级别"来源于"文本字段"，不可以直接输入。将新增列命名为"今年纯销目标"，如图 13-14 所示。

图 13-14　新增"今年纯销目标"列的表达式

2）单击"确定"按钮，如图 13-15 所示。单击右上侧的"保存"按钮，保存数据。至此，本年纯销目标额与本年预估纯销额均已按 A、B、C 三个不同级别的医院计算得出。

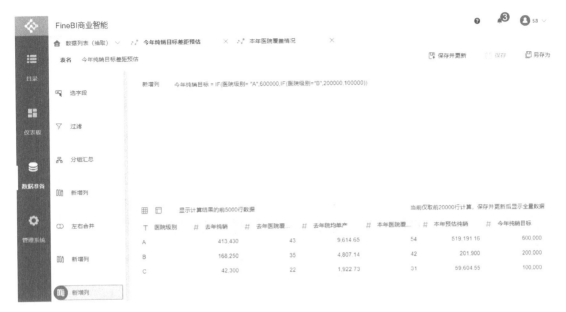

图 13-15　在表中新增"今年纯销目标"列

3）返回到"医药销售业绩分析"业务包，选择"立即更新该业务包"进行数据更新，单击"确定"按钮，如图 13-16 所示。

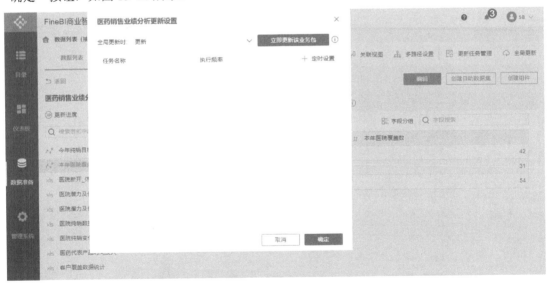

图 13-16　"医药销售业绩分析"业务包的更新

4. 仪表板的制作

1）在更新后的"今年纯销目标差距预估"数据集的窗口中，单击"创建组件"按钮，名称重命名为"医院销售自助分析"，位置为"仪表板"，单击"确定"按钮，如图 13-17 所示。

图 13-17 创建医院销售自助分析组件

2）在"图表类型"中选择"自定义图表"，分别将"医院级别"维度拖入"横轴"，"本年预估纯销"和"今年纯销目标"指标拖入"纵轴"，图表类型更改为"多系列折线图"，单击"图形属性"下面"全部"选项中的"颜色"按钮，设置折线的颜色，如图 13-18 所示。

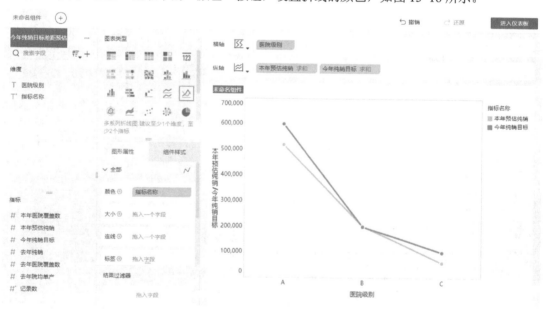

图 13-18 今年纯销目标与预估纯销折线图

3）单击左侧的"+"，添加计算字段，表达式为"本年预估纯销-今年纯销目标"，字段名称设置为"差距"，单击"确定"按钮。把"指标"中的"差距"拖入图形属性的"本年预估纯销"的"标签"中，单击"标签"按钮，如图 13-19 所示。

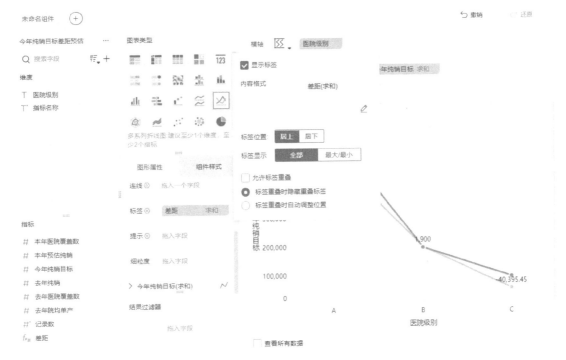

图 13-19　添加差距的标签

4）在"内容格式"框中的任意位置单击，进入"编辑标签"窗口，勾选"字体样式"中的"自定义"，选择"差距（求和）"文本，设置字体颜色为"红色"，如图 13-20 所示。

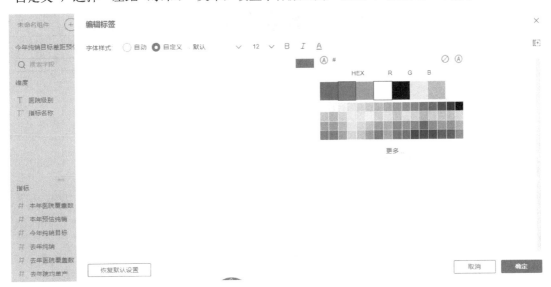

图 13-20　设置标签文本颜色

5）把左侧指标中的"记录数"拖入纵轴，选择"记录数"→"设置值轴"→"共用轴"→"右值轴"。选择"图表类型"为"自定义图表"，将"图形属性"中"记录数"下面的数据可视化模式设置为"文本"，如图 13-21 所示。

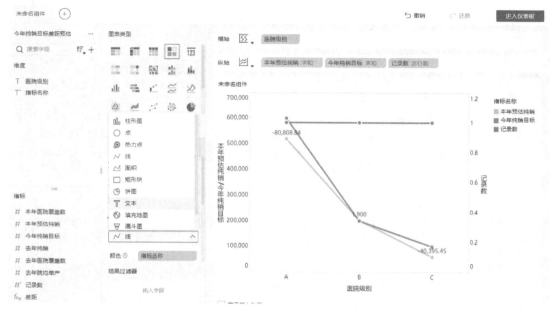

图 13-21　编辑"本年医院覆盖数"和"去年院均单产"文本

6）将"本年医院覆盖数"和"去年院均单产"拖入"图形属性"下面"记录数"的"文本"框中，清除图形属性中"记录数"的颜色，然后单击"文本"按钮，如图 13-22 所示。

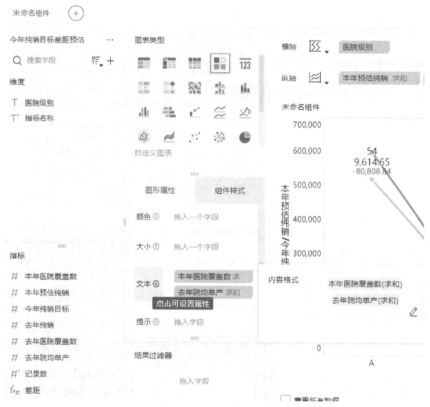

图 13-22　在组件中添加"本年医院覆盖数"和"去年院均单产"文本——步骤 1

7）在图 13-22 所示的"内容格式"框中单击"编辑"图标，进入编辑文本对话框，输入如图 13-23 所示的文本，再单击"确定"按钮。

图 13-23　在组件中添加"本年医院覆盖数"和"去年院均单产"文本——步骤 2

8）将组件命名为"今年纯销目标差距预估"，单击"进入仪表板"，调整图表至适当的大小和位置，如图 13-24 所示。

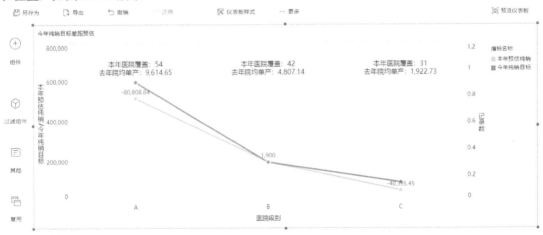

图 13-24　"今年纯销目标差距预估"仪表板

从仪表板中的数据可以发现，今年广东地区 A 产品的纯销业绩达成受阻的原因是受到 A、C两级医院覆盖数量不足的影响。

5. 进一步分析医院覆盖数量不足的原因

为进一步找出医院覆盖数量不足的原因，需要展示出每月或每季度医院覆盖新增、休眠及流失的客户数量，由此判断是因为新增医院覆盖数量不足，还是因为现有覆盖医院休眠数量和流失数量过多而造成的。

1）在图 13-24 所示的仪表板中，单击"+"增加一个新组件，选择"医药销售业绩分析"业务包中的"医院新开_休眠_流失"表，单击"确定"按钮。图表类型选择"自定义图表"，将"维度"中的"时间"字段拖入横轴，将"指标"中的"流失""新增""休眠"字段依次拖入纵轴。选择"图形属性"下面的"全部"中的数据可视化模式为"线"。单击图形属性中的"连线"按钮，样式设置为"曲线"。将"指标名称"字段拖入"图形属性"中的"颜色"中。设置横轴中的"时间"字段为"年季度"，如图 13-25 所示。

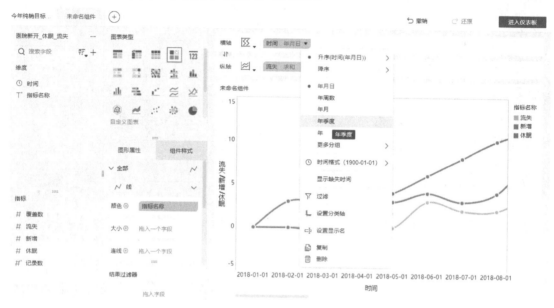

图 13-25　设置横轴时间显示格式

2）单击图 13-25 中"组件样式"下的"图例"，将"位置"设置为"上"，组件名称改为"医院覆盖数量变化趋势"，如图 13-26 所示。

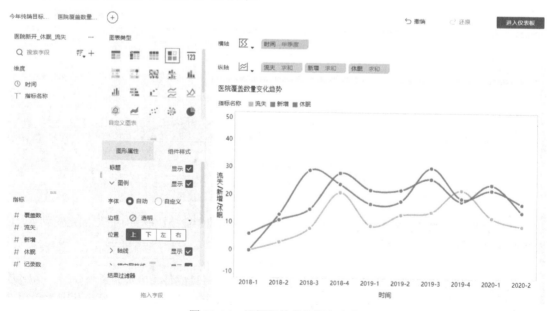

图 13-26　设置组件的位置和名称

3）将"指标"中的"流失""新增""休眠"字段依次拖入"图形属性"下的"流失""新增""休眠"选项的"标签"中，如图 13-27 所示。

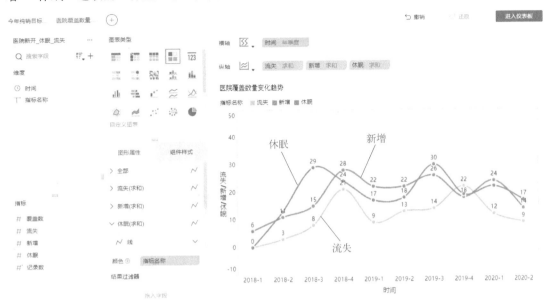

图 13-27　医院覆盖数量变化趋势图

从图 13-27 的医院覆盖数量变化趋势中可看出：每季度医院覆盖数量的新增情况相对平稳，但流失和休眠数量却较多，导致医院覆盖数量下滑严重。

4）为了更清晰、详细地显示医院覆盖数量的下滑情况，需要对每月医院覆盖数据及变化趋势进行分析。

单击"+"按钮增加一个新组件，选择"客户覆盖数据统计"表，单击"确定"按钮。在"图表类型"中选择"自定义图表"，将"维度"中的"时间"拖入横轴的字段中，将"指标"中的"覆盖客户数"拖入纵轴的字段中。选择纵轴中的"覆盖客户数"→"复制"。选择复制后的"覆盖客户数"→"快速计算"→"同比/环比"→"同比增长率"→"年"。再选择复制后的"覆盖客户数"→"设置值轴"→"共用轴"→"右值轴"。将"图形属性"中"覆盖客户数（求和-年同比增长率）"的数据可视化模式设置为"线"，并将"组件样式"中的"自适应显示"设置为"整体适应"。为了将横轴时间全部显示出来，设置"横轴"中的"时间"→"设置分类轴"→"显示抽标签"→"文本方向"为"-35°"，设置"时间"为"年月"显示，如图 13-28 所示。

5）为了更好地显示覆盖客户数同比增长率曲线，对曲线颜色进行设置。在图 13-28 的纵轴中，复制"覆盖客户数（求和-年同比增长率）"，将其拖入"图形属性"中曲线模式"覆盖客户数（求和-年同比增长率）"下的"颜色"框中，单击"颜色"按钮，选择"渐变类型"为"连续渐变"，"渐变方案"设置为"热力 1"。在"纵轴"中，复制"覆盖客户数（求和-年同比增长率）"，将其拖入"图形属性"中曲线模式"覆盖客户数（求和-年同比增长率）"下的标签框中，曲线上就显示了数据，在"纵轴"上选择"覆盖客户数（求和-年同比增长率）"→"数据格式"→"百分比"。将图例放置在上方，并将标题改为"月度客户覆盖趋势情况"。即可进行医院覆盖情况分析，如图 13-29 所示。

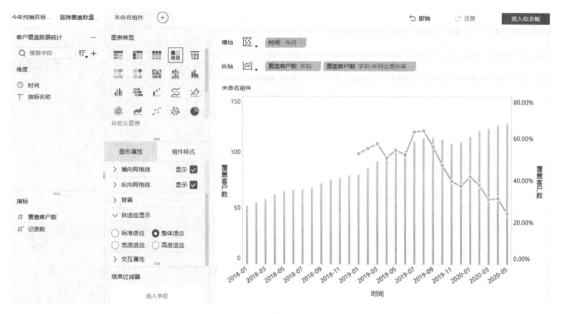

图 13-28　月度客户覆盖数量趋势图

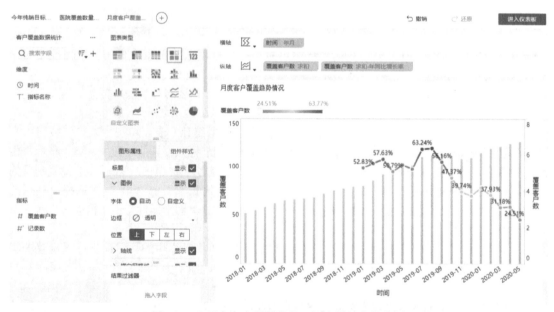

图 13-29　月度客户覆盖数量及同比增长率趋势图

由图 13-29 可以看出，从 2018 年 1 月至 2020 年 5 月，A 产品每季度覆盖客户数一直在增加，但从 2020 年第一季度开始，覆盖客户数增长率同比下降趋势较为明显，其原因在上面的步骤 3）～4）中已进行了详细分析。

13.3.3　覆盖医院的纯销业绩增长迟缓分析

1. 纯销业绩增降客户数及增降销售额数据分析

1）在图 13-29 中，单击"添加组件"按钮，选择"医院纯销变化数据统计"表，单击"确定"按钮。在"图表类型"中选择"自定义图表"，将"医院等级"拖入横轴，将"客户数"拖入纵轴，将"存量纯销变化"拖入"图形属性"下面的"颜色"框中，设置"纵轴"中的"客户数"为"开启堆积"。单击"图形属性"下面的"颜色"按钮，在"配色方案"框中选择一种配色方案，如图 13-30 所示。

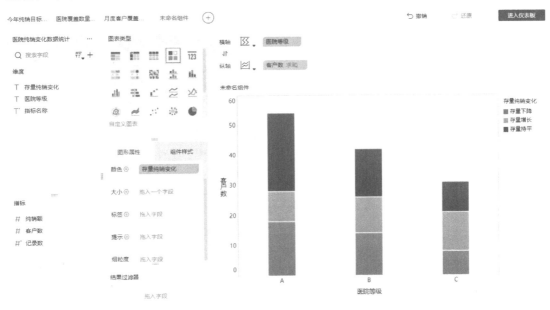

图 13-30　医院纯销客户数变化堆积统计图

2）互换"纵轴"和"横轴"位置，以条形图显示数据，将"指标"中的"客户数"拖入"标签"框中，单击"标签"按钮，设置"标签位置"为"居中"。单击"颜色"框中的"存量纯销变化"→"自定义排序"，如图 13-31a 所示，进入"自定义排序"对话框，通过拖动将顺序修改为"存量增长""存量下降""存量持平"，如图 13-31b 所示。

图 13-31　对标签进行自定义排序

3）将组件命名为"存量医院纯销增降客户数对比"，如图 13-32 所示。

4）单击"存量医院纯销额增降客户数对比"组件的按钮 ，选择"复制"，如图 13-33 所示，在"存量医院纯销增降客户数对比"组件的副本基础上进行修改和编辑。

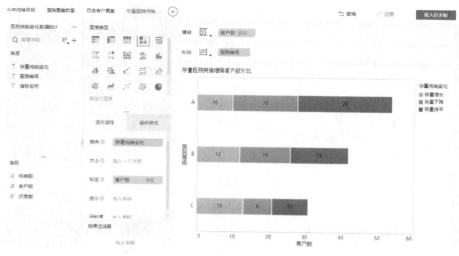

图 13-32　存量医院纯销额增降的客户数对比

图 13-33　复制存量医院纯销额增降的客户数对比组件

5）将"纯销额"拖入"横轴"的同时将"客户数"拖出"横轴"。选择"纯销额"→"开启堆积"，将"纯销额"拖入"标签"框中的同时将"客户数"拖出"标签"。选择"颜色"框中"存量纯销变化"→"自定义排序"，将顺序修改为"存量增长""存量下降""存量持平"，并将组件名修改为"存量医院增降纯销额对比"，结果如图 13-34 所示，即可对各级存量客户的销售数据分析。

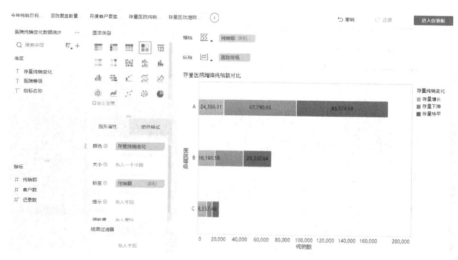

图 13-34　存量医院增降纯销额对比条形统计图

由图 13-34 可以看出，存量医院纯销增降的客户数及存量医院增降的纯销额导致了已覆盖医院的纯销业绩增长迟缓。在图 13-2 的假设 2 中，将已覆盖医院的纯销业绩增长迟缓的原因假设为医药代表的资源配置不均衡和医药代表的拜访活跃度不够这两个方面，现在需要通过数据来验证这两个方面的假设是否成立。

2. 医药代表的资源配置分析

1）在图 13-34 中，单击"添加组件"，选择"医院潜力及代表能力统计"表，单击"确定"按钮，在"图表类型"中选择"自定义图表"，将"指标"中的"潜力"拖入"横轴"，选择"设置值轴"，勾选"轴刻度自定义"，设置"最小值"为 60、"最大值"为 100、"间隔值"为5。将"代表学术能力"拖入纵轴，设置值轴的步骤与横轴相同。设置"图形属性"的数据可视化模式为"点"，将"潜力"指标拖入"颜色"框中，渐变类型选择"连续渐变"，渐变方案选择"热力1"，单击"大小"按钮，"半径"设置为3。将"医院"维度拖入"细粒度"框中，并选择"组件样式"中的"图例"位置为"上"，如图 13-35 所示。

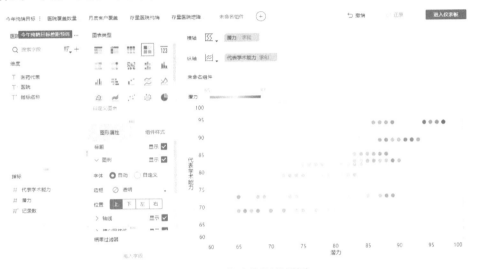

图 13-35　代表资源配置图

2）单击"纵轴"中的"代表学术能力"，选择"设置分析线"里的"趋势线"，添加"代表学术能力"趋势线，并选择"拟合方式"为"线性拟合"，如图 13-36 所示。

图 13-36　添加代表资源配置图的趋势线

3）在图 13-36 中，单击"确定"按钮后，将组件命名为"代表资源配置图"，如图 13-37 所示。

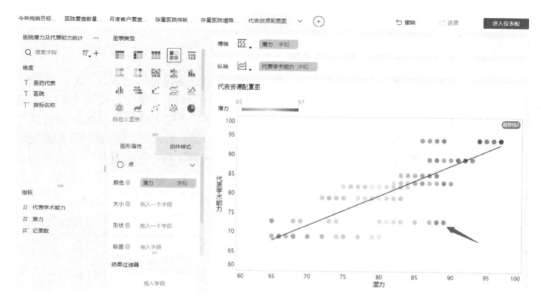

图 13-37　完整的代表资源配置组件

对代表资源配置组件进行分析可以发现：箭头所指区域表明了高潜力医院的医药代表的学术能力配置偏弱，需要重点关注并调整代表资源配置，来有效提高已覆盖医院的纯销业绩。

3. 医药代表的拜访活跃度分析

1）医院潜力与代表的拜访活跃度分析。

医院潜力拜访对照的组件制作步骤与上面的代表资源配置图类似，结果如图 13-38 所示。

对医院潜力拜访对照组件进行分析可以发现：箭头所指区域表明了高潜力医院的医药代表月均拜访日较低，需要重点关注并调整代表的拜访活跃度，来有效提高已覆盖医院的纯销业绩。

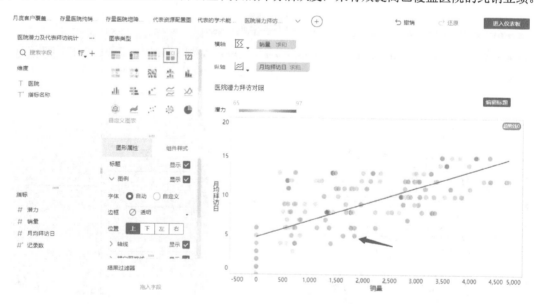

图 13-38　医院潜力拜访对照组件

2）代表的学术能力与拜访活跃度分析。

● 单击添加"组件"，选择"医药代表产品时间投入"表，单击"确定"按钮。在"图表类型"中选择"自定义图表"，将"指标"中的"学术能力"拖入横轴，并选择"设置值轴"，勾选"轴刻度自定义"，设置"最小值"为60、"最大值"为100、"间隔值"为5，如图13-39所示。

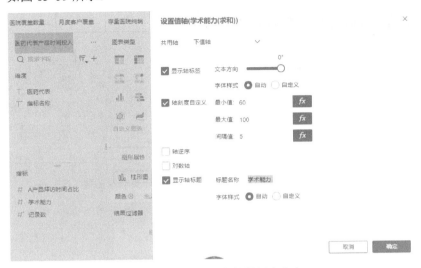

图 13-39 学术能力的轴刻度定义

● 将"A产品拜访时间占比"拖入纵轴。设置"图形属性"的数据可视化模式为"点"，"颜色"设置为"蓝色"，将"医药代表"维度拖入"标签"框中。单击"纵轴"中的"A产品拜访时间占比"，选择"设置分析线"里的"警戒线"，添加"A产品拜访时间占比"警戒线，并选择"平均值"，如图13-40所示。

图 13-40 添加拜访时间占比平均值的警戒线

同理，添加"学术能力"平均值警戒线，并设置组件名称为"代表的学术能力与拜访时间占比分布"，如图13-41所示。

对代表的学术能力与拜访时间占比进行分析可以发现：箭头所指区域表明了学术能力较强和较弱的医药代表的拜访时间占比较低，需要重点关注并调整代表的拜访活跃度，来有效提高已覆盖医院的纯销业绩。

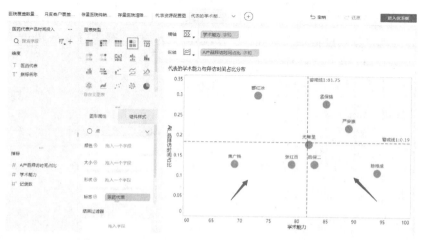

图 13-41　代表的学术能力与拜访时间占比分布组件

13.3.4　分析结果

通过图 13-42 的最终分析仪表板，可以得到以下结论。

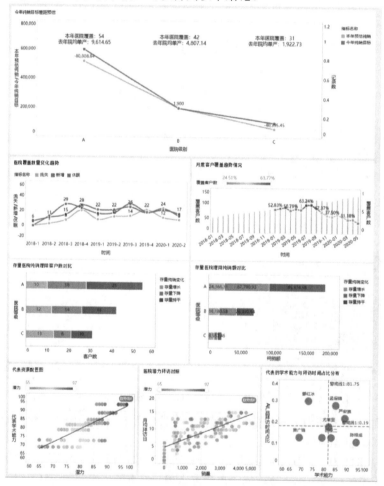

图 13-42　医药销售业绩分析仪表盘

1）对于覆盖医院数量不够的问题，应重点维护和激活每季度的流失、休眠客户，特别是在A、C两类医院。

2）对于已覆盖医院的纯销业绩增长迟缓问题，存量医院中A类医院下降的数据占比较高，对整体的纯销业绩增长影响较大，因此对A类医院的存量增长和维持问题需要重点关注。

3）产生存量增长和维持问题的主要原因是代表的配置和代表的拜访执行力，对于部分高潜力医院配置代表学术能力不足和拜访活跃度不够的情况需要重点排除和调整。

本章小结

1．通过FineBI的分析模板，建立了医药销售业绩下滑分析的仪表板，从覆盖医院数量不够和覆盖医院的纯销业绩增长迟缓两个方面分析了业绩下滑的原因，并提出了相应的建议。

2．A产品已覆盖的医院并没有很好地执行休眠和流失客户的维护和激活，从而导致医院覆盖情况不佳。

3．针对部分高潜力医院配置代表学术能力不足和拜访活跃度不够的问题需要重点排除和调整。

本章练习

一、思考题

1．开展销售业绩分析对企业而言有什么必要性？

2．如何开展销售业绩分析？

二、实训题

结合案例数据，利用FineBI开展具体的销售业绩分析。

附　　录

附录 A　DAX 函数列表

DAX 中的日期和时间函数、时间智能函数、筛选器函数、信息函数、逻辑函数、数学和三角函数、统计函数以及文本函数见表 A-1～表 A-8。

表 A-1　日期和时间函数

函数名称	主要功能及语法
DATE 函数	按 datetime 格式返回指定的日期。DATE(<year>,<month>,<day>)
DATEVALUE 函数	将文本日期转换为日期时间格式的日期。 DATEVALUE(date_text)
DAY 函数	返回月中的第几天，即一个 1 到 31 之间的数字。DAY(<date>)
EDATE 函数	返回在开始日期之前或之后指示的月数的日期。使用 EDATE 可以计算与发行日属于月中同一天的到期日期。DATE(<start_date>,<months>)
EOMONTH 函数	返回指定月份数之前或之后的月份的最后一天的日期，该日期采用 datetime 格式。EOMONTH 可用于计算处于月份最后一天的到期日期。 EOMONTH(<start_date>, <months>)
HOUR 函数	将小时返回为从 0 (12:00 A.M.) 到 23 (11:00 P.M.) 的数字。HOUR(<datetime>)
MINUTE 函数	将给出日期和时间值的分钟作为 0 到 59 之间的数字返回。MINUTE(<datetime>)
MONTH 函数	将月份返回为从 1（1 月）到 12（12 月）的数字。MONTH(<datetime>)
NOW 函数	以 datetime 格式返回当前日期和时间。NOW()
SECOND 函数	将时间值中的秒数以 0 到 59 之间的数字的形式返回。SECOND(<time>)
TIME 函数	将作为数字提供的小时、分钟和秒钟转换为 datetime 格式的时间。TIME(hour,minute,second)
TIMEVALUE 函数	将文本格式的时间转换为日期时间格式的时间。TIMEVALUE(time_text)
TODAY 函数	返回当前日期。TODAY()
WEEKDAY 函数	返回指示日期属于星期几的数值，该值介于 1 到 7 之间。默认情况下，这个星期几的范围是从 1（星期日）到 7（星期六）。 WEEKDAY(<日期>,[<返回类型>])
WEEKNUM 函数	根据 return_type 值返回给定日期和年份的周数。周数指示该周在数字上属于一年中的何处。WEEKNUM(<date>,<return_type>)
YEAR 函数	以 1900～9999 范围的四位整数形式返回日期的年份。YEAR(<date>)
YEARFRAC 函数	计算两个日期之间的完整天数占全年天数的比例。使用 YEARFRAC 函数可计算要从整年的收益或负债中分配给特定期限的比例。 YEARFRAC(<start_date>,<end_date>,<basis>)。其中参数 basis 可选 0～4

表 A-2　时间智能函数

函数名称	主要功能及语法
CLOSINGBALANCEMONTH 函数	计算当前上下文中该月最后日期的表达式的值。 CLOSINGBALANCEMONTH(<expression>,<dates>[,<filter>]) 其中，参数 dates 是指包含日期的列（下同）。
CLOSINGBALANCEQUARTER 函数	计算当前上下文中季度最后日期的表达式的值。 CLOSINGBALANCEQUARTER(<expression>,<dates>[,<filter>])

函数名称	主要功能及语法
CLOSINGBALANCEYEAR 函数	计算当前上下文中年末最后日期的表达式的值。 CLOSINGBALANCEYEAR(<expression>,<dates>[,<filter>])
DATEADD 函数	日期推移，返回一个由当前上下文日期前移或后移指定数目的日期表。 DATEADD(日期列,加上或减去的间隔数,year 或 quarter、month、day)
DATESBETWEEN 函数	返回一个包含由日期构成的一列，有指定的开始日期和结束日期的日期表。 DATESBETWEEN(日期列,开始时间,结束时间)
DATESINPERIOD 函数	返回一个由指定的开始日期开始到指定数目间隔的日期表。 DATESINPERIOD(日期列,开始时间,加上或减去的间隔数,year 或 quarter、month、day)
DATESMTD 函数	返回一个表，该表包含当前上下文中本月截止到现在的日期列。 DATESMTD(<dates>)
DATESQTD 函数	返回一个表，该表包含当前上下文中本季度截止到现在的日期列。 DATESQTD(<dates>)
DATESYTD 函数	返回一个表，该表包含当前上下文中本年度截止到现在的日期列。 DATESYTD(<dates>[,<year_end_date>])
ENDOFMONTH 函数	返回当前上下文中指定日期列的相对应月份的最后日期。 ENDOFMONTH(<dates>)
ENDOFQUARTER 函数	返回当前上下文中指定日期列的相对应季度的最后日期。 ENDOFQUARTER(<dates>)
ENDOFYEAR 函数	返回当前上下文中指定日期列的相对应年份的最后日期。 ENDOFYEAR(<dates> [,<year_end_date>])
FIRSTDATE 函数	返回当前上下文中指定日期列的第一个日期。 FIRSTDATE(<dates>)
FIRSTNONBLANK 函数	返回按当前上下文筛选的列 column（其中表达式不为空白）中的第一个值。 FIRSTNONBLANK(<column>,<expression>)
LASTDATE 函数	返回当前上下文中指定日期列的最后日期。 LASTDATE(<dates>)
LASTNONBLANK 函数	返回按当前上下文筛选的列 column（其中表达式不为空白）中的最后一个值。 LASTNONBLANK(<column>,<expression>)
NEXTDAY 函数	返回一个表，该表包含的一列具有当前上下文中基于 dates 列中指定的第一个日期的下一天中的所有日期。NEXTDAY(<dates>)
NEXTMONTH 函数	返回一个表，该表包含的一列具有当前上下文中基于 dates 列中指定的第一个日期的下一月中的所有日期。NEXTMONTH(<dates>)
NEXTQUARTER 函数	返回一个表，该表包含的一列具有当前上下文中基于 dates 列中指定的第一个日期的下一季度中的所有日期。NEXTQUARTER(<dates>)
NEXTYEAR 函数	返回一个表，该表包含的一列具有当前上下文中基于 dates 列中指定的第一个日期的下一年中的所有日期。NEXTYEAR(<dates>[,<year_end_date>])
OPENINGBALANCEMONTH 函数	计算当前上下文中该月第一个日期的表达式的值。 OPENINGBALANCEMONTH(<expression>,<dates>[,<filter>]) 如用来计算月初库存值
OPENINGBALANCEQUARTER 函数	计算当前上下文中该季度第一个日期的表达式的值。 OPENINGBALANCEQUARTER(<expression>,<dates>[,<filter>]) 如用来计算季度初库存值
OPENINGBALANCEYEAR 函数	计算当前上下文中该年度第一个日期的表达式的值。 OPENINGBALANCEYEAR(<expression>,<dates>[,<filter>][,<year_end_date>]), 如用来计算年初库存值
PARALLELPERIOD 函数	返回一个表，该表包含由日期构成的一列，这些日期表示与当前上下文中指定的 dates 列中的日期并行的期间，该列中具有在时间中前移或后移某个数目的间隔的日期。 PARALLELPERIOD(<dates>,<number_of_intervals>,<interval>)，其中 number_of_intervals 是一个整数，指定要从日期中加上或减去的间隔数，interval 是日期按其轮换的间隔。间隔值可以是以下值之一：year、quarter、month
PREVIOUSDAY 函数	返回一个表，该表包含的一列具有表示当前上下文的 dates 列中第一个日期之前那一天的所有日期。PREVIOUSDAY(<dates>)，如用来计算前一天销售额
PREVIOUSMONTH 函数	返回一个表，该表包含的一列具有当前上下文中基于 dates 列中第一个日期的上个月中的所有日期。PREVIOUSMONTH(<dates>)，如用来计算"上个月的销售额"
PREVIOUSQUARTER 函数	返回一个表，该表包含的一列具有当前上下文中基于 dates 列中第一个日期的上一季度中的所有日期。PREVIOUSQUARTER(<dates>)
PREVIOUSYEAR 函数	返回一个表，该表包含的一列具有当前上下文中来自上一年的所有日期，在 dates 列中给出最后日期。PREVIOUSYEAR(<dates>[,<year_end_date>])

函数名称	主要功能及语法
SAMEPERIODLASTYEAR 函数	返回一个表，该表包含由日期构成的一列，这些日期是在时间上从当前上下文中指定的 dates 列中的日期移回一年的日期。SAMEPERIODLASTYEAR(<dates>)
STARTOFMONTH 函数	返回当前上下文中指定日期列的相对应月份的第一个日期。STARTOFMONTH(<dates>)
STARTOFQUARTER 函数	返回当前上下文中指定日期列的相对应季度的第一个日期。STARTOFQUARTER(<dates>)
STARTOFYEAR 函数	返回当前上下文中指定日期列的相对应年份的第一个日期。STARTOFYEAR(<dates>)
TOTALMTD 函数	计算当前上下文中当月至今的表达式的值（月累计）。TOTALMTD(<expression>,<dates>[,<filter>])
TOTALQTD 函数	计算当前上下文中当季度至今的表达式的值（季度累计）。TOTALQTD(<expression>,<dates>[,<filter>])
TOTALYTD 函数	计算当前上下文中表达式的年初至今值（年累计）。TOTALYTD (<expression>, <dates>[,<filter>][,<year_end_date>])

表 A-3　筛选器函数

函数名称	主要功能及语法
ALL 函数	返回表中的所有行或者返回列中的所有值，同时忽略可能已应用的任何筛选器。此函数可用于清除筛选器并对表中的所有行创建计算。ALL({<table> | <column>[, <column>[, <column>[,…]]]})
ALLEXCEPT 函数	删除表中除已应用于指定列的筛选器之外的所有上下文筛选器。ALLEXCEPT(<table>,<column>[,<column>[,…]])
ALLNOBLANKROW 函数	从关系的父表中，返回除空白行之外的所有行，或某一列中除空白行之外的所有非重复值，并且忽略可能存在的所有上下文筛选器。ALLNOBLANKROW(<table>|<column>)
ALLSELECTED 函数	从当前查询的列和行中删除上下文筛选器，同时保留所有其他上下文筛选器或显式筛选器。ALLSELECTED 函数获取表示查询中所有行和列的上下文，同时保留显式筛选器以及行和列筛选器之外的上下文。此函数可用于获取查询中的直观合计。ALLSELECTED([<tableName> | <columnName>])
CALCULATE 函数	计算由指定筛选器修改的上下文中的表达式。CALCULATE(<expression>,<filter1>,<filter2>,…)
CALCULATETABLE 函数	在由给定筛选器修改的上下文中计算表表达式。CALCULATETABLE(<expression>,<filter1>,<filter2>,…,)
DISTINCT 函数	返回由一列构成的一个表，该表包含来自指定列的非重复值。换言之，重复值将被删除，仅返回唯一值。DISTINCT(<column>)
EARLIER 函数	返回当前行上下文指定参数列的值。EARLIER(<column>)
EARLIEST 函数	返回最外层的行上下文指定参数列的值。EARLIEST(<column>)
FILTER 函数	返回表示另一个表或表达式的子集的表。FILTER(<table>,<filter>)
FILTERS 函数	返回直接作为筛选器应用于 columnName 的值。FILTERS(<columnName>)
HASONEFILTER 函数	当 columnName 上的直接筛选值的数目为 1 时，返回 TRUE；否则返回 FALSE。HASONEFILTER(<columnName>)
HASONEVALUE 函数	当已将 columnName 的上下文筛选为只剩下一个非重复值时，将返回 TRUE。否则为 FALSE。HASONEVALUE(<columnName>)
ISCROSSFILTERED 函数	当正在筛选 columnName 或相同表或相关表中的其他列时，返回 TRUE。ISCROSSFILTERED(<columnName>)
ISFILTERED 函数	当直接筛选 columnName 时，返回 TRUE。如果列没有筛选器，或由于正在筛选同一个表或相关表中的不同列而发生筛选，则函数返回 FALSE。ISFILTERED(<columnName>)
RELATED 函数	从另一个表返回相关值。RELATED(<column>)
RELATEDTABLE 函数	在由给定筛选器修改的上下文中计算表的表达式。RELATEDTABLE(<tableName>)
VALUES 函数	返回由一列构成的一个表，该表包含来自指定列的非重复值。换言之，重复值将被删除，仅返回唯一值。VALUES(<column>)

表 A-4　信息函数

函数名称	主要功能及语法
CONTAINS 函数	如果所有引用列的结果都存储或包含在这些列中，则返回 TRUE；否则，此函数返回 FALSE。CONTAINS(<table>,<columnName>,<value>[,<columnName>,<value>],,)
ISBLANK 函数	检查某个值是否为空白，并且返回 TRUE 或 FALSE。ISBLANK(<value>)
ISERROR 函数	检查某个值是否为错误，并且返回 TRUE 或 FALSE。ISERROR(<value>)
ISLOGICAL 函数	检查某个值是否是逻辑值（TRUE 或 FALSE），并且返回 TRUE 或 FALSE。ISLOGICAL(<value>)
ISNONTEXT 函数	检查某个值是否不是文本（空白单元不是文本），返回 TRUE 或 FALSE。ISNONTEXT(<value>)
ISNUMBER 函数	检查某个值是否为数字，并且返回 TRUE 或 FALSE。ISNUMBER(<value>)
ISTEXT 函数	检查某个值是否为文本，并且返回 TRUE 或 FALSE。ISTEXT(<value>)
LOOKUPVALUE 函数	为满足由 search_columnName 和 search_value 指定的所有标准的行返回 result_columnName 中的值。LOOKUPVALUE(<result_columnName>,<search_columnName>,<search_value>[,<search_columnName>,<search_value>],,)
PATH 函数	返回分隔的文本字符串以及当前标识符的所有父项的标识符，按最早到最新的顺序排列。PATH(<ID_columnName>,<parent_columnName>)
PATHCONTAINS 函数	如果指定的 path 中存在指定的 item，则返回 TRUE。PATHCONTAINS(<path>,<item>)
PATHITEM 函数	返回位于对 PATH 函数进行计算所得到的字符串中指定位置（position）的项。位置按从左到右的顺序计数。PATHITEM(<path>,<position> [,<type>])
PATHITEMREVERSE 函数	返回位于对 PATH 函数进行计算所得到的字符串中指定位置（position）的项。位置按从右到左倒序计数。PATHITEMREVERSE(<path>,<position> [,<type>])
PATHLENGTH 函数	返回给定路径（PATH）中指定项的父项数目（包括自身）。PATHLENGTH(<path>)

表 A-5　逻辑函数

函数名称	主要功能及语法
AND 函数	检查是否两个参数均为 TRUE，并且在两个参数均为 TRUE 时返回 TRUE。否则返回 False。AND(<logical1>,<logical2>)
FALSE 函数	返回逻辑值 FALSE。FALSE()
IF 函数	检查是否满足作为第一个参数提供的条件。如果该条件为 TRUE，则返回一个值；如果该条件为 FALSE，则返回另一个值。IF(logical_test>,<value_if_true>, value_if_false)
IFERROR 函数	对某一表达进行计算，并且如果该表达返回错误则返回指定值，否则返回该表达本身的值。IFERROR(value, value_if_error)
NOT 函数	将 FALSE 更改为 TRUE，或者将 TRUE 更改为 FALSE。NOT(<logical>)
OR 函数	检查参数之一是否为 TRUE 以返回 TRUE。如果两个参数都是 FALSE，则该函数将返回 FALSE。OR(<logical1>,<logical2>)
SWITCH 函数	根据值列表计算表达式，并返回多个可能的结果表达式之一。SWITCH(<expression>, <value>, <result>[, <value>, <result>],,[, <else>])
TRUE 函数	返回逻辑值 TRUE。TRUE()

函数名称	主要功能及语法
ABS 函数	返回数字的绝对值。 ABS(<number>)
CEILING 函数	将数字向上舍入到最接近的整数或基数的最接近倍数。 CEILING(<number>, <significance>)
CURRENCY 函数	计算参数并以货币数据类型的形式返回结果。 CURRENCY(<value>)
EXP 函数	返回以 e 为底数、以给定数字为指数的幂。常量 e 等于 2.71828182845904，是自然对数的底数。 EXP(<number>)
FACT 函数	返回一个数字的阶乘，等于序列 1×2×3×⋯×（以给定数字结尾）。 FACT(<number>)
FLOOR 函数	将数字向下舍入到最接近的整数或基数的最接近倍数。 FLOOR(<number>, <significance>)
INT 函数	将数字向下舍入到最接近的整数。 INT(<number>)
ISO.CEILING 函数	将数字向上舍入到最接近的整数或基数的最接近倍数。 ISO.CEILING(<number>[, <significance>])
LN 函数	返回数字的自然对数，以常量 e (2.71828182845904)为底数。 LN(<number>)
LOG 函数	返回指定底数的数字的对数。 LOG(<number>,<base>)
LOG10 函数	返回数字的以 10 为底数的对数。 LOG10(<number>)
INT 函数	将数字向下舍入为最接近的整数。 INT(<number>)
MROUND 函数	返回舍入到所需倍数的数字。 MROUND(<number>, <multiple>)
PI 函数	返回圆周率 3.14159265358979…的值，精确到 15 位。PI()
POWER 函数	返回进行幂运算的数字的结果。 POWER(<number>, <power>)
QUOTIENT 函数	执行除法运算，并仅返回除法运算结果的整数部分。如果要放弃除法运算结果的余数，可使用此函数。 QUOTIENT(<numerator>, <denominator>)
RAND 函数	返回大于或等于 0 且小于 1 的平均分布的随机数字。每次重新计算包含此函数的单元时，返回的数字都会更改。 RAND()
RANDBETWEEN 函数	返回指定的两个数字之间的范围中的随机数字。 RANDBETWEEN(<bottom>,<top>)
ROUND 函数	将数字舍入到指定的位数。 ROUND(<number>, <num_digits>)
ROUNDDOWN 函数	返回一个表，该表包含由日期构成的一列，这些日期是在时间上从当前上下文中指定的 dates 列中的日期移回一年的日期。 ROUNDDOWN(<number>, <num_digits>)
ROUNDUP 函数	远离 0（零）向上舍入数字。 ROUNDUP(<number>, <num_digits>)
SIGN 函数	确定数字、计算结果或列中值的符号。该函数在数字为正数时返回 1，在数字为零时返回 0（零），在数字为负数时返回-1。 SIGN(<number>)
SQRT 函数	返回数字的平方根。 SQRT(<number>)
SUM 函数	对列中的所有数字求和。 SUM(<column>)
SUMX 函数	返回为表中每一行计算的表达式之和。 SUMX(<table>, <expression>)
TRUNC 函数	通过删除数字的小数或分数部分，将数字截断为整数。 TRUNC(<number>,<num_digits>)

函数名称	主要功能及语法
ADDCOLUMNS 函数	将计算列添加到给定的表或表的表达式中。 ADDCOLUMNS(<table>, <name>, <expression>[, <name>, <expression>],,)
AVERAGE 函数	返回列中所有数字的平均值（算术平均值）。 AVERAGE(<column>)
AVERAGEA 函数	返回列中值的平均值（算术平均值）。处理文本和非数字值。 AVERAGEA(<column>)
AVERAGEX 函数	计算对表进行求值的一组表达式的平均值（算术平均值）。 AVERAGEX(<table>,<expression>)
COUNT 函数	计算列中包含数字的单元的数目。 COUNT(<column>)
COUNTA 函数	计算列中不为空的单元格的数目。它不仅对包含数值的行进行计数，还对包含非空白值（包括文本、日期和逻辑值）的行进行计数。 COUNTA(<column>)
COUNTAX 函数	用于在对表计算表达式的结果时统计非空结果数。即它的作用与 COUNTA 函数类似，但它用于对表中所有行进行循环访问，并统计指定表达式计算为非空结果的行数。 COUNTAX(<table>,<expression>)
COUNTBLANK 函数	计算列中空白单元的数目。 COUNTBLANK(<column>)
COUNTROWS 函数	COUNTROWS 函数计算指定表中的行数，或者计算表达式定义的表中的行数。 COUNTROWS(<table>)
COUNTX 函数	在对表计算表达式的结果时，计算包含数字或者计算结果为数字的表达式的行的数目。 COUNTX(<table>,<expression>)
CROSSJOIN 函数	返回一个包含这些参数的所有表中所有行的笛卡儿积的表。新表中的各列是所有参数表中的所有列。 CROSSJOIN(<table>, <table>[, <table>],,)
DISTINCTCOUNT 函数	计算一个数字列中不同单元的数目。 DISTINCTCOUNT(<column>)
GENERATE 函数	返回一个表以及一个笛卡儿积，后者是在 table1 中的每行与通过在 table1 中的当前行的上下文中计算 table2 所得到的表之间计算获得的。 GENERATE(<table1>, <table2>)
MAX 函数	返回列中的最大数值。 MAX (<control>)
MAXA 函数	返回列中的最大值。逻辑值和空白被计算在内。 MAXA(<column>)
MAXX 函数	为表的每一行计算表达式，并且返回最大的数值。 MAXX(<table>,<expression>)
MINA 函数	返回列中的最小值，包括任何逻辑值和以文本形式表示的数字。 MINA(<column>)
MIN 函数	返回列中的最小数值。忽略逻辑值和文本。 MIN(<column>)
MINX 函数	返回通过为表的每一行计算表达式而得出的最小数值。 MINX(<table>, < expression>)
RANK.EQ 函数	返回某个数字在数字列表中的排名。 RANK.EQ(<value>, <columnName>[, <order>])
RANKX 函数	对于 table 参数中的每一行，返回某个数字在数字列表中的排名。 RANKX(<table>,<expression>[,<value>[,<order>[,<ties>]]][,<expression>[,<value>[,<order>[, <ties>]]]],,)
ROW 函数	返回一个包含单一行的表，该行包括从给予每列的表达式得到的值。 ROW(<name>, <expression>)[,<name>, <expression>],,))

函数名称	主要功能及语法
STDEV.P 函数	返回总体的标准偏差。 STDEV.P(<columnName>)
STDEV.S 函数	返回样本的标准偏差。 STDEV.S(<columnName>)
STDEVX.P 函数	返回总体的标准偏差。 STDEVX.P(<table>, <expression>)
STDEVX.S 函数	返回样本的标准偏差。 TDEVX.S(<table>, <expression>)
SUMMARIZE 函数	针对一系列组所请求的总计返回摘要表。 SUMMARIZE(<table>,<groupBy_columnName>[,<groupBy_columnName>],,,[,<name>,<expression>],,,)
TOPN 函数	返回指定表的前 N 行。 TOPN(<n_value>, <table>, <orderBy_expression>, [<order>[, <orderBy_expression>, [<order>]],,])
VAR.P 函数	返回总体的方差。 VAR.P(<columnName>)
VAR.S 函数	返回样本的方差。 VAR.S(<columnName>)
VARX.P 函数	返回总体的方差。 VARX.P(<table>, <expression>)
VARX.S 函数	返回样本的方差。 VARX.S(<table>, <expression>)

表 A-8　文本函数

函数名称	主要功能及语法
BLANK 函数	返回空白。 BLANK()
CONCATENATE 函数	将两个文本字符串连接成一个文本字符串。 CONCATENATE(<text1>, <text2>)
EXACT 函数	比较两个文本字符串；如果它们完全相同则返回 TRUE，否则返回 FALSE。EXACT 区分大小写但忽略格式上的差异。可以使用 EXACT 测试输入到文档中的文本。 EXACT(<text1>,<text2>)
FIND 函数	返回一个文本字符串在另一文本字符串中的开始位置。字符串区分大小写。 FIND(<find_text>, <within_text>[, [<start_num>][, <NotFoundValue>]])
FIXED 函数	将数字舍入到指定的小数位数，并以文本形式返回结果。可以指定以带逗号或不带逗号的形式返回结果。 FIXED(<number>, <decimals>, <no_commas>)
FORMAT 函数	根据指定的格式将值转换为文本。 FORMAT(<value>, <format_string>)
FORMAT 函数的预定义数字格式	● "General Number" 显示不带千位分隔符的数字。 ● "Currency"显示带千位分隔符的数字（如果适用）；显示小数点分隔符右侧两位。输出基于系统区域设置。 ● "Fixed"小数点分隔符左侧至少显示一位，右侧显示两位。 ● "Standard" 显示带千位分隔符的数字，其中小数点分隔符左侧至少有一位，右侧有两位。 ● "Percent" 将数字乘以 100 后显示，并在紧右侧追加百分号(%)；小数点分隔符右侧总是显示两位。 ● "Scientific" 使用标准的科学计数法，并且提供两位有效数字。 ● "Yes/No" 如果数字为 0，则显示"否"；否则显示"是"。"True/False"如果数字为 0，则显示 False；否则显示 True。 ● "On/Off" 如果数字为 0，则显示"关"；否则显示"开"。

函数名称	主要功能及语法
FORMAT 函数的自定义数字格式	● 无：显示不带格式的数字。 ● 0（零字符）数字占位符。显示一个数字或一个零。 ● # 数字占位符。显示一个数字或不显示任何内容。 ● .（圆点字符）小数点占位符。小数点占位符确定在小数点分隔符左侧和右侧显示几位数。 ● %百分比占位符。将表达式乘以 100。在格式字符串中出现百分比字符的位置插入百分比字符 (%)。 ● ,（逗号字符）千位分隔符。 ● :（冒号字符）时间分隔符。在格式化输出中用作时间分隔符的实际字符取决于用户的系统设置。 ● /（正斜杠字符）日期分隔符。在格式化输出中用作日期分隔符的实际字符取决于用户的系统设置。 ● E-、E+、e-、e+科学计数法格式。还必须在该符号右侧包括数字占位符以获取正确的格式。-、+、$、( )文字字符。这些字符将完全按格式字符串中所键入的形式显示。 ● \（反斜杠字符）显示格式字符串中的下一个字符。若要将具有特殊含义的字符显示为文字字符，请在该字符前加上一个反斜杠 (\)。反斜杠本身并不显示。使用反斜杠与将下一个字符放在双引号中的作用是相同的。若要显示反斜杠，请使用两个反斜杠 (\\)。 ● "ABC" 显示双引号 (" ") 里面的字符串。若要将字符串包含在代码内的样式参数中，必须将文本放在 Chr (34) 之间（34 为引号 (") 的字符代码）。
FORMAT 函数的预定义日期和时间格式	● "General Date" 显示日期和/或时间。例如 3/12/2008 11:07:31 AM。日期显示由用户的应用程序的当前区域性值确定。 ● "Long Date" 或者"Medium Date"根据用户的当前区域性的长日期格式来显示日期。例如，2008 年 3 月 12 日，星期三。 ● "Short Date" 使用用户的当前区域性的短日期格式来显示日期。例如，3/12/2008。 ● "Long Time" 或者"Medium Time" 使用用户的当前区域性的长时间格式来显示时间；通常包括小时、分钟和秒。例如，11:07:31 AM。 ● "Short Time" 使用用户的当前区域性的短时间格式显示时间。例如，11:07 AM。
FORMAT 函数的自定义日期和时间格式	● (:) 时间分隔符。 ● (/) 日期分隔符。 ● (%) 用于指示应以单个字母格式读取后面的字符，而不考虑任何尾随字母。此外，还用于指示以用户定义的格式读取单个字母格式。 ● d 将天显示为不带前导零的数字（例如，1）。如果这是用户定义的数字格式中的唯一字符，则使用%d。 ● dd 将天显示为带一个前导零的数字（例如，01）。 ● ddd 将天显示为缩写（例如，Sun）。 ● dddd 将天显示为全名（例如，Sunday）。 ● M 将月显示为不带前导零的数字（例如，一月表示为 1）。如果这是用户定义的数字格式中的唯一字符，则使用%M。 ● MM 将月显示为带一个前导零的数字（例如，01/12/01）。 ● MMM 将月显示为缩写（例如，Jan）。 ● MMMM 将月显示为完整的月份名称（例如，January）。 ● gg 显示时期/时代字符串（例如，A.D.）。 ● h 使用 12 小时制时钟将小时显示为不带前导零的数字（例如，1:15:15 PM）。如果这是用户定义的数字格式中的唯一字符，则使用 %h。 ● hh 使用 12 小时制时钟将小时显示为带前导零的数字（例如，01:15:15 PM）。 ● H 使用 24 小时制时钟将小时显示为不带前导零的数字（例如，1:15:15）。如果这是用户定义的数字格式中的唯一字符，则使用%H。 ● HH 使用 24 小时制时钟将小时显示为带前导零的数字（例如，01:15:15）。 ● m 将分钟显示为不带前导零的数字（例如，12:1:15）。如果这是用户定义的数字格式中的唯一字符，则使用%m。 ● mm 将分钟显示为带前导零的数字（例如，12:01:15）。 ● s 将秒显示为不带前导零的数字（例如，12:15:5）。如果这是用户定义的数字格式中的唯一字符，则使用%s。 ● ss 将秒显示为带前导零的数字（例如，12:15:05）。

函数名称	主要功能及语法
FORMAT 函数的自定义日期和时间格式	• f 显示秒的小数部分。例如，ff 显示百分之一秒，而 ffff 显示万分之一秒。在用户定义的格式中最多可以使用 7 个 f 符号。如果这是用户定义的数字格式中的唯一字符，则使用%f。 • t 使用 12 小时制时钟，对于中午之前的任何小时都显示大写字母 A；对于中午与 11:59 P.M 之间的任何小时都显示大写字母 P。如果这是用户定义的数字格式中的唯一字符，则使用%t。 • tt 对于使用 12 小时制时钟的区域设置，对中午之前的任何小时都显示大写字母 AM；对于中午与 11:59 P.M 之间的任何小时都显示 PM。对于使用 24 小时制时钟的区域设置，不显示任何内容。 • y 将年显示为不带前导零的数字(0～9)。如果这是用户定义的数字格式中的唯一字符，则使用%y。 • yy 以带一个前导零的两位数字格式显示年（如果适用）。yyy 以四位数字格式显示年。 • yyyy 以四位数字格式显示年。 • z 显示不带前导零的时区偏移量（例如，-8）。如果这是用户定义的数字格式中的唯一字符，则使用%z。 • zz 显示带一个前导零的时区偏移量（例如，-08）。 • zzz 显示完整的时区偏移量（例如，-08:00）
LEFT 函数	从文本字符串的开头返回指定数目的字符。 LEFT(<text>, <num_chars>)
LEN 函数	返回文本字符串中的字符数。DAX 使用 Unicode 并以相同的长度存储所有字符。 LEN(<text>)
LOWER 函数	将文本字符串中的所有字母都转换为小写。 LOWER(<text>)
MID 函数	根据给出的开始位置和长度，从文本字符串的中间返回字符串。 MID(<text>, <start_num>, <num_chars>)
REPLACE 函数	REPLACE 将基于用户指定的字符数，用不同的文本字符串替换文本字符串的一部分。 REPLACE(<old_text>, <start_num>, <num_chars>, <new_text>)
REPT 函数	重复给定次数的文本。使用 REPT 函数可用一个文本字符串的许多实例填充单元格。 REPT(<text>, <num_times>)
RIGHT 函数	RIGHT 基于用户指定的字符数，返回文本字符串中最后一个或几个字符。 RIGHT(<text>, <num_chars>)
SEARCH 函数	返回最先找到特定字符或文本字符串的位置的字符编号（从左向右算起）。搜索不区分大小写，但区分重音。 SEARCH(<find_text>, <within_text>[, [<start_num>][, <NotFoundValue>]])
SUBSTITUTE 函数	用文本字符串中的新文本替换现有文本。 SUBSTITUTE(<text>, <old_text>, <new_text>, <instance_num>)
TRIM 函数	从文本中删除两个词之间除了单个空格外的所有空格。 TRIM(<text>)
UPPER 函数	将文本字符串转换为全大写字母。 PPER (<text>)
VALUE 函数	将表示数字的文本字符串转换为数字。 VALUE(<text>)

注：函数功能及语法均来自微软官网资料，方便读者调阅函数使用语法。

参 考 文 献

[1] 赵卫东. 商务智能[M]. 4 版. 北京：清华大学出版社，2016.

[2] 杰弗里，坎姆，等. 商业数据分析[M]. 耿修林，宋哲，译. 北京：机械工业出版社，2017.

[3] 薛云. 商务智能[M]. 北京：人民邮电出版社，2019.

[4] 刘红岩. 商务智能方法与应用[M]. 北京：清华大学出版社，2013.

[5] 韩家炜，等. 数据挖掘：概念与技术[M]. 范明，译. 北京：机械工业出版社，2012.

[6] 陈哲. 数据分析：企业的贤内助[M]. 北京：机械工业出版社，2014.

[7] SHAMOHAOZHU. 提交数据仓库解决方案的基础[EB/OL]. (2012-06-17) [2022-03-01] https://wenku. baidu.com/view/c4448137b90d6c85ec3ac659.html.

[8] MICHEAL. 数据仓库总结笔记四：数据分割[EB/OL]. (2011-03-05) [2022-03-01] http://blog.sina.com.cn/ s/blog_55fc875c0100p88x.html.

[9] 宋丹，黄旭. 新兴技术在商业智能创新发展中的应用[J]. 中国管理信息化，2016,19(19):46-50.

[10] FOXNET2003. 数据仓库实施的 6 种策略[EB/OL]. (2005-03-05) [2022-03-01] https://blog.csdn.net/ foxnet2003/article/details/311768.

[11] DUOZHISHIDAI. 在机器学习领域，归纳学习应该怎么理解？[EB/OL]. (2018-02-07) [2022-03-01] https://blog.csdn.net/duozhishidai/ article/details/79284160.

[12] 数据挖掘者. 粗糙集的概念和一些例子[EB/OL]. (2015-10-14) [2022-03-01] https://blog.csdn.net/ wodedipang_/article/details/49132397.

[13] 会飞牛牛. 遗传算法[EB/OL]. (2013-01-25) [2022-03-01] https://blog.csdn.net/zhangfei2018/article/details/ 8542663?locationNum=4&fps=1.

[14] 月貌苏. 数据仓库的存储和实现[EB/OL]. (2012-09-03) [2022-03-01] https://blog.csdn.net/athenaer/article/ details/7938837.

[15] 诸峰. 数据挖掘与知识发现研究方法综述[C]//中国电子学会第八届青年学术年会暨中国电子学会青年 工作委员会成立十周年学术研讨会，2002.

[16] RAYMOND T NG, EDWIN M KNORR. Algorithms for mining distance based outliers in large Datasets[C]//Proceedings of International Conference on Very Large Databases，1998.

[17] FAYYAD UM, PIATESKY-SHAPIRO G. From data mining to knowledge discovery: an overview[C]// Proceedings of Advances in knowledge Discovery and Data Mining. Cambridge:AAAI Press/MIT Press, 1996.

[18] TAN PN, STEINBACH M, KUMAR V. 数据挖掘导论：完整版[M]. 范明，等译. 北京：人民邮电出版 社，2010.